LE DERNIER SULTAN

Michel de GRÈCE

LE DERNIER SULTAN

Roman

FRANCE LOISIRS
123, boulevard de Grenelle, Paris

Une Édition du Club France Loisirs, Paris,
réalisée avec l'autorisation des éditions Olivier Orban

ISBN 2-7242-6638-2

From M. to M.

L'Empire ottoman sous Abdul amid II
Empire ottoman sous Abdul amid II
Provinces perdues sous le règne d'Abdul amid II
Mer Caspienne
Mer Noire
BOSNIE 1878
SERBIE 1878
ROUMANIE 1878
1878
BULGARIE
1885
ROUMÉLIE ORIENTALE
MONTÉNÉGRO 1878
MACÉDOINE
Salonique
1881
Istanbul
Ankara
Brousse
Smyrne
Konya
Aydïn
Adana
Ardahan
Kars
1878 (Russie)
Erzurum
Bagdad
CRÈTE 1898
MER MÉDITERRANÉE
TUNISIE 1881 (France)
TRIPOLITAINE
CYRÉNAÏQUE
ÉGYPTE 1882 (Grande-Bretagne)
Le Caire
Mer Rouge
CHYPRE 1878 (Grande-Bretagne)
Beyrouth
Damas
Jérusalem
HEDJAZ
KOWEIT 1901 (Grande-Bretagne)
Golfe Persique
0
500 km

1

Lorsque en ces derniers jours de mai 1876, l'homme le plus puissant de l'Empire, Midhat pacha, sollicita une entrevue, je n'en fus pas tout à fait surpris. Bien qu'il fût contraire aux usages qu'un ministre rencontrât le prince héritier que la tradition condamnait à se tenir à l'écart de la politique, je m'attendais pourtant à une semblable démarche. L'état de santé du sultan, mon frère aîné, menait à envisager toutes les éventualités. A peine le malheureux Murad était-il monté sur le trône quelques semaines plus tôt que son esprit avait paru dérangé. La dégradation s'était accélérée. Désormais, il vivait dans un monde à lui dont il ne sortait plus.

La pesante machine de l'Empire devait cependant continuer à fonctionner, et les maîtres de l'heure en prenaient soin. Des décrets étaient publiés, revêtus du cachet impérial, dont mon frère n'avait jamais pris connaissance. Des communiqués de cour paraissaient dans *La Turquie*, le journal officiel, décrivant les longues audiences accordées au grand vizir ou à d'autres ministres, alors que Murad ne recevait plus personne... Depuis plus de deux mois le gouvernement donnait le change. Depuis plus de deux mois il promettait pour la semaine suivante la cérémonie d'intronisation sans laquelle le sultan ne pouvait régner véritablement. Celui-ci n'était pourtant pas absolument tenu caché. Chaque vendredi il se rendait, comme l'imposait l'usage, à la mosquée voisine du palais de Dolma Batche. Mais contre l'usage, il s'y faisait conduire dans une voiture hermétiquement close au fond de laquelle il demeurait enfoncé. Les chevaux effectuaient au triple galop le bref parcours entre le portail du palais et le sanctuaire voisin. Et les curieux massés sur son passage se plaignaient de ne l'entrevoir qu'à peine.

« C'est à cause de ses furoncles à la face qui le défigurent », affirmaient certains. « Il souffre de fièvre intermittente », « il a éprouvé un saisissement dont il ne se remet pas », « ou alors c'est qu'il y a quelque chose d'autrement plus grave », soupçonnaient les mieux informés.

Placé de par mon rang à côté de mon aîné à l'intérieur de la mosquée, c'était pour moi la seule occasion de le voir, car le reste du temps il demeurait séquestré dans ses appartements, selon l'inflexible consigne des gouvernants. De semaine en semaine, j'étais plus douloureusement impressionné par l'altération de son état. Disparu le sourire engageant qui gommait les traits lourds, disparu le regard lumineux de bienveillance qui contrebalançait l'expression qu'on aurait pu faussement attribuer à un manque d'intelligence, disparue la juvénilité qui renforçait le charme.

A vingt-six ans, Murad se comportait désormais comme un vieillard gâteux. Ses chambellans devaient le conduire à sa place. Il se laissait faire, plongé dans une sorte d'inertie. Il paraissait ne reconnaître personne et fixait bouche ouverte, yeux écarquillés, un point invisible devant lui. Les plus moroses pensées traversaient mon esprit alors que l'imam récitait les surates : un sultan incapable de régner, un gouvernement dirigé depuis l'ambassade d'Angleterre, un empire assailli de partout, par l'ennemi slave, par les puissances de l'Occident. Ainsi retombait dans un âge obscur et barbare cette nation à laquelle mon père avait voulu donner un autre visage.

Insensiblement, l'attention se tournait vers moi. Je décelais les regards scrutateurs. J'entendais les allusions de moins en moins voilées. Je devinais les propositions qui allaient venir, les intrigues qui allaient naître, croître et s'enrouler en écheveau autour de mon nom. Pour lors je décevais les curieux en les maintenant à l'infinie distance que me permettait la courtoisie. Et nul ne pouvait se vanter de déchiffrer mes expressions, ni de tirer conclusion d'une parole qui m'aurait échappé. Je ne voulais pas être un jour accusé d'avoir comploté contre mon frère bien-aimé. Quoi qu'il arrivât, quelle que fût la situation, je ne souhaitais pas bouger tant que le destin ne viendrait pas me chercher.

Des articles apparurent dans les journaux, d'abord en Russie puis en Europe où la maladie de mon frère était révélée, mais avec tant d'exagération et des commentaires si ridicules que la portée de ces informations s'en trouvait affaiblie. Bien plus grave fut la publication par un journal clérical du Midi de la France de deux supposées lettres du docteur Capoleone, médecin personnel de Murad, immédiatement reproduites dans la presse parisienne. Capoleone attestait que son patient souffrait d'un ramollissement du cerveau dû à l'alcoolisme, générateur de son déséquilibre mental et d'un commencement de paralysie, signe avant-coureur d'une mort prochaine. A ce faux scandaleux, Capoleone se contenta d'opposer un démenti des plus anodins, sous forme d'un entrefilet publié à la troisième personne et tardivement dans *La Turquie*. L'illusion maintenue coûte que coûte n'abusait désormais plus personne. Le gouvernement, dans sa stérile ambition de s'accrocher au pouvoir, ne pouvait indéfiniment brandir un fantôme. Midhat croyait le contraire – car le gouvernement, ce n'était pas la « vieille femme », ainsi qu'on surnommait à juste titre le grand vizir Rujdi pacha, mais lui, Midhat. Cet ancien gouverneur de province, administrateur hors pair et politicien rongé d'ambition, ce fidèle exécutant des visées britanniques, s'était rendu indispensable et, à force d'intrigues brutales, avait pris en main les affaires. Insensible aux murmures, aux épines de la situation, il abreuvait les ambassadeurs d'assurances et de promesses qui ne suffisaient plus à les rassurer.

Certains se plaignaient de ne pouvoir présenter leurs lettres de créance, Murad n'étant pas en mesure de les recevoir. D'autres se demandaient ce que l'avenir proche réservait. Tous jugeaient que les choses ne pouvaient rester en l'état; à tel point que l'ambassadeur d'Angleterre, sir Henry Elliott, convoqua dans sa villa de Térapia le collaborateur le plus fidèle de Midhat pacha, Ismael Kemal bey, pour lui signifier la nécessité de trouver d'urgence une solution légale à l'inextricable situation créée par la maladie du sultan.

« J'attire l'attention de votre gouvernement sur l'impossibilité de prolonger le présent fonctionnement des affaires. »

Au reçu de ce conseil qui tenait lieu d'avertissement, les ministres décidèrent d'appeler en consultation un des plus grands aliénistes du moment, le docteur Leinsdorff de Vienne. Entre autres références, il avait été mandé à Londres pour examiner la reine Victoria lorsque la mort de son mari l'avait plongée dans un état voisin de la démence. Bien entendu, sa venue à Constantinyé [1] se fit dans le plus grand secret. A peine eut-il débarqué du vapeur de Varna qu'un chambellan le poussa dans un caïque de la cour qui l'emmena au palais. Pendant son court séjour, seuls quelques-uns de ses collègues furent autorisés à le voir. Il examina son malade, rédigea son rapport, et sitôt ce travail fini, on le réembarqua sur son navire après lui avoir rempli les poches d'or, tant pour rétribuer son travail que pour s'assurer de son silence.

Ismael Kemal répandit la version du gouvernement, c'est-à-dire celle de Midhat: le cerveau de Murad se liquéfiait graduellement, et malgré la possibilité de légères et temporaires améliorations, il devenait évident que le sultan était incurable.

Cependant, des rumeurs bien différentes filtraient sur le véritable contenu du rapport de l'aliéniste. Il avait désapprouvé les thérapies prescrites par le docteur Capoleone, qui n'avaient eu pour résultat que d'affaiblir le malade. Il avait recommandé l'hydrothérapie, des promenades en pleine mer. Il aurait été

1. Constantinople.

jusqu'à affirmer que si on lui confiait le patient dans sa maison de santé six semaines seulement, il le renverrait parfaitement guéri.

Comme pour donner raison à cet optimisme, lors de son apparition à la prière du vendredi suivant la consultation de Leinsdorff, mon frère me parut en meilleur état. Il avait cette fois emprunté le caïque impérial pour aller du quai du palais à celui de la mosquée. Et sur son passage, les cuirassés le saluèrent de salves d'artillerie. Malgré les déflagrations et l'agitation qu'elles auraient pu déclencher chez un malade, Murad garda, à mon étonnement, le plus grand calme. Ce jour-là il me reconnut et m'adressa un signe affectueux. Le grand vizir Rujdi pacha constata comme moi la bienheureuse transformation de mon frère. Du coup, il s'interrogea sur son véritable état de santé, et surtout sur les intentions de Midhat. A qui pouvait-il faire part de son trouble, sinon au véritable maître de l'Empire, à l'ambassadeur britannique, sir Henry Elliott?

Ce dernier se garda bien de fournir le conseil que Rudji pacha était venu chercher, mais sous le langage alambiqué de sa profession, il fit entendre que l'Angleterre avait condamné mon frère.

Ces prises de position, ces conversations secrètes, ces allées et venues, ces menées souterraines dont mes informateurs me tenaient au courant me crispaient. Cependant, en ces journées décisives où le sort de l'Empire et le mien se décidaient sans que j'y eusse part, je prenais soin de ne pas manquer une seule des mille occupations qui remplissaient l'oisiveté à laquelle ma position m'avait condamné depuis ma naissance, trente-quatre ans plus tôt. Je jouais avec mes enfants, je bavardais avec mes cadines [1], je consacrais des heures à la lecture dans mon cabinet, je travaillais avec mes secrétaires. J'avais néanmoins cessé de me rendre en ville, pour éviter supputations et commentaires. Je cherchais secours dans mon profond

1. Titre réservé aux quatre épouses de premier rang des sultans et des princes impériaux.

fatalisme. « Advienne que pourra, c'est à Allah à décider », me répétais-je.

Soudain, comme si toutes les horloges d'un château endormi s'étaient remises à marcher à la fois, la demande d'entrevue de Midhat secoua cette immobilité. Mon cœur battait tandis que je m'interrogeais sur ce qu'il allait me proposer. Midhat insistait pour que notre entrevue soit entourée du maximum de discrétion. Il était hors de question de le recevoir au palais où le secret n'existait pas. Je suggérai la villa de ma mère adoptive, Perestou Hanoum. C'était, en lisière de la capitale, sur les collines dominant le palais et juste derrière la caserne construite par mon oncle le sultan Abdul Aziz, une grande demeure moderne que mon père avait offerte à sa cadine. La circulation réduite en ce quartier nouveau et résidentiel de Maçka permettrait d'assurer toute la réserve voulue.

Je fis introduire Midhat pacha dans le grand salon du premier étage où Perestou Hanoum habituellement recevait les autres dames du harem impérial, ses amies. Bien qu'en cette fin d'après-midi la lumière baissât, je le vis cligner des yeux derrière les verres épais de ses lunettes. Je ne le laissai pas terminer son temena, le salut dû au prince impérial. Je lui tendis la main et le fis asseoir dans un des fauteuils rococo rangés contre le mur. Le silence s'installa que je ne tâchai pas de rompre avec des banalités d'usage. Ma réserve naturelle me servait pour une fois en me rendant impénétrable, et l'appréhension scellait mes lèvres. Sans chercher à le déconcerter, je ne tenais pas à lui tendre la perche. Aussi ne perdit-il pas son temps en échange traditionnel de compliments et en vint-il tout de suite au vif du sujet.

– Abdul Hamid Effendi [1], voudriez-vous vous charger de la régence de l'Empire tant que durera la maladie du padicha [2]?

– Une régence? Cela ne s'est jamais vu dans la

1. Seigneur, monsieur. Est placé après le prénom, c'était l'appellation réservée aux princes impériaux.
2. Grand roi. Titre réservé au sultan.

famille d'Osman [1], et doit être contraire à la loi coranique. En effet, une régence soulèverait la possibilité d'un héritage divisé. Or le texte sacré est clair; il ne doit y avoir qu'un seul imam [2] de l'Islam. Ce sera donc mon frère sultan Murad ou moi, mais pas les deux à la fois.

Il ne s'attendait pas à cette réponse, tandis que j'avais eu tout le temps de la préparer. L'éventualité d'une régence m'était passée par l'esprit. J'avais eu le loisir de faire discrètement interroger les docteurs de la loi coranique sur cette solution. Mon vis-à-vis parut interloqué et je n'en ignorais point la cause. Mon frère était un souverain libéral et faible, donc parfaitement à son goût, mais le maintenir sur le trône, incapable de régner, devenait une gageure et l'Angleterre s'y opposait. Aussi Midhat avait-il dû se résoudre à s'adresser à moi. *A priori*, je n'avais rien pour lui faire peur. Discret et timide, je ne faisais pas parler de moi, je ne me mettais pas en avant, je ne cherchais pas la popularité. Il en avait conclu qu'un personnage aussi falot serait certainement malléable. La reconnaissance me rendrait sans doute encore plus docile. Or soudain il comprenait qu'il avait en face de lui un inconnu.

Mais il était trop tard. Il s'était trop avancé pour pouvoir reculer. Dans le silence ambiant, j'égrenais calmement mon tespish, mon chapelet de prière dont les grains de jade faisaient écho au tic-tac de l'horloge. Tout en gardant les paupières baissées, je scrutais son visage plein et vermeil. Les yeux plissés comme par un perpétuel sourire voulaient charmer, mais le regard était implacable. Midhat resta un moment perdu dans ses pensées, puis il releva brusquement la tête :

– Abdul Hamid Effendi, consentiriez-vous, puisqu'il en est ainsi, à devenir padicha du vivant même de sultan Murad?

Je détestais me presser pour donner une réponse et je n'allais pas lui donner satisfaction par une décision rapide. Je demandai à réfléchir. Il se leva avec un geste d'agacement.

1. Ancêtre fondateur de la dynastie ottomane.
2. Le sultan est aussi le calife, l'imam, c'est-à-dire le suzerain religieux de l'Islam.

Resté seul, mon esprit fut envahi par un souvenir d'enfance.

J'ai douze ans. C'est pendant la guerre de Crimée, peu après la mort de ma mère. Les élèves des écoles massés sur la route frémissent, les troupes rectifient leur position car là-bas, au grand portail du palais de Dolma Batche, apparaît la tête du cortège. Les soldats présentent les armes et l'orchestre militaire entonne l'hymne du couronnement du sultan Abdul Medjid, mon père. Pachas et officiers couverts de galons et de décorations défilent en tête, précédant une dizaine des plus magnifiques chevaux du monde tenus en main par des Noirs. Un alezan se fait particulièrement remarquer par la perfection de ses formes, et ses harnachements brodés au chiffre impérial sont semés de rubis et d'émeraudes. Derrière s'avance, bien en vue, le padicha à égale distance entre ses chevaux et les officiers de son palais. La foule le reconnaît à l'aigrette en plumes d'oiseau de paradis attachée à son fez par une rosace de diamants et au soleil de pierreries qui agrafe sa pèlerine noire sous le menton. Près de lui, je m'efforce de me tenir bien droit sur mon cheval blanc. Mon père est venu me tirer de mes leçons avec cette désinvolture qu'il manifeste en tout. Pour me distraire de la mort récente de ma mère, il a décidé de m'emmener passer les troupes en revue avec lui. Mes frères ont été laissés au palais, et j'éclate de fierté d'être le seul aux côtés du padicha. Sans bouger la tête, je jette des regards furtifs à droite et à gauche pour ne pas perdre une miette, un détail, de cette journée exceptionnelle. Des militaires de toutes les nations truffent les haies de spectateurs : des Français d'abord, zouaves en larges culottes de toile grise, soldats de marine, d'infanterie légère, du génie, d'artillerie, chasseurs, cuirassiers aux casques brillants. Les Anglais se singularisent par leurs coiffures bizarres. Certains de leurs officiers portent par-dessus leurs casquettes militaires une sorte de grand bonnet de toile blanche piquée avec une double visière de même étoffe qui descend sur les yeux et sur le cou, appareil qui me fait sourire. Ils sont en ce moment en ville vingt-sept mille Français et trente mille Anglais. Il en arrive tous les jours d'Europe et tous les jours il en part pour la Crimée, défendre nos territoires assaillis par les Russes. Des fenêtres de Dolma Batche je peux apercevoir en aval du Bosphore à Scutary les tentes blanches du campement anglais installées à côté du Grand Cimetière. Les Français, eux, sont logés non loin des anciennes murailles de la ville, dans les vastes casernes de Daoud pacha où justement mon père m'emmène. De l'Europe entière, des soldats sont venus offrir leurs services à l'Empire, et je tâche de m'y reconnaître entre les uniformes hongrois, belges, italiens. Mon père, d'un geste élégant de la main, ne cesse de saluer les giaours qui le regardent passer avec une curiosité avide et muette. Pourquoi avoir besoin d'eux pour défendre l'Empire? Je n'ai jamais pu oublier l'humiliation ressentie à l'âge de six ou sept ans, lorsque mon père m'avait obligé à baiser la main d'un giaour, d'un infidèle, en l'occurrence son ami l'ambassadeur d'Angleterre. Instinctivement, ataviquement, je me révoltai. J'éclatai en sanglots, et ce fut la seule fois où mon père se fâcha avec moi. Cette réminiscence me brûle à nouveau, en voyant mon père quêter par de gracieux sourires les suffrages de tous ces soldats étrangers.

A midi sonnant, alors que les troupes achèvent de se ranger, notre cortège apparaît aux abords des casernes de Daoud pacha. Les états-majors français et ottomans galopent à notre rencontre. La foule se précipite pour apercevoir le padicha. Nous mettons pied à terre devant le grand pavillon de toile verte surmonté de globes dorés. Mon père salue le prince Napoléon, cousin de l'empereur et généralissime français, et son équivalent britannique le duc de Cambridge, cousin de la reine Victoria. Les autorités sont réunies au grand complet, tous les grands vizirs présents, passés et futurs et même plusieurs princes égyptiens, fils du khédive, vassal du sultan, jusqu'à l'ambassadeur goutteux du shah de Perse qu'il faut hisser sur sa monture. Autour des troupes disposées en un alignement impeccable, des badauds tant européens que musulmans se sont répandus à travers les champs de blé et les prairies : les dames du quartier européen de Pera dans leurs équipages parisiens ; les nobles musulmans dans leurs télégas peints, dorés et sculptés comme des voitures de sacre ; de vieux Osmanlis à barbe blanche dans des arabas asiatiques couverts de toile et traînés par de grands bœufs, aux ornements frangés de rouge. Ici des vendeurs d'eau, de sorbets, de gâteaux, des bachibouzouks, des Persans à bonnet de fourrure pointu, des Albanais en fustanelle, ailleurs des Grecs, des juifs, des Bulgares, des nègres du Fezzan en burnous blanc comme la neige témoignent de la diversité des races de l'Empire. Enfin, à l'arrière-plan, une caravane de chameaux sortie par la porte d'Andrinople progresse lentement sur la voie romaine à demi détruite.

Pendant que défile devant le sultan l'infanterie légère, mon attention est distraite par un vieux hadj, un saint homme qui se détache de la masse des badauds et s'avance vers nous, long, très maigre, la barbe blanche embroussaillée, vêtu de haillons répugnants. Personne ne songe à l'arrêter. On ne touche pas à un homme de Dieu. Il arrive devant le cheval de mon père et là, devant les autorités des bataillons français, crie d'une voix éraillée :

– Fils de giaour, tu introduis les chiens infidèles dans l'Empire d'Islam. Tu n'es qu'un giaour comme ton père. Si tu voulais chasser les Russes, que n'appelais-tu à ton aide les vrais croyants en déployant le drapeau du Prophète. Nous aurions tous tiré le sabre. Les Moscovites eussent disparu de la terre et tu régnerais à Moscou. Que le Prophète te maudisse, que les oiseaux du Ciel te salissent la barbe !

Alentour, les spectateurs ne comprennent pas ce qui se passe, car la voix du vieillard n'a pas porté loin. Je suis un des rares à avoir enregistré chacune des paroles de feu. Mon père n'a pas cillé aux injures qui lui ont été lancées. Cette impassibilité sans doute exaspère le hadj, qui fait un pas en avant et saisit les rênes de velours brodées d'or du cheval. Celui-ci, effrayé, se cabre, glisse sur le sol caillouteux et tombe à la renverse, entraînant le padicha dans sa chute. Un seul hurlement sort des poitrines des innombrables spectateurs, alors que les troupes continuent à défiler. La tête de mon père ayant frappé sur un caillou saigne abondamment. Il a perdu connaissance. Les aghas s'affolent bien trop pour être de quelque utilité, et ce sont les aides de camp qui le transportent à l'intérieur de la tente d'honneur. Je saute à terre et me précipite à sa suite, à peine conscient de l'amour que j'éprouve à ce moment-là pour lui. Pendant ce temps, les zaptiés, les soldats de la police, se sont saisis du hadj. Fût-il un saint homme, le misérable qui attente à la vie du padicha mérite d'être traité ainsi que les pires criminels. Comme tous les spectateurs, je sais que la condamnation à mort du coupable sera l'unique issue concevable. Un quart d'heure durant mon père reste inerte, un quart d'heure d'angoisse folle, incontrôlée, que je passe penché sur lui à guetter un signe de vie.

Lorsqu'il reprend ses sens, je me redresse pour qu'il ne devine pas les sentiments qui m'ont agité. Sa blessure n'est ni profonde ni grave, car très rapidement il recouvre ses facultés et me sourit. Sa première pensée est pour le hadj :

– J'espère qu'on n'a pas fait de mal à ce malheureux. Qu'on le traite bien, qu'on le réconforte et qu'on le libère. Il ne doit pas être châtié car il est sincère.

Ses paroles m'avaient ému profondément. J'admirais mon père qui ignorait la cruauté. Et, au fond de ma jeune conscience, je ne désapprouvais pas le hadj, tout au moins en ses intentions. Les giaours dont la présence se faisait toujours plus voyante, plus bruyante n'étaient-ils pas le symbole de notre décadence, dont mon père n'était qu'un maillon mais à laquelle il contribua fortement? Sa fierté, car il en avait, ne reposait que sur le passé. Après tant et tant d'années, je peux d'ailleurs encore réciter l'histoire de notre famille telle qu'il nous obligeait à l'apprendre et à la répéter.

– Au tout début du XIIIe siècle, une petite bande de nomades, moitié guerriers, moitié bergers, est arrivée en Asie Mineure et s'y est installée. Elle était conduite par un certain Osman qui nous a laissé son prénom comme nom de famille. Bientôt nous nous sommes organisés, et quelques décennies plus tard nous avons assumé les prérogatives de l'indépendance : notre nom a été lu pendant la prière du vendredi et nous avons battu monnaie. Ce minuscule marchepied, cet État perdu dans les montagnes d'Anatolie, nous a permis de nous lancer à la conquête du monde. Nos ancêtres ont pris Constantinyé, portant le coup de grâce à l'Empire byzantin après l'avoir pendant des générations grignoté. Ils ont étendu leur pouvoir sur l'Égypte et la Syrie, sur les Balkans et une grande partie de la Hongrie. Les khans de Crimée, les chérifs de La Mecque étaient nos vassaux. Nos gouverneurs exerçaient le pouvoir en notre nom à Alger, à Budapest, à Bagdad. Par deux fois nous avons assiégé la capitale des Habsbourg, Vienne. Nous pouvons nous considérer les égaux de toutes les dynasties européennes sinon les supérieurs de la plupart d'entre elles, car, hormis la Maison de France, aucune famille n'a régné aussi longtemps que la nôtre. Que la fierté légitime inspirée par nos ancêtres soit une incitation à nous montrer dignes d'eux...

L'Empire continuait à s'étendre sur l'Asie, sur l'Europe, sur l'Afrique et à courir du Soudan aux Carpates et de l'Euphrate au Tassili. La leçon de mon père se révélait, hélas!, incomplète au point d'être mensongère. Je n'avais qu'à regarder la carte du monde ou observer les mines embarrassées de mes professeurs lorsque je leur posais des questions trop pertinentes pour me rendre compte de la vérité. Que de provinces nous avaient été arrachées : la Grèce, la Serbie, la Crimée, l'Algérie. Et les nations de l'Europe qui naguère tremblaient au moindre geste du sultan désormais lui dictaient leur volonté.

De toutes mes forces, j'avais rêvé d'enrayer ce processus fatal, bien avant d'avoir la moindre possibilité d'agir. Mon père, mon oncle l'infortuné Abdul Aziz, mon frère enfin, s'étaient succédé sans y parvenir. Peut-être ne réussirais-je pas mieux mais rien ne m'empêcherait d'essayer. Je devais arrêter la roue inexorable de l'Histoire pour conserver et, mieux encore, restaurer l'Empire. J'étais donc décidé à saisir l'occasion offerte par Midhat pacha, aussi périlleuse fût-elle. Mon devoir m'y appelait, ma volonté m'y poussait.

II

A ma demande, Midhat vint me trouver en la villa de ma mère, à la même heure que la veille. Je lui formulai mon acceptation. A une seule mais impérative condition : l'assurance que mon frère n'avait aucune chance de se rétablir.

Je constatai à sa mine que le ton et non la teneur de ma réponse déplaisait à Midhat pacha. Allait-il s'en laisser imposer par un homme sans bagage ni expérience – et qui plus est sans appui ni partisan –, lui le pivot du gouvernement, le chef de file des libéraux, le protégé de l'Angleterre ? Il était temps de me rappeler qui de nous deux faisait et donc défaisait les sultans.

– Bien que le sultan Murad ne puisse, de l'avis des experts, recouvrer la santé, le gouvernement serait en mesure de le déclarer guérissable sauf si vous vous engagez à promouvoir sans délai une Constitution, à agir dans les affaires de l'État seulement selon l'avis de vos conseillers responsables, enfin, à nommer les plus proches collaborateurs de votre frère, Zia bey et Nami Kemal, vos secrétaires privés ainsi qu'à conserver Sadulla bey au poste de chef du Secrétariat auprès du sultan, qu'il occupe à l'heure actuelle.

Je me laissai aller à sourire :

– Mes vœux les plus sincères rejoignent vos deux premières conditions. Il nous faut, si nous voulons que l'Empire rejoigne ce siècle, faire des pas de géant et oublier pour une fois ménagements et prudence. Je vous soutiendrai de toutes mes forces dans votre croisade pour le progrès et le bien-être de l'Empire. Je vous donne volontiers ma promesse de promulguer une Constitution et d'agir en souverain parlementaire. Quant aux nominations que vous me demandez, là aussi vous devancez mes souhaits. Depuis longtemps je connais, je lis, j'admire Zia bey et Kemal bey. Concernant Sadulla bey, ma reconnaissance pour la fidélité avec laquelle il sert mon frère me fait accepter volontiers votre requête.

La poussée de méfiance que Midhat avait senti naître s'évanouit. Il se félicita intérieurement du choix qu'il avait fait de ma personne. Tant il est vrai que ces intellectuels, malgré ou peut-être à cause de leur très vive intelligence, ne manquent pas d'une certaine naïveté. Bien que le protocole interdît toute démonstration, je compris que j'avais gagné.

– Permettez-moi, Abdul Hamid Effendi, de me retirer afin de transmettre au plus vite à mes collègues votre réponse encourageante qui fait augurer avec optimisme de l'avenir. Si Allah le veut, grâce à vous nous mettrons un terme à la succession de tragédies qui détruisent l'Empire.

Midhat parti, je rejoignis ma mère dans le petit salon où je savais la trouver. Il n'entrait pas dans la dignité de Perestou Hanoum de coller son oreille à la porte, mais elle avait pris soin de laisser celle-ci entrouverte, comme par hasard. Elle fumait tranquillement son tchimbouk, sa longue pipe au bout d'ambre et au fourneau incrusté de turquoise. Trop souvent je lui avais répété combien je déplorais l'influence de ma grand-mère sur mon père et de la redoutable Peztevnial sur son fils Abdul Aziz. Aussi s'abstint-elle de prendre l'initiative d'une question ou d'un conseil. Et si je me confiai à elle, ce fut par reconnaissance pour son inconditionnel soutien, autant que par un secret besoin d'obtenir son approbation.

– Je sais qu'on m'accusera d'avoir intrigué contre mon frère, de l'avoir volontairement détrôné pour prendre sa place par soif du pouvoir. Mais c'est sa déposition immédiate ou la désintégration de l'Empire.

Les responsabilités qui vont m'échoir, je ne les ai pas voulues; le destin cependant m'y appelle. Je les accepte avec lucidité et fermeté. Dieu m'aidera à faire de mon mieux.

– Je te demande une seule chose, mon lion. N'oublie jamais ton frère Murad, et traite-le bien.

– Je veillerai sur lui, car infinie est la tristesse que son destin m'inspire. Je l'ai jalousé dans notre enfance, vous le savez mieux que quiconque, vous qui avez réussi à extirper ce sentiment de mon cœur. Depuis j'ai appris à l'aimer, à apprécier ses qualités humaines. La déchéance qui est la sienne serait atroce à observer chez quiconque, mais combien plus chez mon propre frère.

Perestou Hanoum contempla par la fenêtre les toits de Dolma Batche, le Bosphore, et au loin la tour et les coupoles du Vieux Sérail. Sans me regarder, elle murmura :

– Je prie Dieu pour ta réussite. Tu seras un grand sultan.

Dès le lendemain de mon entrevue avec Midhat, *La Turquie* publiait les nouvelles les plus rassurantes sur la santé du sultan Murad. Il n'était plus obligé de rester enfermé au palais, il pouvait sortir, se promener. Il avait recommencé à faire des excursions quotidiennes en bateau à vapeur sur le Bosphore, tantôt en direction de la mer Noire, tantôt vers la mer de Marmara. Chaque jour qui suivit, un communiqué de cour délivra le récit de ses promenades curatives qui ne pouvaient qu'être le prélude de nouvelles encore plus heureuses, c'est-à-dire, à terme, le rétablissement du padicha. Le *Levant Herald*, journal à la solde de l'ambassade anglaise, s'étonna perfidement que le rapport de l'aliéniste, le docteur Leinsdorff, n'ait jamais été rendu public.

La Turquie renchérit en publiant immédiatement, sous la signature du docteur Leinsdorff, un rapport des plus rassurants. Le document, tronqué et corrigé, donnait un son de cloche bien différent de celui de l'aliéniste. Cette intrigue m'exaspéra et m'humilia. A quoi jouait le gouvernement en prétendant au rétablissement de mon frère? N'était-on pas venu me trouver pour m'offrir le trône? Ne nous étions-nous pas mis d'accord? Je n'allais pas m'abaisser à demander des explications et paraître impatient, mais pour fuir ces remous et en même temps marquer le coup, je me retirai dans ma propriété de Maslak. Cependant, je quêtai discrètement des informations. Ce fut mon secrétaire Kutchuk Said qui m'en rapporta. Cette campagne avait été déclenchée par le grand vizir Rujdi pacha, qui conservait quelques doutes sur l'opportunité de déposer Murad. Midhat pacha, lui, se trouvait en complet désaccord avec son supérieur nominal. La preuve en est qu'il voulut brusquer les choses, et il me fit prévenir de me tenir prêt le jeudi 31 août dès l'aube.

III

La veille du jour convenu, je regagnai Constantinyé. J'évitai Dolma Batche, où il m'eût été odieux de séjourner sous le même toit que mon frère, lequel ignorait toujours ce qui l'attendait. Je descendis chez Perestou cadine dans sa villa de Maçka. Sa présence m'apaiserait et en même temps me donnerait du courage. De sombres pensées traversaient mon esprit durant ces dernières heures d'une attente pénible. Considérant le sort de mon oncle Abdul Aziz et de mon frère Murad, je me demandais si mon règne serait aussi bref.

Je ne réussis pratiquement pas à dormir. De longues heures je restai immobile sur mon lit, regardant par la fenêtre les étoiles de cette nuit sans lune scintiller faiblement et les rideaux de dentelle se mouvoir mollement à la brise de mer. Dans ma tête se déroulait l'invraisemblable succession d'événements tragiques qui avaient ébranlé l'Empire, entamé ma famille et qui finalement me conduisaient au trône.

Mon père n'avait pas atteint ses quarante ans que nous, ses enfants, nous trouvions réunis autour de son lit de mort. J'avais suivi chez lui la même évolution des symptômes de la tuberculose que j'avais hélas appris à connaître chez ma mère. Dans la grande chambre au premier étage du palais de Dolma Batche, avec ses quatre fenêtres ouvrant sur le Bosphore, nous nous tenions par rang d'âge : Murad l'aîné, Fatma sultane venue de son palais, moi-même, alors âgé de dix-neuf ans, puis Djemilé, le gros Réchad et Séniha, qui à dix ans annonçait déjà une grande beauté. Vahid Edin, le dernier-né, âgé de quelques mois à peine, avait été laissé à la garde de sa nourrice. L'extraordinaire somptuosité de la pièce m'avait toujours frappé et presque rebuté : les tentures de soie rouge et blanche, le mobilier à volutes aussi doré que les lambrequins, les lustres en verre de Bohême rouge et blanc, les horloges antiques. Mais pour une fois ces splendeurs familières ne nous donnaient pas de distractions. Tous, nous gardions les yeux tournés vers le lit au baldaquin en argent massif d'où pendaient des rideaux de gaze légère. Murad tira le couvre-lit de velours rouge brodé en or de la tugra [1] impériale sur le corps de notre père, qui venait de mourir quelques instants plus tôt, très doucement. Son cœur devenu de plus en plus faible s'était tout simplement arrêté. Il était passé de la vie à la mort avec la même discrétion qu'il avait toujours montrée.

Mon frère Réchad, le plus sensible, le plus émotif, étouffait de sanglots. Hoquetant, il déclara qu'il ne survivrait pas à son père, courut à la fenêtre, fit le geste de l'ouvrir et de se jeter en bas. Murad, plus rapide que lui, le retint :

– J'étais votre aîné; désormais je serai votre père.

Je n'osais me l'avouer, mais j'en voulais à mon père de nous abandonner sans protection aux mains de l'avenir et de son successeur, son frère Abdul Aziz, comme il avait laissé sans défense l'Empire qui lui avait été confié. Plus que jamais, j'espérais lui ressembler le moins possible et j'étais décidé à ne l'imiter en rien.

Abdul Medjid, pour le bien de son peuple, s'était attaqué à tous les problèmes à la fois : la sécurité des villes, le recrutement de l'armée, la centralisation du pouvoir, le code pénal. Il avait promis une justice honnête et proclamé l'égalité devant la loi. Avant tous les souve-

1. Monogramme de chaque sultan.

rains européens il avait même promulgué une sorte de Constitution. Son règne avait bien mérité le nom de « Tanzimat », la Réorganisation, comme me le répéta, durant toute mon adolescence, Perestou Hanoum. Elle et moi portions sur cette œuvre des jugements divergents. Je savais que les chrétiens n'avaient pas cru aux réformes de mon père, que les Vieux-Turcs, les conservateurs, juraient qu'elles étaient contraires à la loi coranique et constituaient la preuve que le padicha était tombé sous l'influence diabolique des giaours. Les bonnes intentions d'Abdul Medjid étaient restées lettre morte. Cette triste expérience devait à jamais me servir de leçon.

Mon père n'avait pas mieux réussi l'éducation de ses fils. Par humanité, il avait mis fin pourtant à la sinistre tradition qui obligeait les princes impériaux à vivre dans un appartement nommé le « kafes », la cage. Il nous avait ouvert les portes et les oiseaux s'étaient dépêchés de s'envoler de leur prison dorée. Il avait suivi étroitement nos études, nous faisant en personne passer nos examens et tapant le sol de sa canne dès qu'il entendait du chahut venu de la salle de classe, qu'il avait fait installer pour mieux nous surveiller juste en dessous de sa chambre. Que nous apprenaient nos professeurs ? L'histoire, la musique, la calligraphie, le persan, l'arabe, la littérature ottomane, la théologie. Aucune matière n'avait été ajoutée au programme d'études de nos ancêtres, des siècles plus tôt. Or, notre curiosité nous mettait à l'écoute de notre temps, sur lequel nous ne recevions nulle information mais qui venait battre les murailles de notre univers clos. Nous n'avions aucun accès à ce vaste monde extérieur et contemporain en plein mouvement, dont la politique et les réformes de mon père nous parlaient cependant. Qu'était-ce donc que cet Occident du XIXe siècle sur lequel nos professeurs restaient muets ? Personne ne nous répondait, aussi étais-je décidé à percer ces énigmes tout seul.

Le physique même de mon père portait la marque de sa faiblesse, qu'il m'avait été si pénible de reconnaître. Malgré le grand front intelligent et les yeux sombres et profonds au regard indéfinissable de rêveur, le nez manquait de caractère, le menton sous la barbe noire fuyait et, comme pour souligner cet état, la taille médiocre n'en imposait pas. Comment eût-il commandé, alors qu'il ne savait même pas se faire obéir de ses femmes? Les aghas m'avaient raconté qu'ayant découvert l'une d'elles amoureuse d'un autre, il lui avait accordé le divorce et lui avait même donné une dot pour épouser son bien-aimé, à la promotion duquel il avait personnellement veillé... alors que mes ancêtres auraient cousu dans des sacs et jeté dans le Bosphore les deux coupables avec, pour faire bonne mesure, quelques femmes du harem et un nombre considérable d'eunuques. Jamais je n'ai oublié cette nuit où j'avais entendu mon père, à genoux devant la porte verrouillée d'une de ses favorites réticente, la supplier de lui ouvrir... lui, le maître absolu de trois continents! En fait, il était atteint d'une incurable mélancolie. Il était conscient de son incapacité à faire face aux difficultés, aux problèmes, aux dangers qui de toute part assiégeaient son trône; de son manque d'expérience dont sa jeunesse n'était pas la seule cause. Obscurément, il sentait aussi qu'avec sa constitution délicate ses jours étaient comptés.

Mes frères et moi connaissions à peine notre oncle Abdul Aziz, le nouveau sultan, lorsque, le lendemain de la mort de notre père, il avait fait irruption dans notre existence. Géant doté d'une force prodigieuse – il mesurait plus de deux mètres et était champion de lutte turque –, il dévorait la vie sous toutes ses formes. Généreux jusqu'à l'extravagance mais aussi imprévisible, capricieux, capable d'accès de violence, ce n'était pas un mauvais homme et il se montra la bienveillance même lorsqu'il vint prendre le café avec mes frères et moi.

Il s'assit sur le canapé le plus vaste, et nous prîmes place à ses côtés selon la hiérarchie de nos âges. Une kalfa[1] parmi les plus vigoureuses du harem déposa

1. Dame du palais.

devant nous un vaste plateau circulaire en or. Deux autres tendirent une grande nappe brodée d'or et de perles. Une quatrième apporta, sur un autre plateau plus petit surmonté d'une grande anse, la cafetière d'or. Une cinquième versa le café dans les tasses minuscules contenues dans des zarts incrustés de pierres précieuses, et avec le petit plateau à anse nous le distribua. La maîtresse du café dirigeait l'opération, en veillant au déroulement scrupuleux des rites.

Après s'être enquis de notre santé, puis de nos désirs, le sultan confirma nos privilèges, nos logements, et promit d'augmenter nos pensions. Il nous assura que nous jouirions de sa sollicitude et d'une liberté encore plus grande que celle octroyée par notre père. Il fut aussi affable que peut l'être un hercule au rire gras. Et j'en fus presque à épouser l'opinion du peuple dont il portait l'amour et l'espoir. Son accession au trône apparaissait en effet comme un nouveau printemps qui coïncidait avec celui de ma vie privée.

Enfant naguère gracile et pâle, j'avais longtemps eu honte de ma maigreur, de mes membres grêles. Je me mis à la lutte turque, non pas pour pouvoir battre sur son terrain mon oncle le sultan, mais pour mettre à l'épreuve mon corps, pour dompter mes faiblesses. Je nageai presque quotidiennement, comme me l'avait conseillé le médecin italien de mon enfance. L'équitation, je la pratiquais depuis mon plus jeune âge. Je conduisis aussi les voitures à chevaux, je m'essayai au tir au pistolet, à l'escrime, je fis de l'aviron. Je disciplinai mon corps après avoir formé mon esprit.

Ma sœur préférée, Djemilé, jugeant que j'avais atteint l'âge d'avoir une compagne, s'était occupée de m'en trouver une. Elle me présenta une noble Circassienne, Nazikeda, qui me plut. Nos mariages ne sont ni la fusion sentimentale des Occidentaux, ni l'asservissement de la femme dont on nous accuse. La coutume immémoriale des unions arrangées suscite souvent des liens solides, étroits. L'attachement, les vertus de Nazikeda éveillèrent mon affection et mon estime. Plus tard, elle vécut en harmonie avec mes trois autres cadines au fur et à mesure que celles-ci entrèrent dans mon harem. Les désastreux exemples de mes ancêtres me rendaient méfiant vis-à-vis de l'amour que je croyais ne jamais devoir connaître. Bientôt la naissance de mon fils aîné, Selim, me remplit de fierté, sans pourtant me bouleverser. Il était dans ma nature et dans mon éducation de dominer mes sentiments et leurs manifestations.

Je passais beaucoup de temps en ma propriété de Kiathané, que mon père m'avait offerte. J'évitais de me faire trop voir au palais et attendais que se dessinent les véritables intentions de mon oncle Aziz, car ma méfiance congénitale m'interdisait de prendre pour argent comptant les promesses de quiconque, à plus forte raison d'un sultan.

IV

Peut-être avais-je tort de douter de mon oncle, car il nous fit l'insigne faveur de nous emmener, mon frère Murad et moi, en Europe avec lui.

Un beau jour de 1867, l'empereur des Français Napoléon III l'avait, en effet, invité à visiter l'Exposition universelle. De mémoire d'historien, aucun sultan n'avait mis les pieds hors de ses domaines, ce qui posait d'ailleurs d'innombrables problèmes à nos religieux et des cas de conscience à nos traditionalistes, que mon oncle, dans un bel élan de progressisme, balaya. Jamais je n'aurais cru possible de voyager dans ce lointain Occident qui taquinait si fort ma curiosité. Abdul Aziz me faisait le plus beau cadeau du monde.

Je me réjouissais d'autant plus de découvrir la France que j'avais appris à en parler la langue en de curieuses circonstances. Adolescent, une de mes distractions était de me rendre à Bébeque, chez ma sœur aînée Fatma sultane. Mariée à un pacha, elle avait sa résidence en dehors du palais. Un jour je la trouvai dans le salon qui sépare le harem du selamlik, le quartier des hommes. Un grand rideau avait été tendu au milieu de la pièce, près duquel elle était assise. D'une voix posée elle répétait dans une langue inconnue de courtes phrases que prononçait une voix d'homme venue de l'autre côté du rideau. Elle apprenait le français sur les encouragements de son mari et semblait déjà manier avec une certaine aisance l'idiome, car elle se lança dans un court dialogue avec l'invisible professeur. Bientôt la tentation fut trop forte. Je sortis pour entrer de nouveau dans la pièce, mais de l'autre côté du rideau je découvris, calé dans un fauteuil, un grand et gros homme à la barbe hirsute. Il leva les yeux à mon entrée sans paraître étonné, et continua sa leçon. Je tirai une chaise et m'installai tout contre lui, le fixant avec intensité comme si par cette proximité, par ce regard inquisiteur, j'avais voulu acquérir toute sa science, cette langue giaour, clé du monde que je désirais découvrir. Il me laissa faire et, tout en continuant à dialoguer avec ma sœur, me considérait affectueusement. Bientôt je m'enhardis jusqu'à esquisser quelques paroles en français et à répéter maladroitement après lui les courtes phrases qu'il épelait. Je le faisais presque silencieusement, remuant à peine les lèvres. Il comprit cependant mon effort, et, d'un sourire presque paternel, m'encouragea à poursuivre. Nous fûmes interrompus par un serviteur apportant un plateau de rafraîchissements que ma sœur, dans sa considération, ne manquait jamais d'envoyer à son professeur. Je m'enfuis aussitôt comme si j'avais été pris en faute. L'inconnu eut un geste de regret qui m'alla droit au cœur.

Le pli était cependant pris. Je revins régulièrement les trois jours par semaine où il donnait des leçons à ma sœur. Entre-temps, il s'était enquis de mon identité, et bientôt je l'interrogeai sur la sienne. Il s'appelait Armenius Vambery. Ce juif hongrois était né dans une famille qu'il décrivait comme extrêmement pauvre. Pour gagner sa vie, il était devenu précepteur d'enfants aisés; mais cet autodidacte avait aussi le don des langues. Ce talent et son goût des voyages l'avaient fait énormément bourlinguer. Il n'ignorait aucun recoin, aucun dialecte de l'Orient. Inlassablement, il explorait les régions les plus fermées et pénétrait dans les palais les plus inaccessibles. Il parlait non seulement le turc, mais aussi notre langue de cour à la perfection. Il connaissait à fond nos us et coutumes, ce qui lui avait permis de s'introduire dans notre société et de s'y adapter à merveille. Un jour il s'étonna que je n'aie pas de professeur de français. Je lui répondis que j'étais considéré comme trop jeune, malgré mes seize ans, pour apprendre cette langue et que seul mon frère aîné Murad avait ce privilège, que d'ailleurs je lui enviais.

Un enrichissant dialogue s'engagea. J'interrogeais le Hongrois et ne me lassais pas de l'écouter parler de Londres où il séjournait fréquemment, des Anglais qu'il admirait, de leur système politique qu'il prônait, de la reine Victoria enfin. En contrepartie, lui-même me mitraillait de questions sur Dolma Batche, sur mon père, sur la cour, sur le harem. Il voulait toujours savoir ce qui se disait, ce que j'avais entendu. Parfois l'insistance de sa curiosité me surprenait, mais j'étais trop heureux de la satisfaire, pour le remercier de nos entretiens.

Ces leçons clandestines allaient se révéler utiles. La France, alors phare de l'univers, laissait sa lumière pénétrer jusqu'au fond des palais étouffants où nous végétions. L'Exposition universelle attirait tous les souverains d'Europe. Le pays nageait dans l'opulence, et la cour, présidée par la belle impératrice Eugénie, brillait des mille feux de son luxe. Débarqués à Toulon, nous montâmes dans le train impérial, confortable, capitonné, satiné à souhait. A Paris, Napoléon III nous accueillit gare de Lyon au milieu des membres choisis de sa famille et de son gouvernement. Des tribunes débordaient de dames surexcitées de curiosité. Elles attendaient des princes orientaux couverts d'or, de pierreries et d'odalisques. Elles furent, paraît-il, plutôt déçues par nos uniformes quasi européens. Les monuments de la capitale m'impressionnèrent, mais je jugeai les habitants bruyants, la circulation désordonnée, le tout baignant dans une confusion inconnue en Orient. Visiblement, les Occidentaux ignoraient l'usage des formes, que nos paysans connaissent dès la naissance. Aux Tuileries, dans le salon dit du Premier consul, nous reçut l'impératrice Eugénie, beauté éclatante, inférieure cependant à sa réputation. Perestou Hanoum était autrement majestueuse qu'elle. Après la présentation des deux suites, on nous mena par les Champs-Élysées jusqu'au palais de l'Élysée où nous logeâmes.

Le lendemain 2 juillet, nous assistâmes à la remise solennelle des prix de l'Exposition internationale. Un carrosse impérial à huit chevaux nous conduisit jusqu'au palais de l'Industrie. Nous prîmes place aux côtés de Napoléon III et d'Eugénie sous un immense vélum blanc et vert parsemé d'étoiles d'or. Un orchestre de mille deux cents musiciens et choristes entama une cantate de Rossini avant que l'empereur des Français ne fît son discours. Des acclamations tonitruantes l'interrompirent plusieurs fois, en particulier au moment où son héritier s'avança pour recevoir un prix : le jeune prince impérial était récompensé pour avoir fabriqué le meilleur modèle de maisons d'ouvriers. Les pompes officielles achevées, après quelques banquets et réceptions nous pûmes nous livrer au tourisme. Chacun de son côté, mon oncle et Murad parcoururent la ville, ravis, infatigables, jouissant de toutes les festivités, s'abandonnant aux femmes, à la boisson, sous la conduite et la surveillance des agents de la cour. Ma réserve me tint à l'écart et me permit, sans en avoir l'air, d'échapper à nos mentors. Je n'étais pas habitué à être dévisagé dans la rue, ni à voir les dames dévoiler leurs appas, ce que d'ailleurs je trouvais fort agréable. Je me livrai alors à mon occupation préférée : observer les gens et les choses, en cette France à la pointe du progrès. Toujours suivi d'un interprète, fourni par l'ambassade, je me gardai de révéler que je parlais la langue, afin d'en plus apprendre.

La cour faisait au premier abord beaucoup d'impression étincelante, avec ses élégances, ses lumières, ses bijoux, ses fleurs, ses flots d'or et de vin, ce tourbillon continuel orchestré par Offenbach. Derrière cette brillante façade, je découvris un manque affligeant de traditions et surtout de spiritualité. La France du Second Empire n'était que matérialisme, et je vis là sa condamnation à plus ou moins long terme. Napoléon III, un homme petit, silencieux, n'en imposait absolument pas mais savait jouer efficacement de son charme. Abdul Aziz le considérait déjà comme son ami le plus fidèle. Il était si content de son séjour qu'il s'éprit de l'impératrice, laquelle n'avait rien négligé pour en arriver à cette issue piquante. Ne participant pas à l'enthousiasme de mon oncle, je décelai dans l'attitude du couple impérial fausseté et calcul. Ils voulaient nous gagner uniquement dans le but de nous exploiter.

Pour atteindre l'étape suivante, nous n'eûmes qu'à traverser la Manche. Revue militaire, flonflons, train spécial, carrosses depuis la gare Victoria jusqu'au palais de Buckingham, où des grands appartements avaient été remis à neuf. Rien n'avait été négligé pour nous honorer. Piqué par le somptueux accueil que nous avait réservé la France, le gouvernement anglais avait voulu à tout prix l'éclipser et nous rappeler par ces honneurs puérils que l'Angleterre – et non la France – était la première puissance du monde.

Abdul Aziz baignait dans la béatitude. Il oubliait l'humiliant manque d'enthousiasme de la reine Victoria, que notre ambassadeur à Londres nous avait décrit par le menu. La date de notre venue avait dû être reculée, car elle n'avait voulu sous aucun prétexte avancer son retour de Balmoral. Si elle avait consenti à nous loger à Buckingham Palace, c'était après de sordides discussions avec son gouvernement, qui avait finalement accepté de payer la note. Enfin, l'usage voulant que l'on décore les souverains en visite, elle n'avait accordé au sultan que le grand cordon de l'Étoile de l'Inde. Pour une fois, malgré la poudre jetée à ses yeux par les Occidentaux et qui l'aveuglait, mon oncle avait protesté. Il savait que la plus haute décoration du royaume était l'ordre de la Jarretière, et il exigea la Jarretière. Victoria avait cédé en rechignant. C'était elle qui avait eu l'idée de nous recevoir solennellement, non pas dans un de ses palais mais sur le pont de son yacht. Pour nous honorer, répétaient les ministres anglais. Pour nous impressionner, murmuraient nos vizirs, en exhibant la flotte britannique. Pour éviter d'être accablée d'ennui, pensai-je quant à moi, par la conversation de ces étrangers, de ces Orientaux qu'elle considérait bien moins importants que le moindre principicule allemand de sa nombreuse parentèle. Aussi en ce 17 juillet 1867 nous attendait-elle sur le pont de son trois-mâts, le *Victoria and Albert*.

En montant les degrés de l'échelle de coupée à la suite de mon frère, je découvris devant nous une femme toute petite, toute ronde, toute noire, entourée de fils et d'amiraux, tous très grands et couverts de broderies et de décorations. La reine gardait une complexion de jeune fille. Ses yeux de porcelaine bleue, comme ceux d'une poupée, restaient sévères, et son expression revêche ne se détendit que pour un sourire juvénile découvrant de ravissantes dents. Je me demandais comment Armenius Vambery avait pu voir en elle une enchanteresse.

La réception avait lieu dans le salon extérieur du yacht. Par le truchement d'un interprète, Victoria bavardait avec mon oncle sans remarquer que le teint de celui-ci virait au verdâtre. Le grand vizir suggéra alors à la souveraine qu'elle pourrait peut-être descendre dans sa cabine se reposer quelques instants, ce qui signifiait qu'il était impératif pour le sultan d'en faire autant afin de lui éviter de vomir devant elle. Mon oncle eut un tel mal de mer qu'il ne réapparut sur le pont qu'après la revue de la flotte. Heureusement, insensible aux intempéries, j'assistai au spectacle sans en perdre une miette, grâce aux explications d'un amiral doré sur tranches. L'Angleterre me convainquait de sa puissance, de sa prééminence, ce qui m'enfonçait encore plus dans ma détermination de ne pas m'en laisser imposer.

Enfin vint le moment tant attendu. Victoria passa le collier de la Jarretière au cou d'Abdul Aziz, qui eut à peine le temps d'exprimer sa reconnaissance avant de devoir à nouveau disparaître dans sa cabine. Cette fois-ci, pris de pitié, je l'y accompagnai. Il était là, étendu sur sa couchette, rendant presque l'âme, lorsque de terribles déflagrations le firent sauter en l'air. Était-on en train de couler le yacht royal? Non, c'étaient simplement les vaisseaux de guerre britanniques qui, par erreur, avaient tiré des salves d'honneur au moment où le *Victoria and Albert* se trouvait le plus proche d'eux. Le martyre de mon oncle ne prit fin que lorsqu'on jeta l'ancre en face du palais d'été d'Osborne. Au sourire en coin qui illuminait le visage de la reine en nous faisant ses adieux, j'en conclus qu'elle raffolait de mers fortes, de vents violents, et qu'elle n'était pas mécontente de la déconvenue de son « frère ». D'autant plus que le cauchemar qu'il avait vécu n'entamait pas le souvenir ravi qu'il emportait de sa réception.

Les faveurs dont on le couvrait, loin de flatter le fidèle sujet du sultan que je me voulais, me giflaient car elles n'étaient pas destinées à célébrer un égal mais à endormir un inférieur. On lui avait accordé tous les hochets qu'il désirait et même plus, mais cette générosité recouvrait un profond mépris, le mépris des Anglais pour tout ce qui en général n'était pas anglais, et en particulier pour l'Orient, considéré comme barbare.

La reine Victoria m'avait personnellement donné une leçon. Elle n'avait pas besoin des frous-frous, des dorures, des musiques entraînantes de la cour de France qui confondait luxe tapageur et prestige, pour posséder le second au plus haut degré. C'était vers ce Windsor endeuillé, silencieux et austère que le monde entier tournait les yeux. J'avais aussi deviné chez cette femme, qui refusait de sortir de ses palais et de se montrer, une timidité insurmontable qui m'allait droit au cœur.

Pour notre retour, notre oncle décida de prendre le chemin des écoliers et de passer par l'Allemagne et l'Autriche... afin de prendre langue avec les voisins de notre ennemi héréditaire la Russie, seuls capables de la contenir.

De Vienne je ne vis rien, car à peine arrivé je tombai malade. On me logea à Schönbrunn, et l'empereur François-Joseph me fit soigner par ses médecins personnels et envoya chaque jour un interprète s'enquérir de ma santé. La nécessité d'une convalescence me retint à Vienne quatorze jours après Abdul Aziz. Empruntant la voie fluviale, je le rejoignis à Ruchtuk. Cette ville à la frontière de deux provinces d'empire, la

Bulgarie et la Roumanie, gardait la réputation justifiée d'être sale et mal bâtie; mais servant d'entrepôt à toutes les marchandises circulant sur le Danube, elle était devenue un centre commercial de première importance. Le réseau ferroviaire n'ayant pas atteint la région, sa suite avait essayé de détourner mon oncle d'emprunter cet itinéraire forcément inconfortable. Mais rien ne pouvait le faire revenir sur une décision prise. Aussi, tous avaient dû accourir à Ruchtuk : le grand vizir, le ministre de la Guerre, une foule de fonctionnaires et de courtisans qui pour la plupart s'empilaient dans le fort primitif konak, le « palais » du gouverneur. Même les traditionalistes parmi eux, qui tenaient au parti des Vieux-Turcs, pestaient de retrouver le mode de vie d'autrefois, les divans bas et durs, les hammams communs, les sanitaires empuantis et le lait de brebis.

Abdul Aziz, lui, semblait apprécier cette vie agreste. Rarement l'avais-je vu d'humeur si enjouée, au point même qu'il se laissait aller aux confidences. Un soir, alors qu'il nous avait réunis autour de lui après le dîner, dans la pièce de réception du konak, il évoqua notre périple pour conclure d'un ton grave : « J'ai beaucoup appris pendant cette visite européenne. J'y ai puisé des idées et des conceptions, car il y a beaucoup à changer dans notre Empire. » Cette simple déclaration d'intention renversa d'étonnement les auditeurs, moi le premier. Je ne pouvais admettre que les seuls plaisirs des capitales européennes eussent à ce point transformé la manière de voir d'un souverain traditionaliste, influencé par un entourage farouchement conservateur.

Regardant autour de moi, j'aperçus assis parmi les courtisans le gouverneur de Ruchtuk, d'ailleurs originaire de cette ville. Il s'appelait Midhat pacha. Je rencontrais ainsi pour la première fois cet homme destiné à jouer un si grand rôle dans ma vie. Ministres et hauts fonctionnaires de cette province reculée n'avaient à la bouche que des louanges pour la sage et compréhensive administration de ce sexagénaire au visage d'intellectuel, à l'esprit rayonnant. A tel point que le grand vizir, soulagé de voir ce foyer d'insoumission enfin apaisé, le laissa approcher le padicha. Midhat en profita, au cours de ces soirées où mon oncle parlait plus librement qu'il n'avait jamais fait. Midhat, qui avait beaucoup voyagé en Europe et beaucoup appris, ne cachait pas ses idées libérales et sa soif de réformes. Il s'arrangea pour suggérer des changements, pour évoquer des réformes sans que les vizirs ne prissent ombrage de ce mépris de la hiérarchie, et tout en donnant l'impression que l'initiative venait de mon oncle. A plusieurs reprises, tablant sur l'admiration et la reconnaissance de ce dernier pour la reine Victoria, il vanta le régime parlementaire anglais, qu'il avait vu de près pour avoir longtemps séjourné dans le pays.

Je remarquai à ses côtés son adjoint, un Albanais, Ismael Kemal bey, trente ans à peine, la mine particulièrement éveillée, le regard fureteur. Collaborant étroitement avec Midhat, il s'arrangeait pour le faire mousser devant le sultan, pour vanter ses vertus, ses capacités; bref, pour se conduire comme le meilleur des imprésarios. D'ailleurs, Midhat lui-même savait parfaitement se mettre en avant, étaler ses contacts, faire briller ses possibilités. A l'entendre, il était devenu l'intime du nouvel ambassadeur d'Angleterre, sir Henry Elliott, qui s'était arrêté à Ruchtuk en allant prendre son poste. Bref, il était facile de conclure que si Abdul Aziz lui confiait des hautes responsabilités, il serait le parfait instrument pour présider au progrès de l'Empire et obtenir l'appui de la plus grande puissance du monde, l'Angleterre. Midhat amenait tout cela avec tant d'habileté et de subtilité que je pensais être le seul à suivre le fil de ses intrigues.

Dès son retour, Abdul Aziz y alla de son train de réformes, principalement dans le domaine des lois et de l'éducation. Un conseil d'État fut créé dont la présidence fut offerte à Midhat pacha. Le courant définitivement était passé entre les deux hommes.

Devant les déclarations du sultan qui ne cessait de répéter: « A mes yeux il n'existe aucune distinction entre les musulmans et les chrétiens. Je veux la prospérité de tous mes sujets, quelles que soient leur croyance et leur race », les Occidentaux ne trouvaient pas assez de louanges pour féliciter ce bon élève. Il méritait bien un prix d'excellence. La récompense prit la forme d'une visite de l'impératrice Eugénie, qui, se rendant en Égypte pour l'inauguration du canal de Suez, décida de faire le détour par Constantinyé. Rien ne serait trop beau pour la recevoir. Ce fut avec une poignante tristesse que je vis raser sur les ordres de mon oncle le petit palais de bois de Beylerbey où était morte ma mère. A sa place sortit de terre une demeure de conte de fées en pierre sculptée, destinée à loger Eugénie... une semaine. Le soir de son arrivée, Abdul Aziz offrait dans le grand salon au premier étage de Dolma Batche un énorme banquet. L'impératrice, d'ailleurs fort en retard, fit sur moi une impression plus forte qu'à Paris. Sa blanche robe de satin et mousseline, les énormes diamants qui ornaient sa tête et son cou lui seyaient particulièrement. Elle était si belle que le sultan, pour une fois paralysé de timidité, ne réussit qu'à produire quelques onomatopées. Chaque jour se succédèrent galas et bals. Chaque soir, des navires ottomans et français couverts de lampions transformaient le Bosphore en salle des fêtes. Les dames d'honneur d'Eugénie eurent beau traiter de « sauvages » celles de la sultane validé, qui s'étaient pâmées d'admiration sur leurs atours et précipitées pour en toucher les ornements; la colonie française eut beau offrir à sa souveraine le cadeau le plus encombrant – un portrait de Napoléon III au petit point, orné de moustaches et de cheveux naturels –, la visite fut un succès! La passion d'Abdul Aziz pour Eugénie ne cessait de croître, au point que, la veille du départ de notre visiteuse, il lui offrit un énorme diamant en forme de cœur. Il eut d'ailleurs un geste encore plus généreux et digne en tous points d'un grand sultan : l'impératrice des Français ne laissa derrière elle pour les dames du harem, pour les serviteurs qui avaient si bien veillé sur elle, que des cadeaux d'une extraordinaire pingrerie. Alors Abdul Aziz les remplaça par des bijoux de grande valeur, achetés par lui, qui comblèrent tout le palais et firent monter vers Eugénie un concert de louanges qu'elle ne méritait en rien.

La belle impératrice embarquée, notre oncle, inexplicablement, sans crier gare, modifia son attitude envers Murad et moi. Il rogna nos pensions, nous déménagea avec nos familles dans des appartements exigus, nous refusa un achat ici, un déplacement là, multiplia les coups d'épingle. J'essayai de faire prendre patience à Murad, mais moi-même je ressentis rudement la ridicule affaire du poêle.

Comme tous les palais du monde, Dolma Batche était fort mal chauffé et, frileux de nature, j'en souffrais cruellement. Ni le charbon de bois placé dans les grands mangals [1], ni les cheminées des grands salons ne parvenaient à apporter un semblant de chaleur. Un jour, au cours de ma promenade quotidienne dans le Vieux Stamboul, mes pas m'avaient mené derrière la mosquée Shehzade, au cœur de ce quartier si pittoresque de petits artisans. Attiré par une échoppe qui vendait des poêles en fonte et en faïence, j'entrai et demandai des renseignements. Le boutiquier me garantit que ces instruments chauffaient parfaitement n'importe quelle pièce. Je lui en achetai un que je fis livrer au palais et immédiatement monter. Le boutiquier ne m'avait pas trompé, et ma chambre à coucher devint une fournaise. J'eus à peine le temps de me réjouir d'être enfin libéré de la torture du froid, qu'un chambellan se présenta à moi avec ordre du padicha d'enlever le diabolique instrument qui risquait de mettre le feu au palais. Je l'assurai que l'appareil, d'excellente qualité, ne présentait absolument aucun danger. Le lendemain, au retour de ma promenade, je trouvai ma chambre dans un désordre effarant. Le poêle avait été arraché du mur, les tuyaux gisaient sur le sol et des traces de suie maculaient les tapis. Je n'allais pas me lamenter devant les aghas, qui épiaient la moindre de mes réactions. Tranquillement, je leur ordonnai de ramasser les morceaux du poêle et de les transporter dans ma propriété de campagne de Kiathané où je le fis remonter.

1. Braseros.

Je m'y consolai en faisant du bateau, ma dernière toquade. J'avais fait l'acquisition d'un petit voilier sur lequel je sillonnais la rivière qui se déversait sur la Corne d'Or. Un jour, je fus convoqué par le sultan, qui me reçut dans sa chambre : « La voile est un sport dangereux, et la vie des princes impériaux est trop précieuse pour courir le moindre risque inutile. Je vous interdis de toucher désormais à votre voilier. »

Alors? Alors il me restait mon atelier. Selon notre très ancienne tradition, chaque prince impérial devait apprendre un métier ou un art manuel : la calligraphie, la peinture, l'orfèvrerie. Le padicha, champion de lutte turque, était aussi un maître du dessin. Murad composait avec talent. Quant à moi, j'avais hérité de mon père le goût prononcé de l'ébénisterie. Je me spécialisai dans la fabrication du mobilier incrusté de nacre, et je ne bougeai plus de ma propriété. De nouveau, je me vis convoqué par le sultan. « Kiathané n'est pas une propriété digne du neveu d'un grand souverain. Vous voudrez donc bien me la remettre. Et en échange, je vous fais don d'un vaste domaine à Maslak. »

Je m'inclinai. Je pris d'ailleurs goût à mon nouveau domaine où je me rendis de plus en plus fréquemment, me cantonnant dans le rôle d'agriculteur qui m'était échu, inspectant les champs, discutant des semailles avec les paysans, examinant les comptes avec les régisseurs. J'aimais innover. J'améliorai les semences, j'élevai des moutons, des vaches. Le prospecteur que j'avais fait venir m'ayant signalé un minerai plombifère, j'en commercialisai l'extraction. Je construisis un four à céruse. Je fis venir d'Europe des plants de fleurs variées et je transformai une partie du parc en une roseraie à laquelle j'apportais mes soins les plus vigilants.

Pouvais-je d'ailleurs faire autre chose que bon cœur contre mauvaise fortune? Je n'allais tout de même pas tomber dans le piège grossier tendu par la sultane validé. En effet, pas un instant je ne doutais que la mère d'Abdul Aziz fût à l'origine des avanies qu'on nous infligeait. Les aghas frissonnaient en prononçant son nom, car selon eux elle pratiquait les rites noirs de la magie, et n'hésitait pas à jeter des sorts. Ils m'avaient raconté la légendaire rencontre entre celle qui n'était qu'une humble employée de hammam et mon grand-père Mahmoud II.

Un jour où elle transportait sur sa tête une pile de linge sale, elle avait croisé dans une rue de Constantinyé le sultan, qui régnait alors depuis de nombreuses années. Un coup d'œil avait suffi pour instantanément le séduire. Elle fut son dernier et son plus intense amour. Elle l'aima, elle aussi, en retour, farouchement. Elle accusa l'alcool d'avoir hâté sa fin. Aussi après sa mort fit-elle jeter dans le Bosphore plus de cinquante mille bouteilles de champagne, de cognac et de vin, restes de la cave du défunt sultan.

Au contraire de Perestou Hanoum, ma mère adoptive, elle était restée totalement inculte. Au contraire de Besmélian, ma grand-mère, elle vomissait le libéralisme, elle tenait pour l'absolutisme, la réaction et se sentait proche des Vieux-Turcs les plus fanatiques. Elle n'avait qu'une faiblesse : son fils Abdul Aziz, auquel elle passait caprices et lubies, prête à tout pour lui faire plaisir, sans cesse sur la brèche pour le défendre contre des menaces réelles ou imaginaires. Invisible mais omniprésente, elle tissait ses sombres toiles du fond du harem qu'elle gouvernait d'une main de fer.

Par ces vexations qu'elle inspirait à son fils, elle espérait nous pousser à une réaction qu'il eût été facile de taxer de rébellion. Le sultan aurait alors tenu un bon prétexte pour frapper ceux qu'elle considérait des rivaux en puissance. Sa néfaste influence ne s'exerçait pas uniquement à notre encontre, mais étendait ses ravages à la conduite de l'Empire. Alors que tous s'attendaient à une nouvelle vague de réformes, l'imprévisible Abdul Aziz renversa brutalement la vapeur. Il nomma grand vizir l'âne le plus flagorneur, le plus corrompu et surtout... le plus conservateur, Mahmoud Nedim pacha.

La première décision de celui-ci consista à se débarrasser de tous les ministres et gouverneurs réformateurs. Dans la première charretée, Midhat pacha fut « libéré » de son poste, et banni quelque part en Asie.

Le grand vizir sema si bien confusion et chaos, qu'il réussit en dix mois à détruire le travail que ses prédécesseurs avaient mis trente ans à accomplir. Abdul Aziz non seulement ne protestait pas, mais approuvait, car son grand vizir l'avait délivré de la nécessité de jouer les souverains constitutionnels. En fait, il avait désigné une nullité afin de ne plus être contrecarré dans ses fantaisies. La corruption prit des proportions grandioses. Des nominations hautes et basses s'achetèrent dans une sorte de marché qui se tint au harem impérial. Sous la surveillance de la validé, gouverneurs et généraux se virent déplacés ou remplacés chaque mois, puis chaque semaine, dans l'unique but de multiplier les cadeaux coutumiers offerts en ces occasions. Les plus honnêtes se trouvèrent ruinés par leurs constants transferts. Les moins scrupuleux, c'est-à-dire la majorité, prirent soin de se rembourser en extorquant ces sommes aux provinces soumises à leurs exactions. Il devenait impossible de régler les salaires des fonctionnaires, la paie des soldats et des marins. Des familles laissées dans le dénuement réclamaient le remboursement de leurs arriérés; détresse et mécontentement s'étendaient à toutes les classes. Le peuple murmurait, et les petites gens se répétaient ce dicton peut-être erroné mais significatif : « Mahmoud II avide de sang, Abdul Medjid de femmes, Abdul Aziz d'or. »

L'Empire n'avait plus un sou, mais le sultan continuait à dépenser. Les caprices se succédaient. Lorsqu'il se découvrit la passion des animaux sauvages, nous vîmes arriver au palais des lions, des tigres amenés à grands frais d'Afrique. Pendant un mois entier cinq cents perroquets emplirent Dolma Batche de leurs jacassements, et je dus me calfeutrer dans mes appartements pour ne plus les entendre. Ensuite ce fut la fureur des carrosses, puis celle des pianos qu'il achetait par douzaines et qu'il faisait porter à dos d'homme dans ses jardins afin d'être suivi tout au long de ses promenades par la musique, étrange procession que de mes fenêtres je suivais avec effarement. Il y eut aussi la folie des combats de coqs, dont le spectacle l'enflammait au point qu'il attachait de sa propre main au cou des volatiles vainqueurs notre plus haute décoration ottomane, tandis que les gallinacés vaincus étaient envoyés en exil de l'autre côté du Bosphore. Nous connûmes aussi les successives et fugitives passions du jeu, des kiosques, des tableaux, des locomotives, des cuirassés...

En dépit des sentiments que m'inspirait ce délire, j'y assistais avec un bizarre détachement que je ne parvenais pas à analyser. Je me trouvais aux premières loges, le palais étant le meilleur poste d'observation, et je suivais le spectacle comme si je n'avais aucun rôle dans sa trame. L'assouvissement de ses caprices ne semblait pas apporter le bonheur à Abdul Aziz. Chaque fois que je le voyais, je remarquais sur son visage une expression de tristesse insondable. Persuadé qu'il mourrait empoisonné et se défiant de tous les plats qu'on lui présentait, il s'était condamné à ne manger que des œufs durs. Par peur des incendies, il fit enlever de ses appartements tous les objets en bois et jusqu'au cadre des miroirs, et la nuit il ne lisait plus qu'à la lueur d'une bougie plantée dans une cuvette d'eau.

Inévitablement, il nous prit pour objets de sa maladive méfiance. Aiguisés par sa mère, ses soupçons contre Murad et moi tournèrent à l'obsession. Notre liberté fut à ce point restreinte que pour sortir de Dolma Batche il nous fallut son autorisation personnelle, comme si nous étions revenus au temps lointain et abominable du kafes, où les princes impériaux des générations anciennes avaient été enfermés.

La consolation, je la cherchais auprès de ma petite Ulvyé, qui allait sur ses sept ans. Bien qu'ayant eu deux filles avant elle, j'éprouvai à sa naissance un élan, une joie qu'aucun autre de mes enfants ne m'avait fait connaître et dont je ne me serais pas cru capable. En grandissant, l'enfant était devenue la prunelle de mes yeux, et j'oubliais ma semi-réclusion en jouant avec elle. Mon frère Murad, lui aussi, s'était pris de passion pour la petite et me la disputait. Elle était, à la vérité, irrésistible avec ses grands yeux noirs ombragés de longs cils, son teint très blanc et ses joues à l'aspect et à la couleur de pétales de rose. Elle ressemblait beaucoup à sa mère Nazikeda, ma première cadine, qui restait une beauté mais s'épaississait.

Dans la solitude de ma prison sans barreaux, l'écho m'arrivait des fêtes continuelles données par mon oncle, auxquelles Murad et moi n'étions plus invités. Avec un personnel de cinq mille domestiques, Abdul Aziz offrait chaque soir des dîners de trois cents couverts. Plus de quatre cents musiciens étaient chargés de charmer les oreilles des invités, servis dans des assiettes et des plats en or massif incrusté de rubis et d'émeraudes commandés à Paris. L'entretien du palais coûtait désormais deux millions de livres sterling par an.

V

C'était de Murad que notre oncle se défiait le plus et envers qui il se montrait le plus dur. Tandis que je me tenais en retrait, Murad avec sa personnalité expansive attirait sur lui les feux de la rampe. Il avait du charme, il aimait aller vers autrui, il était cultivé, libéral, beau parleur. Aussi connaissait-il une grande popularité qui décuplait la méfiance d'Abdul Aziz envers l'héritier du trône. La claustration pesait lourdement sur Murad. Il tombait dans de profonds accès de mélancolie et je le trouvais assis sur sa chaise sans rien faire, regardant dans le vide, refusant de sortir du palais, même quand il en recevait l'autorisation et que je l'y poussais. La seule évasion, il la trouvait dans la musique. Il jouait du piano des heures durant et composait beaucoup plus sérieusement qu'auparavant, mais la mélodie ne suffisait pas toujours à l'apaiser. Il commença à boire de plus en plus, et j'assistai, impuissant, à la déchéance de cet esprit brillant et de cette riche nature.

Il me réservait pourtant des surprises. Un jour il vint me rejoindre dans le salon de mon appartement, et après en avoir fait sortir cadines et enfants, me demanda de but en blanc si je voulais entrer dans la franc-maçonnerie, à laquelle lui-même venait d'adhérer. L'étrangeté de cette révélation me rendit d'abord muet de surprise. Puis, la curiosité prévalut. Il m'avoua alors, non sans fierté, qu'il réussissait parfois à se glisser hors du palais sans être vu car il se déguisait, arborant barbe postiche et chapeau à l'européenne. Il rencontrait, dans certains appartements de Péra ou de Galata, des amis, des étrangers, des Européens dont il refusa de me livrer les noms.

Au cours d'une de ces sorties nocturnes et secrètes, il avait fait la connaissance du Grec Scalieri, grand maître de la loge Proodos, le progrès, qui à sa demande l'y avait reçu, après avoir accéléré les degrés d'initiation et simplifié la cérémonie d'intronisation.

– Fais comme moi, Hamid, tu t'en trouveras bien.

Ma première réaction fut l'indignation. Je lui reprochai de se faire manipuler par un groupe d'influence qui n'avait d'autre but que d'utiliser l'héritier du trône.

Il protesta :

– La loge Proodos défend un idéal qui n'a rien que de très élevé : faire vivre fraternellement sous le toit de l'Empire les diverses nationalités qui le composent.

Sa naïveté me mit en colère :

– Foutaises que tout cela! En fait, tu es devenu l'otage des maçons. Écoute-moi, mon frère. Tu es un homme au cœur pur. Il est dans ta nature d'être trompé par ceux-là mêmes qui te sourient. Tu ne réfléchis jamais à ce qui peut arriver. Tu n'as même pas songé un instant à l'incompatibilité de ta position avec celle de membre d'une loge maçonnique. Et puisque je te parle en toute franchise, laisse-moi te dire que, j'en suis sûr, ceux qui t'ont fait entrer dans la franc-maçonnerie sont les mêmes qui t'ont entraîné vers des excès de boisson. Reprends-toi. Redeviens toi-même. Sois un véritable prince ottoman.

Murad tenta de se défendre. S'il avait adhéré à la franc-maçonnerie, c'était aussi pour apaiser ses craintes sur notre sort. Il avait ressenti le besoin de se chercher des soutiens puissants, et il les avait découverts chez les maçons. A nouveau il m'invita à l'imiter sans tarder.

Je haussai les épaules :

– Comment as-tu pu croire un instant qu'ils voudraient nous aider? Jamais ils ne lèveront le petit doigt pour nous, sauf à un prix que toi et moi refuserions de payer. Ne comprends-tu donc pas que nous ne pouvons trouver qu'en nous appui et secours? Et surtout n'oublie pas, Murad. L'héritier du trône, le futur commandeur des croyants, ne peut pas, ne doit pas être franc-maçon. Quant à moi, ma décision est prise : jamais je n'y adhérerai.

Murad croyait être le seul à agir dans l'ombre et je ne le détrompai pas car je me méfiais de ce bavard. En fait, moi non plus je ne demeurais pas inactif, quoique bien plus discrètement que lui. Grâce à quoi, les rapports des espions de mon oncle endormaient celui-ci. A la différence de l'aîné qui se comportait comme un lion en cage, le cadet se contentait de passer son temps en famille, à faire de l'ébénisterie, à lire des romans légers. Il restait tranquillement et silencieusement dans son coin sans manifester la moindre ambition. Pas une seule fois il ne s'était plaint des restrictions mises à sa liberté...

J'obtins ainsi la permission de me rendre de temps à autre à Maslak, escorté par les espions de mon oncle. Leur zèle n'allait pas jusqu'à me suivre dans mes interminables randonnées à travers la campagne. Or, parfois mes pas me menaient chez un voisin ou dans quelque kiosque que je m'étais fait construire en lisière de la propriété.

Je voisinais avec un Anglais nommé Thomson qui possédait une ferme dans les environs. Je rencontrais des modestes fonctionnaires, naguère au service de vizirs réformateurs. Je me liai avec un financier de Galata, Zaphiri bey, auquel je confiai le pécule constitué par mes économies. Auprès de ces hommes aussi discrets que moi, je m'informais. Par eux j'entendis pour la première fois parler des Jeunes-Turcs, des intellectuels, des réformateurs, des opposants que les excès de mon oncle avaient dressés contre son arbitraire. Certains vociféraient à Paris, à Londres, à Vienne où ils s'étaient réfugiés, mais beaucoup d'autres se cachaient dans l'Empire, en son cœur même, à Constantinyé...

A Maslak, j'aimais prendre mes quartiers dans la

véranda. Je m'allongeais sur une chaise longue que j'avais moi-même fabriquée. Je fumais cigarette sur cigarette – mon vice – et de temps en temps je levais les yeux pour me repaître de la vue admirable sur les collines, le Bosphore, l'Asie. Puis je me replongeais dans ma lecture que, à l'abri des regards d'aghas [1], j'avais tirée de sous une pile d'innocents romans. Je m'étais fait livrer par mes nouveaux amis la littérature de l'opposition, des poèmes, des gazettes publiés dans les capitales étrangères, jusqu'à des journaux clandestins imprimés à l'aide de moyens de fortune dans la capitale même. Je découvris ainsi Zia bey et Nami Kemal, que je devais retrouver tous deux proches collaborateurs de Murad dès son accession au trône. Je parcourais les articles remarquables de violence signés par un certain Ali Souavi dans les publications éphémères qui se succédaient. Tous ces écrivains réclamaient des élections, la création d'une Assemblée nationale, le retour à la monarchie parlementaire. Était-ce là vraiment la solution pour l'Empire, le remède à ses maux, je n'en étais pas convaincu. Bien sûr, l'absolutisme n'avait plus sa place en notre époque, mais d'un autre côté l'Empire était-il mûr pour ces innovations prônées par les Occidentaux? Mes lectures me plongeaient dans un abîme de réflexions et je me forgeais peu à peu la maturité politique que je ne pouvais acquérir par l'expérience.

Notre situation, jusqu'alors déplaisante et ambiguë, devint soudain intolérable. Abdul Aziz mettait de plus en plus en avant son aîné, Yussuf Izzedine, un gamin prétentieux, impertinent, brutal. Enivré par sa toute-puissance comme par sa passion pour son fils, le sultan en vint à envisager l'inconcevable: violer la loi séculaire de l'Islam, selon laquelle le trône passe au plus âgé de la famille impériale, afin de désigner son fils comme héritier du trône. La validé Peztevnial, décidée à conserver le pouvoir dans sa descendance, lui avait suggéré cette solution. Le padicha pouvait s'arroger le droit de changer la loi... tout, plutôt que Murad sur le trône, lui serinait-elle matin et soir. Mon oncle

1. Titre de courtoisie donné aux eunuques du palais.

ruminait ce projet, mais l'affaire lui paraissait tellement énorme qu'il en retardait la progression et qu'il se cherchait des appuis, prévoyant une levée de boucliers.

Alors entra en scène le général-comte Ignatiev, ambassadeur de Russie, charmeur, insinuant, persuasif. Il se rengorgeait d'avoir été surnommé le « père des mensonges » par ses victimes qui dénonçaient à l'envi sa ruse et sa brutalité. Les rares fois où je l'avais approché, sa suffisance m'avait exaspéré. Odieux était le paternalisme avec lequel il s'exprimait sur les Turcs, et sous la fausse bonhomie et la franchise simulée perçaient l'ambition et la vanité.

Depuis son arrivée à Constantinyé, Ignatiev avait été condamné à ronger son frein. Le souvenir de la guerre de Crimée gardait à la Russie la haine de l'Empire et en particulier de mon oncle. L'Angleterre paraissait toute-puissante, elle qui avait l'oreille du souverain et des grands vizirs successifs. Piaffant d'impatience, Ignatiev guettait l'occasion de renverser la situation. Ayant eu vent des lubies successorales d'Abdul Aziz, il crut l'avoir dénichée. Il s'immisça dans ses bonnes grâces en encourageant son projet et en lui promettant son appui militaire, car lui aussi prévoyait des violences. Il se voyait déjà faisant venir les légions russes à Constantinyé pour défendre le sultan... et le mettre sous sa coupe. Il supputait avec délectation les divisions, les querelles qu'engendrerait le changement successoral, et l'affaiblissement conséquent de la Turquie, pour la plus grande gloire de la Sainte Russie. Afin de mettre tous les atouts dans son jeu, il enrôla sa femme qu'il dépêcha au harem impérial. Elle apporta des cadeaux somptueux à la sultane validé dont elle devint l'intime. Entre-temps, Ignatiev avait acheté le grand vizir, ce qui n'était pas difficile – il suffisait d'y mettre le prix.

Sous la houlette de l'ambassadeur russe, le complot se précisait, lorsque Abdul Aziz se remit à hésiter. Cet impulsif qui ne se refusait aucune extravagance, qui faisait trembler tout le monde autour de lui, fut saisi d'une étrange pusillanimité au moment de franchir le pas. Pour contourner la difficulté, il prit l'initiative étrange de convoquer Murad et, faisant alterner les menaces, les cajoleries et les promesses, essaya de lui soutirer une renonciation volontaire au trône. Mon frère avait beau être la proie de la mélancolie, de l'alcool et de sa faiblesse, il restait intransigeant sur les principes. Il refusa catégoriquement, non seulement en son nom mais en celui de ses frères. Mis au courant de l'entretien par Murad et connaissant la vindicte de mon oncle, je m'attendis désormais au pire. Le terrain avait d'ailleurs été soigneusement préparé. Depuis des mois, personne ne nous voyait en ville. On n'entendait plus parler de nous. L'obscurité la plus totale avait recouvert nos existences. Comme nul ne savait si nous étions encore vivants, nul ne s'apercevrait de notre disparition. Il n'était plus impossible qu'Abdul Aziz envisageât de se débarrasser de ses neveux par des moyens expéditifs et discrets, traditionnels dans notre famille.

Je crus le danger imminent le jour où, me trouvant à Maslak, un messager m'apporta l'ordre du padicha de revenir incontinent au palais pour n'en plus sortir. Je regardai autour de moi le paysage ensoleillé, tranquille, la maison lumineuse et accueillante, les jardins fleuris. Je poussai un soupir et me mis en route pour Dolma Batche. La validé me reçut en personne à la porte du harem pour bien me signifier qu'elle était à l'origine de la mesure qui me frappait. Elle se tenait debout en haut de l'escalier. Des roses de rubis et d'émeraudes ornaient sa coiffe enturbannée de mousseline. D'autres pierreries cascadaient de son cou et de ses oreilles, et à chacun de ses doigts scintillait un énorme solitaire. Cet amoncellement de bijoux renforçait encore le caractère barbare de sa beauté. La férocité lui donnait le visage d'une sorcière, mais d'une sorcière superbe. Elle croassa à mon intention cette bizarre mise en garde :

– Surtout plus d'enfants. Entends-tu? La race d'Osman n'en a pas besoin d'autres.

Cette menace refermait le piège sur moi. Au moins Peztevnial ne cachait pas qu'elle préférerait être débarrassée à tout jamais de ses neveux. Son fils la suivrait-il dans la voie terrible qu'elle l'invitait à emprunter? La validé était d'autant plus dangereuse que tout vestige de volonté avait déserté Abdul Aziz. Cette abdication avait un nom : Mihri. Fille de bey circassien, elle était dotée, il fallait le reconnaître, d'une sensualité à damner un derviche. Ses yeux bleus, ses cheveux blonds, sa bouche charnue et son extrême jeunesse avaient ensorcelé Abdul Aziz. Il n'y avait plus de jour où il ne lui achetât des bijoux, des bibelots, des étoffes – les plus coûteux des « petits riens ». Pour elle, il faisait dévaliser les boutiques de la grand-rue de Péra, et en un an il lui donna pour un million de livres sterling de cadeaux. Mihri exigeait chaque fois plus. Encouragée par ce tendron devenue favorite, la folie dépensière d'Abdul Aziz empirait chaque jour alors que l'endettement vis-à-vis de l'étranger atteignait cent quatre-vingt-dix millions de livres turques.

Bien que coupé de l'extérieur, j'étais tenu au courant de la panique qui gagnait les milieux financiers par Kutchuk Said, Said « le Petit ». Parmi les innombrables fonctionnaires du palais, je l'avais remarqué pour son habileté, son entregent et sa rapidité à me satisfaire. J'avais commencé par le mettre à l'essai comme rédacteur occasionnel de ma correspondance puis, sur proposition du mari de ma sœur préférée, le damad Mahmoud Djellalédine, je l'avais engagé comme secrétaire privé. En ce début septembre 1875, ce fut lui qui me transmit la recommandation de mon conseiller Zaphiri bey de vendre au plus vite mes bons et de les convertir en or. Ce fut lui qui envoya un pacha de mes accointances forcer la porte du grand vizir pour l'interroger sur les mesures qu'il comptait prendre.

– Sommes-nous vraiment au bord de la banqueroute ?

– Jamais ! s'écria le chef du gouvernement. Entendez-vous ? Jamais, tant que je serai grand vizir, je ne déclarerai la banqueroute de l'Empire. Rien ne me contraindra à cette honte.

Kutchuk Said en était là de son rapport lorsqu'on gratta à la porte de mon salon. C'était un agha qui nous apportait la nouvelle proclamée par les crieurs de rues : la Sublime-Porte déclarait publiquement la suspension de ses paiements. Cette incroyable annonce me laissa atterré. Un État pouvait continuer indéfiniment à s'endetter, mais refuser de régler les intérêts l'assimilait à un vulgaire escroc mettant la clé sous le paillasson. En un instant je réalisai que l'Empire avait perdu tout crédit et ne le recouvrerait jamais. La Turquie faisait banqueroute. Devant ce scandale, la fureur des épargnants grugés enflammerait l'Europe.

A Constantinyé même, la tension demeura, et les rumeurs les plus alarmantes coururent. On craignait une révolution, le gouvernement aurait arrangé avec Ignatiev l'envoi de troupes russes pour défendre le sultan, un complot serait découvert pour massacrer tous les chrétiens et étrangers. Le grand vizir fit alimenter certaines de ces rumeurs qui affolaient les ambassades, et détournaient leurs pensées de la banqueroute.

Quant à mon oncle, sa réclusion volontaire et voluptueuse suscitait, elle aussi, les bruits les plus incontrôlés. On racontait qu'il forçait désormais ses courtisans à se déplacer à genoux et à baiser ses pieds avant de s'adresser à lui ; qu'il jouait aux soldats de plomb mais avec des soldats en chair et en os, forçait des détachements de ses troupes à simuler des combats la nuit dans les caves du palais et s'amusait à voir les « survivants » émerger à l'aube couverts de suie et de bosses. Si ces racontars n'avaient qu'une minuscule base de vérité, il n'en restait pas moins qu'à l'intérieur du palais l'atmosphère devenait de plus en plus irrespirable ; la menace contre Murad et moi se précisait. Menace voilée, qui se matérialisait par un silence trop lourd, un froissement d'étoffe, une fenêtre claquant inexplicablement, un regard troublé d'agha. L'incertitude, l'incarcération se combinaient pour mettre mes nerfs à fleur de peau. La promiscuité n'aidait pas. Malgré la taille démesurée de Dolma Batche, on y était quelque peu les uns sur les autres. Situé dans le Selamlik, mon appartement jouxtait ceux de mes frères et de mes cousins. Serviteurs et eunuques traînaient toujours dans les couloirs mal éclairés. On avait l'impression que des yeux épiaient par les fentes des portières de brocart et que des oreilles écoutaient derrière les portes marquetées. Je me détournai de mes proches, je refusai de voir femmes et enfants. La routine du harem qui consiste à remplir d'occupations des journées vides, cette futilité érigée en système me déprimait. Je restais enfermé seul dans ma chambre, où je croyais voir venir à moi des assassins dépêchés par mon oncle. Et comme ils ne paraissaient pas, il m'arrivait parfois de presque le regretter. Mieux valait l'issue fatale que cette attente épuisante, exaspérante, déséquilibrante qui ne pouvait conduire qu'à la folie.

Alors que j'en étais à guetter le poignard des sbires du sultan, ce fut le contraire qui se produisit. Le déconcertant Abdul Aziz déploya soudain pour nous toute son affabilité et nous rendit une partielle liberté. La terrible Peztevnial se montra tout sourire et amabilité.

Incapable de trouver une explication à ce retournement, j'en profitai. Comme un oiseau s'échappant de sa cage, je me précipitai à Térapia et me jetai joyeusement dans le Bosphore. Les premiers jours du printemps, précoce cette année-là, avaient réchauffé l'atmosphère et rendaient délicieuse cette journée. Je nageai longuement, me plaisant à lutter contre les courants, me laissant glisser le long du rivage, heureux. Soudain, contournant une avancée rocheuse, apparut une barque impériale à six paires de rameurs qui se dirigeait droit vers l'endroit où je me baignais. Le chambellan de mon oncle me cria du bord :

– Hamid Effendi, on vous demande au palais.

Sans doute une nouvelle lubie de mon oncle. Une nouvelle vexation. Le chambellan n'avait pas eu un mot pour me rassurer. On lui avait donné pour seule instruction de me ramener au plus vite. Rhabillé en un tour de main, je pris place dans la barque. Sur le quai de marbre de Dolma Batche mes frères réunis m'attendaient. Je sautai sur le débarcadère. Murad me serra dans ses bras.

– Ne t'inquiète pas. Ta fille, Ulvyé sultane, est un peu souffrante.

Je ne l'écoutais plus. Je partis en courant, montai

quatre à quatre l'escalier, me précipitai dans le couloir et entrai en trombe dans la chambre de ma fille. Elle reposait sur son lit, le visage et le corps couverts de linges. Un instant je la crus morte. J'arrachai le drap et découvris l'enfant couverte des plus atroces brûlures. Le visage, la poitrine, les jambes, les bras n'étaient que plaies sanguinolentes ou blanchâtres. Ses cheveux, ses jolis cheveux bruns avaient entièrement brûlé. Seuls les yeux paraissaient avoir été épargnés, mais ils restaient fermés. Pourtant, la petite vivait encore, car elle respirait. Murad me conta l'accident.

Ulvyé revenait de chez son précepteur après avoir terminé ses devoirs et était allée dans la chambre de sa mère, qui jouait du piano. Elle s'était mise à tripoter des allumettes-bougies posées sur la table. Le tulle de sa robe s'était embrasé et le feu avait saisi ses longs cheveux épars en un instant. Sa malheureuse mère, qui, assise devant le piano, lui tournait le dos, ne fut alertée que par ses cris. D'un bond elle se précipita, étreignit sa fille et se roula à terre avec elle, insensible à sa propre douleur. Mains, bras, visage brûlés, elle ne venait pas à bout du feu. C'était l'heure du repas de midi. Il n'y avait personne à l'étage pour leur porter secours. Enfin les cris stridents d'un perroquet avertirent les gens du rez-de-chaussée, qui accoururent. Au milieu de l'affolement général ce fut la gouvernante d'Ulvyé qui, s'emparant d'un tapis de prière, le jeta sur la petite pour éteindre les flammes... Murad ajouta cette dérisoire consolation :

– La sultane validé en personne a convoqué tous les médecins qui se pourraient trouver et leur a ordonné de sauver l'enfant. Le padicha a donné pour instruction d'être tenu minute par minute au courant de l'état de santé de ta fille.

Je ne l'écoutais pas. Je fixais le petit corps martyrisé à n'en pouvoir détacher mes yeux. Soudain, Ulvyé battit des cils. Elle souleva les paupières. Me reconnut-elle ? Je l'entendis murmurer « Baba ». Puis elle expira. En écrivant ces lignes, je revois le maigre torse devenu inerte, les yeux bleus ouverts sur l'éternité. Je tombai, à demi évanoui. Murad me releva et m'entraîna hors de la chambre. Le gros Réchad, mon deuxième frère, le cœur tendre de la famille, pleurait à chaudes larmes et n'était d'aucune utilité. Ce fut mon troisième frère, Bura Eddin, qui fit avancer une voiture de la cour, m'y poussa, s'y jeta avec moi et donna l'ordre au cocher de nous conduire à Maçka, chez Perestou Hanoum.

Mes frères avaient compris que seule ma mère adoptive pouvait m'être de quelque secours. Bien que profondément affectée par la mort de la petite Ulvyé dont elle raffolait, elle prit sur elle pour se consacrer exclusivement à moi. Je restai sous son aile une semaine, deux semaines. Chaque jour, mon oncle Aziz m'envoyait des messages affectueux et superflus : « Que mon fils ne s'afflige pas. »

Perestou me proposa de faire venir mes autres enfants, Selim, Zékiyé, Naimé. Je refusai.

– Après ce qui s'est passé, jamais je ne montrerai à l'un de mes enfants une affection aussi grande qu'à mon Ulvyé.

Je ne voulais voir quiconque. Je ne mangeais pas, je ne buvais pas, je ne dormais pas, je ne parlais pas. Je demeurais jour et nuit assis, le dos raide, dans un fauteuil, telle une statue, avec pour seul signe de vie les cigarettes que je fumais sans discontinuer.

Ce fut le supérieur du couvent de Yahya Effendi qui me tira de cette crise. Familier du palais, où il venait souvent prêcher, il m'avait naguère donné les textes sacrés que, pendant ces semaines de désespoir, je m'étais souvent récités. Je demandai au religieux d'être admis dans l'ordre soufi des chazelis, qui tenait ses réunions en son couvent. En ce faubourg voisin de Dolma Batche, dans une rue peu fréquentée aux gros pavés anciens, une petite porte s'ouvrait dans un mur aveugle. La franchissant, je pénétrai dans une cour où s'élevaient en désordre un ancien turbeh [1], une toute petite mosquée et des bâtiments conventuels abritant les membres de l'ordre qui habitaient en permanence le couvent, et des laïcs qui avaient choisi librement, sans engagement, sans serment, de vivre dans l'austé-

1. Monument funéraire.

rité et la prière. Je suivis le sentier bordé de jeunes arbres, et dans le soir tombant, je distinguai les roses, les tulipes, les œillets, les iris poussant à la diable entre les pâles pierres grises. Je côtoyais des fidèles. A leurs costumes je devinais des boutiquiers, des bourgeois, des artisans mais aussi des pachas, les petites gens confondus avec les notables, aucun ne prêtant attention aux autres. Le supérieur nous attendait sous une galerie à colonnes et ogives qui précédait une salle dans laquelle nous pénétrâmes. De modestes proportions mais très haute de plafond, elle était entièrement nue sauf le mirab indiquant la direction de La Mecque. Les fidèles se coiffaient du bonnet, insigne de l'ordre, portant, brodées d'or, des inscriptions du Coran. Le supérieur m'en tendit un, puis il entonna la prière. Nous nous mîmes à la réciter avec lui. Debout, chacun ayant posé les mains sur les épaules de son prédécesseur, nous formions une sorte de ronde qui tournait lentement et régulièrement. Puis, sur un signe du supérieur nous nous assîmes en tailleur sur les nattes de paille disposées sur le sol.

Le prêcheur apparut. Tout de blanc vêtu, il était coiffé d'un turban vert, marque d'un descendant du Prophète. Il prit place au milieu de nous et entreprit de commenter certains versets du Coran. Son aspect me plut d'emblée. Ce n'était pas un de ces fous de Dieu sortis de quelque ermitage, hirsute et négligé. Ce n'était pas non plus un de ces hadjs rebutants et même terrifiants, comme celui qui avait insulté mon père lors de la revue à laquelle il m'avait emmené. Au contraire cet homme, à la mise extrêmement soignée, révélait par toute son attitude une noblesse quelque peu distante. J'appris plus tard qu'Abdul Huda appartenait à une très ancienne et très grande famille de saints hommes, de derviches, de mystiques dont les tombeaux disséminés un peu partout dans le Moyen-Orient étaient devenus des lieux de pèlerinage. Il était difficile de lui donner un âge car, si la barbe blanchissait, pas une ride n'encadrait les yeux bleus, le regard vif et jeune. Son enseignement, comme celui de la plupart des soufis, fleurait l'hérésie. S'élevant au-dessus de l'enseignement officiel, il n'hésitait pas à en briser les limites étriquées pour appeler le fidèle à une élévation menant jusqu'à la transcendance. Il ne ratiocinait pas, il planait. Sa voix chaude, enveloppante avait le don d'apaiser. Enfin, innovation qui ne manqua pas de me séduire, il s'adressait à son auditoire sur le ton d'une conversation d'égal à égal. Il n'avait pas besoin de hausser la voix ou d'éructer la parole sainte. Elle sortait de sa bouche avec le plus grand naturel. Il insista sur la nécessité pour chacun de retrouver son unité, la plupart du temps perdue. Cette exhortation me frappa alors que justement je me sentais éparpillé, comme dispersé en multiples fragments.

Le jour suivant, j'invitai Adbul Huda à venir me voir. Je tâchai d'expliquer mon état. Malgré la confusion de mes propos, il paraissait connaître jusqu'au moindre recoin de mon âme.

– Le premier à vous aider, ce sera vous. Apprenez à le faire sans attendre les autres.

Il me fit honte de me laisser aller :

– L'Empire a besoin de vous.

– Comment le servirais-je? Mon oncle est jeune, il régnera encore longtemps. Viendra ensuite mon frère Murad, lui aussi destiné à occuper le trône de nombreuses années. Quelle place y aurait-il pour moi?

– Le chemin de la destinée nous échappe. Tenez-vous prêt.

– A quoi?

– A assumer vos responsabilités vis-à-vis de l'Histoire. Vis-à-vis de l'Empire. Vis-à-vis de vous.

Peu à peu, sous l'influence de son rayonnement, je sortis de ma prostration. Il me prêchait de m'intéresser à l'Empire, or en ce moment même, l'Empire était menacé.

VI

En ce printemps 1876, des troubles éclatèrent simultanément aux quatre coins de notre province de Bulgarie. Des policiers furent attaqués, des lignes de chemin de fer et des ponts détruits, des magasins gouvernementaux pris d'assaut et surtout des paysans furent impitoyablement massacrés. Devant l'impuissance des forces de l'ordre, la panique se généralisa. En un rien de temps, les deux confessions, chrétienne et musulmane, vivant jusqu'alors dans la meilleure entente, se retrouvèrent séparées par un mur de sang et de haine. Les chrétiens avaient peur d'être massacrés par les musulmans, alors que les musulmans tremblaient d'être exterminés par les chrétiens. Il fallut plusieurs semaines avant qu'un semblant d'ordre ne fût rétabli.

Cette brève et sanglante éruption me parut le coup de gong annonçant d'autres événements tout aussi imprévisibles, destinés à déstabiliser l'Empire. Et le 5 mai, en effet, dans la ville de Salonique enfiévrée par une violente querelle entre chrétiens et musulmans, les consuls de France et d'Allemagne eurent le malheur de pénétrer dans une mosquée bondée de fanatiques surexcités. A la vue des deux « infidèles », ils arrachèrent les barreaux des fenêtres et les poursuivirent jusque dans les appartements de la medersa [1] voisine, où ils les battirent si bien qu'ils les réduisirent en bouillie. A travers toute l'Europe, ce ne fut qu'un cri

1. École coranique.

d'indignation contre l'incorrigible sauvagerie des Turcs.

L'ambassadeur russe Ignatiev s'empara de l'incident. Il affecta d'être terriblement inquiet pour la population chrétienne en butte au sectarisme meurtrier des musulmans. Il arma des centaines de Croates et de Monténégrins pour garder son palais. Quelques diplomates timorés l'imitèrent. Il mit si bien en scène la panique qu'elle s'étendit aux quartiers chrétiens de la capitale dont les habitants dévalisèrent les armureries. Quelques bons bourgeois métamorphosèrent leurs appartements en véritables arsenaux. On se racontait avec effroi que dans les mosquées les étudiants en théologie prêchaient le massacre général des non-musulmans. De l'autre côté de la Corne d'Or, les musulmans, voyant cette agitation, se persuadèrent que les chrétiens allaient envahir leurs quartiers et les massacrer pour se venger du meurtre des consuls de France et d'Allemagne.

Ce vendredi-là, en fin de matinée, je rejoignis tout un aréopage dans le grand vestibule de Dolma Batche. Princes, généraux et chambellans arboraient grand uniforme, broderies et décorations. Nous devions accompagner le sultan à la mosquée voisine du palais pour la prière traditionnelle. J'entendais par les portes ouvertes sur le jardin nos chevaux piaffer et, venue de plus loin, une rumeur confuse.

A midi moins cinq, Abdul Aziz parut en haut des marches. Il descendit lentement, immense et massif, en s'appuyant sur la rampe de cristal. Son expression restait absente et comme inquiète. Il traversa le vestibule sans regarder aucun de nous, marchant pesamment. Il avait presque atteint la porte lorsqu'un de ses aides de camp s'approcha de lui et lui annonça la nouvelle assez haut pour que nous l'entendions tous.

Depuis l'aube, des milliers de softas [1] étaient assemblés sur l'aire qui séparait le palais de la mosquée. A Constantinyé seulement on en comptait trente à quarante mille. Cette force occulte était capable de mouvoir les masses ignorantes et superstitieuses. Or,

1. Professeurs ou simples élèves des écoles coraniques.

paraît-il, ils s'étaient émus de voir l'Empire menacé d'une intervention étrangère, peut-être livré demain à ses plus mortels ennemis, les giaours de Russie. Ils souhaitaient simplement présenter une pétition en ce sens au padicha.

Mon oncle était encore sous le choc d'un événement survenu quelques jours plus tôt, un événement impensable, monstrueux : une grève. Les ouvriers de l'arsenal, ne se voyant plus verser leurs salaires depuis des mois, avaient cessé le travail. Puis, accompagnés de femmes et enfants, ils étaient allés en cortège jusqu'aux grilles du palais réclamer bruyamment leurs arriérés. Personne n'en avait cru ses oreilles, le sultan moins que tous les autres. Bien entendu, on avait dispersé la manifestation à coups de bâton, et il n'était pas exclu que quelques coups de baïonnette eussent été donnés dans le tas. Néanmoins, comme le fit remarquer benoîtement le grand vizir, sa barbe grise soigneusement étalée sur son plastron surbrodé, les ouvriers pouvaient revenir et se joindre aux softas. La prudence dictait donc de ne point se montrer, et Abdul Aziz pour une fois se rangea docilement à l'avis de son grand vizir. C'était sans doute la première fois dans les annales de la dynastie ottomane que le padicha ne se montrait pas à la prière du vendredi. Après avoir attendu des heures, les softas déçus et furieux se dispersèrent. Envahissant les cafés de la vieille ville, ils restèrent la nuit entière à discuter, à s'échauffer, à menacer. A l'aube, ils ramassèrent toutes les armes sur lesquelles ils purent mettre la main et retournèrent à Dolma Batche. La garde avait été doublée et les ambassadeurs, soigneusement affolés par Ignatiev, avaient déjà envoyé leurs archives et leur numéraire sur leurs canonnières maintenues sous pression.

Je ne bougeai pas de mon appartement, me contentant de tendre plus que de coutume l'oreille aux informations des aghas terrorisés. Ce n'étaient plus les respectueux pétitionnaires de la veille, mais des insurgés résolus à obtenir gain de cause qui battaient les grilles de Dolma Batche. Pas un instant je ne crus qu'ils réussiraient à prendre d'assaut le palais, ou même qu'ils en avaient l'intention.

Le sultan, réfugié dans ses somptueux appartements, n'en menait pas large. Entendant par ses fenêtres ouvertes la foule hurlante, il ne songea pas à lui résister. Il fallait négocier. Mais qui irait parlementer avec ces excités? Le grand vizir s'embrouillait, se contredisait, perdait la tête et n'était d'aucun secours. Comme toujours en ces circonstances, l'entourage s'amenuisait rapidement. Et le sultan ne trouva à envoyer au « front » que Hassan le Circassien, le frère de sa favorite, Mihri Hanoum. Cet insupportable bellâtre, couvert de femmes et de dettes, avait reçu les promotions les plus rapides et les plus scandaleuses. Il se présenta au portail de Dolma Batche, très grand, très droit, avec toute l'arrogance qui lui tenait lieu de fierté.

– Nous voulons voir le Sultan, hurla la populace, et pas toi!

– Sa Majesté impériale est souffrante et désire que son peuple m'exprime ses souhaits.

– Nous exigeons la démission du grand vizir et du cheikh Ul Islam [1].

Hassan le Circassien, sa superbe lézardée et plutôt penaud, ce qui n'était point pour me déplaire, revint chez son maître et beau-frère pour lui faire part des desiderata de la populace. Il n'eut pas besoin de conseiller à Abdul Aziz d'accepter, ce dernier étant d'avance décidé à céder. Il renvoya Hassan le Circassien annoncer aux insurgés que le gouvernement serait incontinent changé. Alors ces braves softas de crier tous d'une seule voix : « Padicha himyz bin iacha! » Mille ans de vie à notre padicha, et de se disperser tranquillement.

Bien des aspects de la manifestation continuaient à m'intriguer. Par quel miracle ces religieux fanatiques divisés par des querelles, théologiques ou autres, s'étaient-ils soudain unis? Mes aghas m'avaient rapporté un détail impensable : ils avaient entendu les softas crier les slogans des Jeunes-Turcs. La collusion de ces « saints hommes » avec l'opposition libérale, cette

1. La plus haute autorité du clergé musulman.

complicité entre le comble du rétrograde et la pointe de l'avant-garde donnaient à penser.

Pour percer le mystère, je demandai les lumières de Djever agha. C'était un de mes « compagnons [1] », un eunuque attaché depuis longtemps à mon service que j'avais promu mon principal informateur, complément indispensable de tout habitant du palais, et dans ma situation précaire nécessité absolue. Djever agha m'avait frappé par son honnêteté, son exactitude dans le travail et son respect des traditions. J'en fis un de mes hommes de confiance. Possédant le don d'ubiquité, il fut mes oreilles, mes yeux, partout à la fois où il le fallait.

Dans l'affaire des softas, une inspiration me poussa à orienter mon enquête du côté de l'Angleterre. Je dépêchai Djever agha chez mon voisin de Maslak, Thompson, singulièrement bien informé sur les faits et gestes de son ambassadeur. De sa propre initiative, Djever allait aussi rôder autour des drogmans [2] de l'ambassade, toujours disposés à parler contre espèces sonnantes, grâce à quoi la vérité ne tarda pas à m'apparaître.

Midhat pacha était revenu plus ou moins clandestinement de son exil provincial pour se terrer dans une ferme qu'il possédait aux environs de Constantinyé. Puis, secrètement, il était venu trouver, au palais de l'ambassade, son vieux complice, sir Henry Elliott. L'entrevue avait duré plusieurs heures. Rien n'en avait transpiré, mais j'imaginais sans peine les deux hommes s'entendant parfaitement sur le chapitre, pour eux jamais épuisé, de l'ambition.

Ainsi m'apparut-il que l'origine de la manifestation des softas se résumait en trois mots : Midhat, Elliott, l'or. Je compris que l'Angleterre avait entrepris une offensive impitoyable pour reprendre à Constantinyé sa place prépondérante, dont le Russe son rival l'avait délogée.

1. Appellation familière des aghas attachés au service personnel du prince.

2. Sortes d'intermédiaires traditionnels attachés aux missions étrangères qui servaient de lien entre les diplomates, la cour et l'administration ottomanes.

De son côté, mon oncle Aziz n'avait pas la moindre envie de remplacer le plus commode des lèche-bottes par l'incommode Midhat. Pas question de placer ce dernier à la tête du gouvernement. Le grand vizir, ce serait Rujdi pacha, un conservateur remarquable par l'indécision de son caractère. Au moins avec lui, Abdul Aziz se sentait rassuré. Le sultan se contenta de bombarder Midhat pacha président du Conseil. Et pour mieux lui rogner les ailes, tel un prestidigitateur sortant le lapin du chapeau, il produisit Hussein Avni, qu'il nomma ministre de la Guerre. Il escomptait que ce militaire, brutal et énergique, n'ayant de foi qu'en la force, neutraliserait le politicien libéral qu'était Midhat. Il se frottait les mains d'avoir si habilement désamorcé la bombe allumée par les softas.

Dix jours plus tard, Ismael Kemal bey, le secrétaire si fidèle de Midhat pacha, réussit à pénétrer dans les appartements de Murad à Dolma Batche et à le voir seul. En ces temps d'incertitude, on achetait bien des consciences, et l'or fermait les yeux des espions du sultan. La situation ne pouvait plus durer, commença Ismael Kemal. Le sultan avait prétendu accepter le changement de gouvernement et il continuait en réalité à n'en faire qu'à sa tête. Les softas, déçus, exigeaient à cor et à cri un acte de réforme précurseur d'une Constitution. Il était fort possible que très bientôt le sultan fût... écarté du trône. Murad était-il prêt à prendre la succession qui lui revenait? Mon frère m'avait avoué que ses compagnons maçons le tenaient au courant des événements et des intrigues qui se tramaient autour de son nom. Aussi n'ignorait-il pas l'existence de la conjuration. Il répondit à Ismael Kemal bey que d'avance il acceptait toutes les concessions qu'on pourrait exiger de lui, au nom des principes éternels de la liberté, de l'égalité et de la fraternité. Néanmoins, il ne monterait sur le trône qu'à la condition expresse que notre oncle Aziz fût traité de la manière la plus honorable.

Ismael Kemal bey le rassura par les promesses les plus solennelles. D'ailleurs, il restait à Abdul Aziz une chance de se maintenir sur le trône, s'il acceptait la promulgation immédiate de l'acte de réforme.

Murad n'eut rien de plus pressé que de me mettre au courant. Après avoir soigneusement pesé son récit, je lui donnai ce conseil :

– Tiens-toi prêt, mon frère, car ils sont décidés à détrôner notre oncle quoi que celui-ci fasse. Les softas ne sont qu'un écran de fumée. Ce sont l'Angleterre et Midhat qui mènent la conjuration. L'une et l'autre sont déterminés à emporter, d'assaut s'il le faut, le pouvoir.

– Jamais Hussein Avni ne s'entendra avec Midhat.

– Je te l'affirme, Murad, si Ismael Kemal est venu te voir pour t'offrir le trône, c'est qu'immanquablement Midhat et Hussein Avni ont fait alliance.

– Impossible ! Ce serait une alliance contre nature

– Peut-être, mais elle existe et elle est solide, car la soif du pouvoir la cimente. Je te le répète, Murad. Tiens-toi prêt, car notre oncle est condamné.

De sombres pensées m'assaillaient. Quel sultan ferait le malheureux Murad, prisonnier comme il l'était de la boisson, de la franc-maçonnerie, de sa faiblesse, de Midhat et de l'Angleterre ? Qu'allait devenir l'Empire ?

Malgré la saison, il pleuvait à verse en cette nuit du 29 mai 1876. Il faisait particulièrement sombre et presque froid. Midhat pacha passa la soirée dans le konak de Beylerbey avec Hussein Avni. Les deux complices attendirent que minuit sonnât, puis une heure, deux heures enfin. Alors, accompagnés d'un seul serviteur, ils empruntèrent une barque pour traverser le Bosphore. A leur point d'arrivée, ils ne trouvèrent pas les voitures qu'ils y avaient commandées. Dans l'incertitude, ils restèrent les bras ballants, debout sous la pluie battante, craignant d'être à tout instant découverts. Enfin, le serviteur qu'ils avaient envoyé en reconnaissance revint avec les voitures, qui les attendaient au mauvais endroit. Midhat pacha partit vers le ministère de la Guerre, le Seraskierat, tandis que Hussein Avni ordonna au cocher de le conduire à la caserne voisine de Dolma Batche. En tant que ministre de la Guerre, il n'eut aucune difficulté à y pénétrer et à prendre le commandement. Il réunit les régiments formés de soldats non turcs, en majorité arabes, auxquels leurs officiers expliquèrent que le sultan était en danger et qu'ils devaient le protéger. Puis ils furent dirigés vers Dolma Batche qu'ils bouclèrent hermétiquement.

Au même moment, face aux quais de marbre du palais apparurent des chaloupes chargées de marins, armes à la main, ainsi que quelques vapeurs de faible tonnage, leurs canons pointés sur le palais. Il était trois heures du matin et l'opération s'était effectuée si silencieusement que personne à l'intérieur du palais ne s'était aperçu de rien. D'ailleurs, le crépitement de la pluie qui tombait à verse, mêlé au fracas des vagues frappant en cadence les quais, couvrait le bruit de la troupe.

Hussein Avni se fit admettre à l'intérieur du palais par quelque intelligence dans la place. Il frappa à la porte des appartements privés d'Abdul Aziz. Le kislar agha, le grand eunuque noir, que sa fonction oblige à dormir à proximité de son maître, lui ouvrit. Le ministre lui ordonna d'informer le sultan qu'il était désormais prisonnier et qu'il n'avait rien de mieux à faire que s'en remettre entièrement au seraskier, au ministre de la Guerre, lequel répondait de sa sécurité.

« Son Altesse noire » trouva son maître, que les remue-ménage avaient réveillé, assis dans son lit, les sourcils froncés et le regard furibond. Au reçu du message, il s'emporta et refusa d'obtempérer. Hussein Avni força alors la porte des appartements du sultan. Il traversa plusieurs salons pleins d'eunuques qui poussèrent des lamentations hystériques. Soudain une apparition les fit tous taire comme par enchantement et cloua sur place Hussein Avni. Abdul Aziz se dressait sur le seuil de sa chambre, portant une chemise de nuit rose, brandissant un sabre dégainé, et de l'autre bras tenant sa favorite Mihri qui s'accrochait à lui en pleurant. Hussein Avni reprit ses esprits et présenta à Abdul Aziz la fetva, l'acte théologique écrit par le cheikh Ul Islam, permettant de détrôner légalement le souverain. Il le supplia de se soumettre au kismet, au destin. Il était venu, « le temps choisi, décrété par Allah, qui est inscrit à l'encre invisible sur le front de chaque homme ». Brusquement surgit une furie. C'était Peztevnial, les cheveux dénoués, la face dévoilée, superbe dans sa colère. Hussein Avni ne put s'empêcher en cet instant de l'admirer. Elle fonça sur lui et, tout en l'injuriant dans un langage de charretier, tenta de griffer son visage avec ses longs ongles peints. Il recula, mais elle le plia en deux par un coup de poing à l'estomac d'une violence inattendue. Ce fut le fils qui arrêta la mère. Le sultan était allé à la fenêtre. Il avait deviné dans l'obscurité les navires de la marine menaçant sa résidence de leurs canons, et compris que toute résistance était inutile. Il acceptait le décret du destin... et les ordres de Hussein Avni. Le seraskier se retira, postant des gardes à la porte des appartements avec ordre de ne laisser entrer ni sortir personne. Puis il fit tirer un coup de canon, un seul, afin d'annoncer à Midhat pacha, là-bas au ministère de la Guerre, que l'opération s'était effectuée avec succès et que le sultan était prisonnier.

La détonation me sortit du demi-sommeil auquel ma nervosité me condamnait. Je courus à la fenêtre et je vis des ombres se déplacer dans les jardins du palais. D'instinct, je me dirigeai vers les appartements de mon frère Murad. Je sursautai en tombant dans le couloir nez à nez avec Hussein Avni. Il entra sans frapper dans la chambre du prince héritier. Il le réveilla sans ménagements et l'engagea à s'habiller le plus rapidement possible.

– Que se passe-t-il ? s'enquit Murad, effrayé.

– Le palais est gardé à vue, le padicha ne peut s'échapper. Il apprendra quand il fera jour qu'il a cessé de régner et que Murad V, son légitime successeur, a été proclamé sultan.

Ces paroles furent proférées sur un tel ton qu'au lieu de calmer mon frère, elles ne firent que l'affoler encore plus, et je l'entendis murmurer :

– J'aime autant être égorgé dans mon lit.

– Vous le serez si vous hésitez à sortir sur-le-champ avec moi. Mais pour chasser vos soupçons, prenez ce revolver suspendu à votre chevet, et à la moindre apparence de trahison de ma part brûlez-moi la cervelle.

Cette proposition saugrenue rassura peu Murad. Il s'exécuta néanmoins. Il s'habilla, prit bien soin de s'armer du revolver et suivit Hussein Avni.

Je restai un long moment collé au battant de la porte, incapable de bouger. Puis lentement je regagnai mes appartements, accompagnant mon frère par la pensée. A la sortie de Dolma Batche, une sentinelle pointa sa baïonnette sur les deux hommes et leur demanda le mot de passe. Hussein Avni l'ignorait. Il tenta de parlementer. La sentinelle disciplinée ne voulut rien savoir. Le mot de passe, ou ils n'iraient pas plus loin. Exaspéré, le seraskier déboutonna sa capote et découvrit sa vareuse couverte de décorations :

– Comment, imbécile ! Tu ne reconnais pas ton chef accompagné de son aide de camp ?

Cette fois, la sentinelle se mit au garde-à-vous et les laissa passer. Non loin de la mosquée, un caïque les attendait qui s'enfonça de toute la vitesse de ses rameurs dans la nuit noire et pluvieuse. Murad était persuadé que Hussein Avni l'emmenait au Vieux Sérail, lieu traditionnel de proclamation des sultans.

Ils débarquèrent sur une plage d'où une voiture les conduisit au Seraskierat, au ministère de la Guerre, domaine de Hussein Avni. L'arrivée de ce dernier soulagea considérablement Midhat pacha, qui avait passé un moment difficile à tâcher sans grand succès de rallier les militaires, fort soupçonneux à son égard. Entretemps, les autres ministres étaient arrivés, avec à leur tête le grand vizir Rujdi pacha ainsi que le cheikh Ul Islam, plusieurs oulémas [1], des fonctionnaires chrétiens, d'autres musulmans. A cet aréopage il fut donné lecture de la fetva déposant Abdul Aziz, ainsi que de la proclamation de son successeur Murad V que les spectateurs acclamèrent. Tant pis si la tradition n'était pas respectée et si la cérémonie n'avait pas lieu au Vieux Sérail. Ainsi en avait décidé Hussein Avni, désormais le maître.

La lumière glauque assombrissait les damas et ternissait les dorures de ma chambre. Le front contre la vitre, je contemplais le jardin mouillé. Je vis sortir du

1. Docteurs de la loi.

palais encadré par les soldats rebelles mon oncle emmitouflé dans une cape militaire, la sultane validé gesticulant et hurlant. Le petit Yusuf Izzedine suivait accompagné de son aide de camp Hassan le Circassien. Enfin la favorite Mihri, hagarde, éplorée, passa, entourée de plusieurs femmes du harem. Tous montèrent dans les barques impériales, mon oncle seul dans la plus grande, celle à dix rames. Le cortège s'éloigna en direction du Vieux Sérail qui allait devenir la prison du souverain déchu.

VII

Revenu du Seraskierat à l'embarcadère, Murad prit place sous le dais de bois doré à l'arrière de la barque à quarante-huit rames qui cingla vers Dolma Batche. Lorsque, au milieu du Bosphore, il croisa le caïque plus modeste qui conduisait son oncle et prédécesseur vers sa prison, Murad ne put retenir son émotion et des larmes coulèrent silencieusement sur ses joues.

Aussitôt arrivé au palais, Murad dut présider au rituel du biat, au cours duquel les principaux dignitaires de l'Empire lui rendaient hommage en baisant une pièce d'étoffe brodée posée sur l'appui du trône. La cérémonie n'ayant pas été prévue, ce fut une foule désordonnée dans les tenues les plus diverses qui se pressa aux portes, oulémas et softas, patriarches et prêtres, militaires et civils entrant pêle-mêle pour saluer leur nouveau souverain. J'avais été le premier à le faire, en ma nouvelle qualité de prince héritier de l'Empire ottoman.

Le lendemain, Murad reçut une lettre écrite à l'encre rouge réservée au sultan régnant et signée de notre oncle. Abdul Aziz le félicitait de son avènement, remettait son sort entre ses mains et lui rappelait benoîtement que les traîtres qui l'avaient déposé pourraient toujours récidiver... Enfin, il lui demandait de le changer de résidence, trouvant le Vieux Sérail inconfortable et lugubre. Hormis les vieux serviteurs et les courtisans les plus âgés, personne n'habitait ce palais décrépi et poussiéreux, devenu un asile de vieillards. Notre oncle avait jeté son dévolu sur le palais de Tchiringam, voisin de Dolma Batche, un vaste bâtiment rectangulaire surabondamment orné, conçu par lui. Enfin, il réclamait à mon frère les vingt mille livres turques abandonnées dans ses appartements. Murad répondit le jour même et – fait exceptionnel – de sa propre main. Il comprenait, il calmait, il consolait, il rassurait. Il donnerait des ordres pour que les souhaits de son oncle fussent immédiatement exaucés.

Cette générosité foncière de Murad reçut sa récompense, le lendemain 2 juin, dans la ferveur populaire qui l'accompagna à travers la ville. Parti de Dolma Batche dans une voiture à quatre chevaux, il suivit la longue route de Galata, franchit le pont, s'engagea dans la vieille ville en direction du Vieux Sérail où il allait s'incliner sur les reliques du Prophète. Je vis la multitude compacte, je mesurai l'enthousiasme indescriptible, les acclamations tonitruantes, à croire que Murad avait mérité déjà les surnoms de « Désiré », de « Bienvenu », de « l'Acclamé » qui lui étaient lancés. Des soldats se pressaient pour crier leur amour au nouveau souverain, énormément de femmes aussi, qui jetaient des fleurs sur son passage. Mais le plus important était la présence de très nombreux softas qui tendaient des corans vers Murad comme pour imprimer une consécration religieuse à son avènement. Alors, je me demandai si mes sombres pressentiments ne m'avaient pas trompé.

Une de nos traditions les plus ancrées voulait que le souverain restât raide et impassible pendant que son peuple l'acclamait; planant au-dessus de la masse, il ne regardait personne, symbole impénétrable de puissance. Soudain, Murad, peut-être emporté par la chaleur populaire, viola la règle séculaire et se mit à répondre du geste et du sourire aux vivats de ses sujets; et ce fut plein d'une exaltation joyeuse que je le vis descendre plus tard de voiture devant le porche de Dolma Batche. Je le raccompagnai dans le salon des appartements qu'il s'était choisis au premier étage du palais donnant sur le Bosphore, non loin de ceux qu'avait occupés notre père. Il reçut mes félicitations avec un bon sourire. Il avait détaché son sabre à la poignée enrichie de diamants et l'avait tendu à un de ses aghas, lorsque le seraskier Hussein Avni se fit annoncer et, sans attendre la réponse, pénétra dans la pièce. Depuis la terrible nuit où notre oncle avait été déposé et où Hussein Avni l'avait placé de force sur le trône, Murad m'avait confié n'éprouver que répulsion pour le brutal militaire. Tout dans son aspect proclamait d'ailleurs une violence qui répugnait au jeune sultan. Hussein Avni n'avait pas encore soixante ans, mais sa barbe et ses cheveux entièrement blancs lui donnaient plus que son âge. Malgré sa petite taille, il éclatait de force, d'énergie. Il approcha de sa démarche si particulière, légèrement cadencée comme s'il allait charger, sans faire le moindre cas de ma présence. Après avoir salué militairement son souverain, il posa sur lui son regard perçant et, pinçant les lèvres, éructa d'une voix dure, acerbe :

– Une sage coutume interdit au sultan de répondre par des signes de reconnaissance aux hommages de la multitude.

A mon intense satisfaction, Murad ne se laissa pas impressionner, car il répliqua :

– Tant pis pour la coutume, je compte en introduire une meilleure.

Hussein Avni ne tint pas compte de cette réponse et enchaîna :

– Et dans cette multitude, les giaours se distinguaient par leurs vociférations.

– Qu'entendez-vous par giaours, Seraskier?

– Mais tous ceux qui ne sont pas musulmans.

– Et que m'importe! Ne sont-ils pas hommes au même titre? Pourquoi conserverais-je une distinction offensante entre les sujets de mon Empire? Ne leur dois-je pas à tous la même affection? Ne faut-il pas avoir le même souci du bien-être des Grecs, des Arméniens, des Slaves et des juifs que de celui des Turcs et des Arabes?

Cette résistance décupla la colère du ministre en même temps que son insolence :

– Ce sont là des idées maçonniques. Il ne conviendrait pas à Votre Majesté de les manifester trop ouvertement. Déjà les softas font circuler l'accusation que le chef des croyants deviendra le protecteur déclaré des francs-maçons, les hérétiques de l'Europe chrétienne. Il serait regrettable que des paroles sorties de la bouche impériale et colportées dans les bazars et les mosquées vinssent, au milieu du trouble des esprits, confirmer une aussi dangereuse accusation. Du mécontentement, il n'y aurait pas loin à un soulèvement.

Et sur cette menace, il claqua des talons et sortit.

Son insolence m'avait mis en fureur. De toutes mes forces, j'espérais que Murad le remettrait au pas, le démissionnerait et – pourquoi pas ? – l'emprisonnerait. Un regard sur mon frère suffit à me démentir. Il avait rougi jusqu'au blanc des yeux. Il courba la tête, humilié, indécis. Je l'exhortai à réagir.

– A quoi bon, me répéta-t-il, puisque Hussein Avni a réuni entre ses mains tous les pouvoirs.

Et il m'avoua que le brutal vizir lui avait déjà manqué de nombreuses fois. La scène déplorable à laquelle je venais d'assister n'était pas la seule absence de respect, ou de considération, de Hussein Avni envers son maître nominal. Il avait en effet refusé d'obéir aux ordres réitérés du sultan pour le transfert immédiat de notre oncle à Tchiringam. Ce n'était que sur les instances de ses collègues qu'il s'y était résolu. Et même là, il se plut à manifester sa supériorité sur les deux sultans, en accablant le premier de mesures humiliantes et en désobéissant formellement au second par les traitements qu'il infligea au premier. Il commença par licencier l'entourage d'Abdul Aziz. Seule la validé, la favorite Mihri et quelques femmes purent le suivre à Tchiringam. Mais ses aides de camp, ses fidèles, et en tête Hassan le Circassien, furent chassés. Le « beau-frère » reçut même l'ordre de rejoindre immédiatement la garnison de Bagdad. Bien entendu, Hussein Avni avait refusé de restituer à Abdul Aziz les vingt mille livres turques laissées dans ses appartements, et il entoura Tchiringam d'une triple rangée de soldats comme si le palais hébergeait un criminel. Enfin, malgré les instructions les plus formelles de Murad, il donna l'ordre de confiner Abdul Aziz dans ses appartements, avec défense d'en sortir. Cette dernière mesure fut la goutte d'eau qui fit déborder le vase, notre oncle n'ayant jamais été renommé pour sa nature soumise : sans tenir compte de l'interdiction, il sortit se promener sur la terrasse bordant le Bosphore. Le soldat en sentinelle l'avait bien vu mais, intimidé, peut-être terrifié, il mit un certain temps avant d'oser s'approcher. S'y décidant enfin, il pria respectueusement le sultan de regagner ses appartements.

– Tchapkin [1], ne sais-tu pas qui je suis? répliqua Abdul Aziz, moins furieux que taquin.

– Parfaitement. Vous êtes le sultan Abdul Aziz.

– Siktir bourdan! Va-t'en au diable!

Le soldat alla chercher son supérieur, un colonel qui accourut :

– L'air du soir pourrait nuire à la santé de Votre Majesté...

– Encore des observations! hurla Abdul Aziz et, sortant de sa poche un petit revolver, il tira sur le colonel, qui sentit la balle passer juste au-dessus de sa tête et décampa le plus dignement possible. Il revint avec d'autres soldats, qu'il plaça aux extrémités de la terrasse. Ce déploiement rendit à Abdul Aziz sa maîtrise de soi. Avec un geste de fureur ou de malédiction, il regagna l'intérieur du palais.

Mais sa triste condition l'empêcha de dormir. Plusieurs fois pendant la nuit, les sentinelles, dont le nombre avait encore été augmenté, le virent arpenter la terrasse qui borde le jardin ou celle qui court le long du Bosphore. Il semblait en proie à une intense agitation, faisant des gestes incontrôlés, se parlant à lui-même.

– N'ai-je donc plus personne pour me défendre? Où sont-ils donc, tous ces hommes que j'ai comblés de richesses et de bienfaits? Et vous, mes fils, à l'un de vous j'avais confié mon armée, à l'autre ma marine : où sont vos régiments, où sont vos cuirassés? Ce beau

1. Polisson.

navire ancré en face de ce palais ne pulvérisera-t-il pas mes ennemis avec ses formidables canons?

Le matin le trouva dans un état apathique. La rage avait fait place à une prostration mélancolique. Mais de temps en temps, des accès furieux le soulevaient, mêlés à des hallucinations. Tantôt d'une voix impérieuse il donnait des ordres à la flotte, il accablait d'injures et de reproches Hussein Avni; tantôt, dressé dans toute sa majesté, il accusait ses ministres et les interpellait comme s'ils étaient en face de lui. Un aide de camp envoyé par mon frère se présenta dans la matinée et pria l'ancien sultan de lui remettre son revolver. Abdul Aziz sourit ironiquement:

– Pourquoi cela? Quel besoin mon cher neveu a-t-il de mon revolver?

– C'est de peur que Votre Majesté ne se blesse par accident.

– Prenez-le donc contre ma poitrine.

– Personne ne peut porter la main sur Votre Majesté. Qu'elle me remette elle-même son arme.

Avec une docilité inattendue, Abdul Aziz obtempéra. L'aide de camp le salua respectueusement.

– Imbécile! Tu as pris le pistolet et tu laisses là sur la muraille cette épée et ce yatagan?

Le militaire, surpris par cette remarque, ne sut que bredouiller:

– Cela n'a pas été compris dans l'ordre que j'exécute.

Mon frère, lui aussi, avait passé une mauvaise nuit, et il se réveilla fiévreux, la tête lourde. Pourtant, il était décidé, coûte que coûte, à faire triompher son programme révolutionnaire dans la journée même, au cours du Conseil qu'il devait tenir. Je le suppliai en vain de différer, d'attendre un moment où il se sentirait plus dispos. Il ne m'écouta pas.

– Il ne se passera pas vingt-quatre heures avant que la voie soit ouverte à la Turquie de demain.

Je le vis partir avec inquiétude. A ses ministres réunis, il annonça qu'il fallait immédiatement procéder à la régénération radicale du pays, et il énuméra les réformes qu'il avait l'intention de promulguer. Utopies, folies, extravagances : c'est en ces termes que Hussein Avni condamna son programme. Quant à Midhat pacha, le grand libéral, lui non plus ne soutint pas Murad. Bien sûr les réformes étaient nécessaires, mais il fallait commencer par établir une monarchie parlementaire, procéder à des élections. Murad insista sur l'urgence des mesures à prendre, en particulier dans le domaine de l'éducation :

– La première plaie de notre empire, c'est l'ignorance. De l'école doit partir l'égalité civile et politique, base d'une Constitution qui aurait admis tous les principes de la démocratie.

Les ministres se regardèrent avec effarement, mesurant l'ampleur du danger. Non seulement l'Empire risquait d'être de fond en comble bouleversé par le jeune sultan, mais eux-mêmes se voyaient menacés dans leurs privilèges et, qui sait, dans leurs fortunes, amassées de façon aussi traditionnelle que malhonnête. Murad comprit qu'il n'avait rien à attendre d'eux. Il leva la séance, en rien ébranlé dans ses convictions. Revenu en ses appartements, il m'annonça qu'il était décidé à poursuivre dans la voie qu'il avait choisie, en s'entourant d'autres hommes jeunes, ardents, enthousiastes, et non plus de ces notables sclérosés. Midhat, il le garderait éventuellement, car avec ce libéral il pourrait toujours s'entendre. Mais – condition indispensable – il se débarrasserait de Hussein Avni. Je m'inquiétais de savoir comment il y parviendrait. Un commandement prestigieux – dans les Balkans, par exemple – pourrait tenter le seraskier, et son départ s'avérerait moins malaisé.

Ayant trouvé une solution pour renverser l'obstacle, Murad se sentait confiant... beaucoup plus que moi, et ce fut la tête alourdie par des pensées imprécises et sinistres que je le laissai à ses illusions.

Tout près de là, au palais de Tchiringam, la validé Peztevnial ne quittait pas un instant son fils Abdul Aziz. Elle avait fait venir plusieurs des femmes de son harem, en tête la favorite Mihri qu'évidemment elle détestait, mais que dans la nécessité elle n'hésitait pas à utiliser. Elles parvinrent à calmer un tant soit peu l'ancien sultan. La soirée s'écoula doucement et presque gaiement, Abdul Aziz prêtant l'oreille à la conversation des deux femmes. La nuit, cependant, ramena sa fébrilité. Il se tournait et se retournait sur son lit sans parvenir à s'endormir, Peztevnial veillant à son chevet. Entre les crises de fureur et les moments d'hallucination, il lui arriva même de s'en prendre à sa mère :

– C'est vous qui avez été la cause principale de mon infortune.

Elle encaissa le choc sans montrer ses sentiments, mais ne put empêcher les larmes de couler sur son visage. Abdul Aziz, incapable de rester dans son lit doré, se leva et, en chemise de nuit, arpenta de long en large la vaste chambre à peine éclairée. Les réverbères allumés le long du Bosphore envoyaient des taches de lumière mouvantes sur le plafond de la pièce. Des yeux il suivait ces jeux de couleurs. L'aube commençait à poindre sur ce dimanche 4 juin 1876 lorsque, épuisé, il se jeta dans le premier fauteuil venu et sombra dans un profond sommeil. Peztevnial, à bout de forces, se retira sur la pointe des pieds pour aller chercher un repos bien gagné.

A huit heures du matin, Abdul Aziz s'éveilla. Il demanda à la vieille kalfa, qui ne l'avait pas quitté de la nuit, d'appeler son bach mussaib, son agha lecteur, auquel il commanda de lire à haute voix les journaux du matin. Il parut prendre plaisir à cette occupation, au point qu'il sembla redevenu parfaitement raisonnable. Un des chambellans affectés à son service, Fakri bey, entra, venant aux ordres.

Abdul Aziz l'interpella :

– Apporte-moi un petit miroir et des ciseaux pour que je me taille la barbe.

Fakri bey se rendit dans l'appartement de Peztevnial, qui était déjà en train de s'habiller, et lui communiqua la requête de son fils. Elle lui confia les objets demandés, lui tendant des ciseaux à pointe très effilée dont elle se servait pour de menus ouvrages, car à ses moments perdus elle aimait broder. Fakri bey les rapporta à Abdul Aziz.

– Qu'on me laisse seul maintenant, intima-t-il, car il avait l'habitude de se tailler la barbe sans témoin.

Mais c'était compter sans la curiosité féminine. Quelques-unes de ses ikbals [1] montèrent à l'étage supérieur et, par un vasistas donnant sur sa chambre à coucher, l'observèrent. Elles le virent absorbé, le nez sur son miroir. Rassurées – ou plutôt déçues – dans leur curiosité, elles abandonnèrent leur poste d'observation.

Dix heures du matin allaient sonner. Je regardais par la fenêtre du cabinet de travail de mon appartement. Contre mon habitude, j'étais inoccupé, j'examinais les parterres du jardin du harem, jugeant inélégant le mélange des roses et des œillets que je n'aurais jamais plantés de cette façon. Soudain, je perçus dans l'air quelque chose d'inhabituel. On ne vit pas toute sa vie dans un palais oriental sans acquérir une sensibilité spécialement aiguisée. Fut-ce un bruit, un mouvement qui m'alertèrent? Ou alors un instinct, une conviction? J'aurais été bien incapable de répondre. Je sortis dans le couloir. Je n'étais pas le seul à avoir pressenti un événement exceptionnel. Mes cadines aussi se trouvaient sur le pas de leur porte. Djever agha passa, pressé, affairé, me glissant simplement :

– Un incident s'est produit à Tchiringam.

Sans trop savoir ce que je faisais, je descendis au rez-de-chaussée, parcourus l'enfilade des salons et arrivai dans le grand hall de l'entrée de la validé. Devant le perron, une voiture attendait. Je reconnus celle de ma tante préférée Adilé, venue visiter une des princesses. J'y montai et priai le cocher, qui me connaissait depuis l'enfance, de me conduire à Tchiringam. Quelques minutes suffirent pour atteindre le palais où était enfermé mon oncle. De l'intérieur parvenaient des cris, des appels, des lamentations. Dehors, les soldats impassibles montaient la garde comme si de rien n'était, mais ils me laissèrent passer sans rien me demander. Le contraste entre la semi-obscurité du

1. Épouses de second rang qui viennent après les quatre cadines.

grand vestibule et la lumière resplendissante du dehors m'aveugla un instant. Puis je distinguai à quelques pas de moi, par terre, une sorte de tas.

Je m'approchai, je plissai les yeux pour mieux distinguer, et je sursautai d'horreur. Là, sur les carreaux de marbre blanc gisait mon oncle, le sultan Abdul Aziz, nu, immobile. Je n'eus pas besoin de me pencher sur lui pour comprendre qu'il était mort. Je détaillai le cadavre, sur lequel je ne distinguai ni sang ni blessure. Il était un peu gros pour sa taille, mais sa peau était comme de l'albâtre, absolument sans le moindre défaut. Tel quel, mon oncle m'apparut comme une magnifique sculpture, ses cheveux noirs, ses sourcils bien dessinés, ses longs cils mettant en relief ses beaux traits sémites. Son apparence en la mort était parfaitement paisible.

Je ne sais trop comment je me retrouvai à l'étage où régnait la plus dramatique agitation. Aghas et kalfas, vociférant et en larmes, couraient dans tous les sens. Venue d'un salon, j'entendis une voix rageuse et je reconnus celle de Hussein Avni. Il était en train de faire subir un interrogatoire. Une voix de femme lui répondait, brisée mais toujours haut perchée. C'était celle de la validé Peztevnial. Ses mots s'entrechoquaient, et je ne comprenais pas ce qu'elle disait. Hussein Avni était par hasard à Dolma Batche quand il avait appris l'accident survenu à Tchiringam. Il y avait couru et aussitôt pris les choses en main. C'était lui qui avait fait transporter le cadavre de mon oncle au rez-de-chaussée pour le soustraire à la curiosité des eunuques et des femmes.

Soudain du fond du couloir je vis Midhat pacha sortir du salon où Hussein Avni conduisait ses interrogatoires. Il avait la mine grave, soucieuse. Bien que je l'eusse toujours soigneusement évité, ce jour-là je courus à lui pour le questionner.

Selon lui, les ikbals qui étaient allées regarder Abdul Aziz se tailler la barbe étaient en fait chargées par la validé de le surveiller, car son état l'inquiétait fort. Il avait semblé exécuter normalement les gestes d'un homme à sa toilette, mais soudain les ikbals avaient vu sa tête basculer en avant. L'alarme ayant été donnée, la validé avait ordonné qu'on enfonçât la porte, et on avait découvert le sultan affalé contre un sofa près d'une fenêtre, son sang ruisselant sur le sol des veines de ses deux bras tailladées... Il était exactement neuf heures du matin.

Pour Midhat pacha, le suicide ne faisait pas de doute. Et sans respect pour l'ancien sultan qu'il avait détrôné, il eut même la cruauté d'ajouter :

– Sa Majesté a rendu à l'Empire, en se supprimant, le plus grand service qu'elle pouvait, car elle a ainsi expié tout le mal qu'elle lui a fait.

Nous fûmes interrompus par un brouhaha venu du rez-de-chaussée. Des étrangers en chapeau haut de forme pénétraient dans le vestibule. C'étaient les principaux médecins des ambassades, les plus estimés de la capitale, dix-sept en tout que Hussein Avni avait convoqués sur l'heure pour pratiquer l'autopsie d'Abdul Aziz.

Deux heures seulement après la mort du sultan, les praticiens signèrent unanimement un rapport commun établissant que la mort d'Abdul Aziz avait été provoquée par l'hémorragie consécutive aux coupures du bras gauche, que les ciseaux donnés par la validé avaient parfaitement pu produire ces blessures; qu'enfin, la direction et la nature desdites blessures, ainsi que l'instrument au moyen duquel elles avaient été effectuées, permettaient de conclure en toute certitude au suicide.

Le docteur Millingen, attaché à l'ambassade britannique, le vétéran auréolé de la gloire d'avoir assisté Byron à Missolonghi, l'un des signataires du rapport d'autopsie, ayant appris l'état lamentable de la malheureuse Peztevnial, demanda à la voir pour lui apporter les secours de son art.

– Ce n'est pas un médecin qu'on devrait m'envoyer, répondit celle-ci, mais un bourreau, car je suis la cause de la mort de mon fils.

La propre mère d'Abdul Aziz ne se pardonnait pas de lui avoir remis les ciseaux fatals. Ses paroles ne constituaient-elles pas une preuve supplémentaire? Hussein Avni et sir Henry Elliott ne se privèrent pas de l'affirmer.

Entre-temps, Hussein Avni, revenu à Dolma Batche, avait annoncé officiellement le suicide de mon oncle. Murad fut d'autant plus bouleversé, que le seraskier, avec une cruauté sadique, ne lui épargna aucun des épouvantables détails qu'il avait récoltés dans sa rapide enquête. Mon frère dut écouter tout au long l'effroyable récit que Hussein Avni développa à plaisir. Son bourreau l'ayant enfin libéré de sa présence, Murad vint chercher refuge auprès de moi.

– C'est lui, hurlait-il. C'est cet ignoble Hussein Avni et ses complices qui l'ont tué. J'en suis sûr. C'est lui, c'est lui ! répétait-il, hagard. Je serai considéré comme complice de cette horreur. Ils m'ont couvert de sang, mes ministres. J'avais promis à notre oncle que personne n'oserait attenter à ses jours. Ces brutes l'ont assassiné. Quelle horreur ! Quelle abomination !

Accablé moi-même, je me contentai de le serrer dans mes bras. Je ne savais que lui dire. D'ailleurs, Murad semblait hors d'état de prêter attention à des paroles de consolation, emporté dans un état voisin de la démence qui me fit peur.

Un mort doit être enterré avant que le soleil qui a éclairé sa dernière heure ne soit couché... coutume musulmane qui, dans le cas de notre oncle, rendit service à pas mal de monde. Les médecins avaient à peine abandonné le cadavre que celui-ci, lavé et parfumé, enveloppé dans le linceul blanc, était amené par chaloupe à vapeur au Vieux Sérail de Topkapi. On le déposa dans le sanctuaire du Manteau du Prophète où étaient abritées les saintes reliques de l'islam. Hussein Avni et le grand vizir Rujdi furent parmi le petit nombre de hauts fonctionnaires qui assistèrent à la prière.

– Lui avez-vous pardonné ? interrogea l'imam selon la liturgie.

Tous acquiescèrent, certains d'ailleurs auraient pu se demander si lui leur avait pardonné. Puis la dépouille mortelle fut conduite non loin de là au splendide mausolée de mon grand-père Mahmoud II et déposée à l'intérieur. Le soleil éclairait encore l'horizon, et huit heures à peine séparaient la mort de l'ancien sultan de son ensevelissement.

VIII

Je restai auprès de Murad pour lui tenir compagnie avec ses femmes et ses aghas. La soirée s'écoula, sinistre, en son appartement. Très vite, il sombra dans une mélancolie fiévreuse. Il n'arrêtait pas de parler de la mort tragique de son oncle. Tantôt il lançait des imprécations contre Hussein Avni et les autres assassins; tantôt il pleurait et tombait dans une sorte de prostration. Aghas et femmes tentaient sans succès de le distraire. Chaque fois qu'il prononçait le nom de Hussein Avni, il frissonnait, il tremblait. L'horreur se peignait sur son visage. Il regardait droit devant lui, les yeux écarquillés par la terreur, comme s'il voyait le crime se perpétrer sous ses yeux. Il s'inquiétait sans relâche de l'opinion qu'aurait de lui l'Europe. Sans aucun doute allait-on lui attribuer l'odieux forfait. Je n'étais d'aucune aide, accablé par la mort de mon oncle, par l'état de mon frère. L'atmosphère du palais, lourde de tragédie, m'étouffait. Des ombres menaçantes hantaient les enfilades somptueuses et, à plusieurs reprises, je me surpris à regarder derrière moi.

Dans la capitale, déjà, les rumeurs, les supputations, les accusations couraient, volaient. Partout, ce n'était qu'un cri : le sultan Abdul Aziz avait été assassiné par les membres du gouvernement craignant un possible retour sur le trône dont ils eussent été les premières victimes. On affirma même que le sultan avait été tué par Hussein Avni en personne, lequel aurait exécuté de sa main la favorite Mihri, qui essayait de défendre son amant.

A l'étranger, on accueillit avec incrédulité la thèse du suicide. Les journaux des grandes capitales s'en donnèrent à cœur joie avec leurs accusations et leurs récits rocambolesques de la fin de l'ancien sultan. Les publications médicales mirent en évidence le rapport d'autopsie et l'impossibilité du suicide.

Chaque jour amenait de nouvelles théories et de nouveaux démentis. Chaque jour mes soupçons augmentaient un peu plus mon trouble qu'aucun indice concluant dans un sens ou dans un autre ne venait soulager. Je me jurai de réunir les preuves qui manquaient et de faire toute la lumière sur la mort de mon oncle. Je n'aurais de repos avant d'y être parvenu, même si ma quête de la vérité se prolongeait de longues années. Je me devais d'effacer cette tache, non pas la plus sanglante de notre longue et dramatique histoire, mais la plus honteuse.

Le lendemain, 5 juin, mon frère, dont c'était en fait le premier jour de règne véritable, se leva pâle, fatigué et fiévreux. Son médecin, l'Italien Capoleone, le trouva plongé dans une mélancolie inhabituelle pour ce caractère enjoué et ouvert. Au lieu de prescrire des toniques, il ordonna un bain chaud et l'application de soixante-dix sangsues à la fois, avec pour seul résultat d'affaiblir le malade et d'augmenter conséquemment sa sensibilité nerveuse.

Une idée fixe hantait Murad : « Mon peuple est mécontent. Mon peuple me déteste. Je suis entouré de haine. Tous mes projets sont promis à l'échec. »

Ses aghas tentèrent sans succès de le raisonner, et lorsque je lui rendis visite, il me parla d'abdiquer :

– Je renonce au trône, je veux aller vivre en Italie ou en France. Tu deviendras sultan à ma place.

Je le suppliai de n'en rien faire ; il ne m'entendit pas. Il convoqua son premier secrétaire, Sadullah, et lui chuchota :

– Fuyons immédiatement pour échapper à la rage de la populace. Ne l'entends-tu pas qui crie vengeance contre moi ?

Son entourage s'affolait. Sa cadine préférée me fit demander de revenir. Mais lorsque je me présentai, je ne fus pas autorisé à pénétrer dans ses appartements : « Le padicha est légèrement indisposé et prie son frère de revenir plus tard. » Chaque soir désormais la même excuse m'était réitérée par des chambellans au regard fuyant que je n'avais jamais vus auparavant. Hussein Avni avait, en fait, établi le barrage le plus imperméable autour de Murad dont l'état n'était pas sans lui convenir puisqu'il lui permettait de renforcer sa dictature. Ce n'était pas un sultan prostré ou halluciné qui allait discuter ses décisions. Une échéance cependant approchait, l'impérative obligation de le produire à la prière du vendredi afin que ses sujets sachent qu'il était bien-portant et toujours vivant.

Un communiqué de cour fut publié : « Sa Majesté impériale souffre d'abcès aux épaules qui l'empêchent d'endosser son uniforme ; aussi n'apparaîtra-t-elle pas à la prière de la mosquée. » Quant aux vendredis futurs, et surtout à l'intronisation solennelle de Murad – qui n'avait toujours pas eu lieu –, pas un mot, pas une indication.

Ce même vendredi 11 juin 1876, Mihri Hanoum, la favorite de feu Abdul Aziz, mourait lors d'un accouchement prématuré déclenché par le drame. Le palais avait d'autres soucis que la jeune femme. Le menu peuple, en revanche, lui rendit un hommage spontané, et une foule nombreuse suivit jusqu'au cimetière le cercueil de la Circassienne recouvert d'un riche châle de cachemire sur lequel une main anonyme avait répandu des roses.

La mort de sa sœur Mihri aigrit encore plus Hassan le Circassien. Il avait pratiquement tout perdu avec la déposition de son « beau-frère » Abdul Aziz, mais il avait refusé d'obtempérer aux ordres de Hussein Avni, et au lieu de se rendre en garnison dans la lointaine Bagdad, il était resté à Constantinyé, continuant sa vie de noctambule dans des lieux de perdition. Il avait la mauvaise habitude d'y parler trop et trop fort. Dans les cabarets où il traînait, il ne se gêna pas pour accuser le ministre Hussein Avni du meurtre d'Abdul

Aziz, si bien que l'intéressé ne tarda pas à en être informé.

Hassan le Circassien fut mis aux arrêts au Seraskierat même. Toutefois, Hussein Avni n'ayant donné cet ordre que pour l'exemple, deux jours plus tard le coupable fut libéré. La leçon avait porté ses fruits, car Hassan le Circassien déclara à qui voulait l'entendre qu'il partirait le lendemain pour Bagdad. Le soir venu, il avala une quantité considérable de raki, et ce fut passablement ivre, mais la démarche ferme et assurée, qu'il se rendit dans le quartier de la mosquée Suleimaniyé, chez Midhat pacha, où il demanda à voir Hussein Avni qu'il savait devoir s'y trouver. On le pria de s'asseoir dans le vestibule en attendant que le Conseil des ministres, qui se tenait à l'étage, s'achevât. Les aides de camp somnolaient, jouaient aux cartes. Bientôt, plus personne ne prêta attention à Hassan, qui s'engagea dans l'escalier. Comme par mégarde, il s'approcha de la porte du salon du Conseil et l'entrouvrit.

– Yassak ! C'est défendu ! s'écrièrent les deux domestiques de Midhat qui se tenaient sur le palier.

Hassan poussa violemment la porte et, sans écouter leurs injonctions, pénétra dans le salon, enveloppé de son grand manteau, la tête haute et la démarche martiale. Il effectua son salut de la façon la plus respectueuse, tira de sa manche gauche un revolver et s'écria :

– Seraskier, davranma. Seraskier, ne bougez pas.

Hussein Avni, interpellé, se retourna. Hassan le visa à la poitrine et fit feu. La plupart des vizirs, affolés, se sauvèrent dans le salon Bleu voisin. Seul le ministre de la Marine se précipita sur l'assassin et lui saisit le bras. Le Circassien parvint à se dégager en le blessant de coups de poignard à la figure, au cou et aux épaules. Cependant, bien que gravement atteint, Hussein Avni avait eu la force de marcher jusqu'à la porte et gagnait maintenant l'escalier. Hassan se mit à sa poursuite, le rattrapa et, à plusieurs reprises, lui plongea dans le ventre son poignard avec une sorte de volupté. Puis il se jeta contre la porte fermée à clé du salon Bleu où s'étaient réfugiés les vizirs.

Furieux de ne parvenir à l'enfoncer, il tira plusieurs coups de revolver dans les battants de la porte, qui ne s'ouvrirent toujours pas. Alors, sa rage atteignant à la démence, il prit un fauteuil et l'envoya contre le lustre qui se brisa. Les bougies allumées tombèrent en cascade. Hassan en saisit une et mit le feu aux rideaux du salon. Un page de Midhat pacha entra brusquement dans la pièce et lança un stylet à la tête de Hassan, le blessant au front, puis essaya de le neutraliser. C'était compter sans la force herculéenne du Circassien, qui se libéra et, d'une balle dans l'œil, tua net son assaillant. Le corps inerte du ministre des Affaires étrangères, Rachid pacha, qui dès le premier coup de revolver s'était évanoui de peur gisait sur le sol. Hassan, presque fou maintenant, s'approcha et déchargea son arme dans le fez. Les ministres survivants étaient toujours barricadés avec Midhat pacha et le grand vizir dans le salon Bleu; en bas, les domestiques, les aides de camp ne bougeaient pas, probablement retenus par la conviction atavique qu'il ne convenait pas à des subalternes d'intervenir dans les démêlés des grands.

Vers minuit seulement, les zaptyés du poste de police voisin de la villa de Midhat, qui avaient entendu les détonations et le remue-ménage consécutif, apparurent enfin, peu pressés d'intervenir. Parvenus au premier étage, ils sommèrent Hassan le Circassien de se rendre. Celui-ci répondit par des coups de feu et plusieurs d'entre eux furent blessés. Un échange nourri de balles s'ensuivit. Enfin arriva du ministère de la Guerre un peloton de soldats qui enfoncèrent la porte derrière laquelle s'abritait Hassan. Celui-ci abattit un autre aide de camp du grand vizir, mais finalement, il succomba sous le nombre. Policiers et soldats voulaient l'achever sur place. Midhat pacha, sorti de son refuge du salon Bleu, le leur interdit.

– Il ne faut pas empiéter sur les droits de la Justice.

Justice, d'ailleurs, singulièrement diligente. Hassan le Circassien, traîné au ministère de la Guerre, confessa sans difficulté :

– Mon geste a été animé par mon seul désir de vengeance contre Hussein Avni. Je n'ai pas de complices, je déplore la mort du ministre des Affaires étrangères et des autres.

Ni défense, ni jugement. On l'enferma quelques heures dans une pièce exiguë du rez-de-chaussée où il passa ses derniers moments à chanter d'une belle voix claire des arias de *Lucie de Lammermoor* et de *La Favorite*. Il fut pendu sans formalité à un arbre du jardin d'un petit café, devant le ministère. Il avait le visage découvert et le corps enveloppé d'une sorte de linceul blanc. Un écriteau suspendu à son cou expliquait son crime. Dix heures à peine s'étaient écoulées depuis son arrestation. Son cadavre resta exposé sur les lieux de son châtiment jusqu'au coucher du soleil.

Chez Midhat pacha, les survivants, encore sous le choc, ne voulaient pas croire que Hassan le Circassien eût agi seul. Ils s'attendaient à d'autres tentatives, à de nouvelles violences perpétrées par les partisans de l'ancien sultan. Le grand vizir ordonna de dépêcher des troupes à Dolma Batche pour protéger Murad. Alors que la nuit s'achevait, ce dernier avait trouvé enfin quelques instants de repos, mais le bruit fait par les soldats le réveilla brusquement. Il sauta hors du lit, courut à la fenêtre. Dans la lumière incertaine de l'aube à peine naissante, il distingua des hommes armés qui avaient envahi le jardin. Il frémit, appela le chambellan de service qui se tenait à ses ordres dans la pièce voisine et, d'une voix à peine reconnaissable, lui demanda :

– Est-ce qu'ils vont me faire ce qu'ils ont fait à mon oncle ?

Le chambellan et les aghas entrés à sa suite tentèrent de le rassurer, et crurent bon de lui avouer la raison de ce déploiement. Le résultat fut encore pire. Murad, l'esprit envahi d'atroces visions, s'effondra littéralement, en proie à une violente crise nerveuse. Tout son corps grelottait, ses yeux roulaient dans leurs orbites, il bavait, il gémissait, il repoussait d'invisibles assaillants.

J'avais, moi aussi, été réveillé par le bruit et je n'avais pas tardé à en apprendre la cause. La nouvelle me laissa froid. Hussein Avni avait payé ses brutalités contre Abdul Aziz, contre Murad. Je pouvais cependant difficilement pardonner les insultes ainsi faites au trône.

IX

6 septembre 1876

Lorsque mes aghas frappèrent à ma porte, la nuit était profonde. Ils m'aidèrent à endosser l'uniforme noir brodé d'or au col, au plastron et aux manches. Ils accrochèrent les plaques scintillantes des décorations ottomanes. Je passai le grand cordon rouge et vert de l'ordre Medjidié et je me coiffai d'un simple fez, ayant refusé aigrettes, broches et pierreries. Une fois prêt, je renvoyai mes aghas et déroulai mon tapis de prière. Je me prosternai et récitai les sourates familières d'usage. Je demandai à Dieu de m'assister, comme je le faisais quotidiennement, avec plus d'angoisse et de ferveur que jamais. Lorsque je me relevai, l'aube envahissait ma chambre. Le ciel au loin virait du gris pâle au rose. La journée s'annonçait radieuse.

En bas m'attendait le ministre de la Guerre, chargé de m'escorter. Je montai dans la voiture de cour. Derrière les moucharabiehs du harem, je devinai que Perestou regardait le cortège s'ébranler, encadré par cent cinquante gardes à cheval. Nous atteignîmes le nouveau quartier de Taksim, puis descendîmes la Grand-Rue de Péra, malgré l'heure matinale bordée de nombreux spectateurs, la plupart européens. Nous franchîmes le vieux pont de Galata, et à huit heures trente je pénétrai dans le Vieux Sérail, le palais de mes ancêtres. Je me retirai aussitôt dans le pavillon de Bagdad situé dans la partie la plus privée de Topkapi.

Devant ma porte, sur la terrasse aux vieilles dalles de marbre foulées par tant de générations, en ce lieu où tant d'événements s'étaient déroulés, s'assemblèrent les ministres, les conseillers d'État, les dignitaires, les généraux des différentes armes. Devant cet aréopage, le grand vizir Rujdi pacha s'adressa au cheikh Ul Islam :

– Nous avions un souverain qui était un ange, mais Dieu dans Sa volonté suprême l'a frappé d'une maladie incurable qui requiert de nous le cruel sacrifice de sa souveraineté.

Midhat pacha, pour éviter l'attendrissement, donna des détails cliniques sur la maladie de Murad, inutiles et hors de propos en ce moment solennel.

– Que commande la loi coranique en semblables circonstances ? demanda officiellement le grand vizir.

Pour toute réponse le cheikh Ul Islam lut la fetva que lui avait fait signer Midhat :

– Si le Commandeur des croyants est atteint d'aliénation mentale et dépourvu des capacités qui président à ses fonctions, peut-il être déposé ? Réponse, oui. Écrit par l'humble Hassan Hairullah, que Dieu lui accorde son indulgence.

– Alors, clama le grand vizir, Abdul Hamid Effendi est déclaré Padicha et Calife.

Ainsi je succédai à mon infortuné frère. Lorsqu'on lui avait signifié sa déposition en prenant tous les égards possibles, il avait semblé ne pas comprendre. On l'avait prié de quitter le palais, il n'avait pas bougé. Le grand chambellan de la cour avait voulu le prendre par la main. Alors Murad s'était débattu. Malgré la docilité qu'il avait montrée ces dernières semaines, il avait soudain opposé la résistance la plus inattendue. Le grand chambellan, homme particulièrement fort, fut obligé de prendre mon frère dans ses bras, de le porter dehors et de le jeter littéralement dans la voiture. Murad avait été conduit au palais de Tchiringam qui serait désormais sa résidence.

Cette image pitoyable me poursuivait, lorsqu'une

déflagration vint secouer les vitres du pavillon. Dix heures du matin sonnaient, et cent un coups de canon annonçaient à la population le début du nouveau règne. Je parus devant les dignitaires, qui s'inclinèrent profondément. A leur tête, je traversai le palais et, arrivé à la porte de la Félicité, je pris place sur le grand trône en or dit du Baïram qui y avait été amené. Je reçus l'hommage non seulement des grands personnages de l'Empire, mais aussi de mes simples sujets, car en ce jour les portes du palais étaient ouvertes à tous. Pachas, ministres et officiers supérieurs se confondaient avec la foule des plus humbles. Les oulémas, groupés en demi-cercle autour du trône, psalmodiaient des mélopées religieuses. Les musiciens de l'orchestre jouaient des marches militaires. Les soldats alignés le long des allées entre les cyprès présentaient les armes. Les cris de « Vive le padicha! » se répercutaient tandis que le drapeau impérial vert et or se déployait sur les monuments de la ville ébranlée par les salves.

Je ne fus pas sans entendre le grand vizir Rujdi pacha glisser à l'oreille de Midhat, son voisin :

– Nous avons été bien pressés de nous débarrasser de Murad. Puissions-nous n'avoir jamais de raison de nous en repentir.

Il était trois heures de l'après-midi lorsque la cérémonie prit fin. A la pointe du Sérail, je m'embarquai pour regagner Dolma Batche. Je remarquai la froideur populaire. On était bien loin de l'enthousiasme qui avait salué l'avènement de Murad. Les observateurs pourraient s'en étonner et mal augurer du nouveau règne. Je n'étais, quant à moi, ni surpris, ni attristé. Le peuple avait été, ces temps derniers, secoué par trop d'événements dramatiques pour ne pas en garder une certaine inquiétude et une réticence devant son nouveau souverain, prince inconnu qui n'avait jamais cherché la popularité.

Sur le quai de Dolma Batche, mes trois frères m'attendaient : le gros Réchad, Bura Edine et enfin Vahid Edine, qui allait sur ses quatorze ans. Tous quatre, nous n'avions qu'une pensée en tête : l'absent, l'aîné, celui qu'on venait d'emporter de force hors du palais et qui n'y reposerait plus jamais le pied.

– Je déplore d'avoir dû accepter le trône du vivant de notre aîné, leur déclarai-je. Si son règne avait au moins duré quelques années, j'aurais eu l'exemple de ses vertus et je me serais préparé à la tâche difficile qui m'incombe. Que mon insuffisance dont je vous fais le triste aveu vous engage, mes frères, à vous instruire afin que celui d'entre vous qui ceindra le sabre d'Osman après moi soit plus digne que moi de ces hautes fonctions.

Une infinie distance me séparait soudain de mes frères, de mes familiers et des courtisans qui s'empressaient autour de moi. J'étais le sultan et je ressentais pleinement ma solitude – cette solitude qui m'accompagnait depuis l'enfance, depuis le triste jour dont le souvenir ne m'a jamais quitté.

J'avais onze ans, un des caïques impériaux m'emportait de l'autre côté du Bosphore, vers ma mère qui m'avait fait appeler. La pluie qui était tombée toute la nuit s'était arrêtée. Aussi avais-je gardé ouverts les rideaux de velours du dais sous lequel j'avais pris place. Je demeurais les yeux fixés sur le kiosque de Beylerbey, dressé sur la rive asiatique. Ma mère y résidait depuis qu'elle avait quitté notre appartement, laissant derrière elle dans les pièces familières un vide à la fois poignant et intrigant. On l'avait transportée de l'autre côté de l'eau dans l'espoir que l'air plus pur l'aiderait à se rétablir, car depuis longtemps elle était malade. Et, malgré les mensonges dont on m'entourait, je devinais qu'elle ne se rétablirait pas.

– Dégagez! Dégagez! criait le capitaine, et les barques de pêcheurs s'écartaient au passage du caïque impérial.

Je regardai derrière moi pour tâcher de retrouver la fenêtre du salon où j'aimais me tenir parmi celles innombrables qui perçaient la longue façade du palais de Dolma Batche. Ou plutôt l'amoncellement de façades, de théâtres, de temples, de kiosques sur lesquels une profusion indescriptible d'ornements avait été jetée, comme dirait le poète, « par la main d'un fou ». Au fur et à mesure que nous approchions de notre destination, ma peur grandissait : peur de trouver ma mère très changée, peur de la maladie, de la contagion. Je me recroquevillai sous ma houppelande alors que sur un ordre aboyé par le capitaine dix paires de rames se levaient simultanément à la verticale et que le caïque lentement glissait le long du quai de marbre. N'étaient-ce les volets ouverts, le kiosque eût semblé abandonné. Cependant, quelques eunuques noirs apparurent, leurs sombres redingotes strictement boutonnées jusqu'au cou.

Je cherchai des yeux Ibrahim Effendi, mon nain, cadeau de mon père, qui ne me lâchait jamais d'une semelle. Mais l'amuseur lui-même n'avait pas le cœur aux facéties et ne sut que grimacer un sourire d'encouragement.

Comme tous les kiosques impériaux, Beylerbey avait la taille d'un petit palais. A côté du très moderne Dolma Batche solidement bâti en pierre et décoré à l'occidentale, il paraissait démodé avec ses murs de bois et son ornementation traditionnellement orientale. Ma mère Tirimujgan, dont le nom en persan signifiait « aux Cils comme des Flèches », logeait dans la pièce d'angle, exposée au nord et donc attaquée par le vent aigre venu de la mer Noire. Les braises rougeoyantes du brasero de cuivre, au lieu de réchauffer la pièce, ne faisaient que l'enfumer. Selon la coutume, on s'était contenté en guise de lit de dérouler un matelas, généralement rangé dans un placard, sur lequel ma mère gisait, sous plusieurs couvertures de velours.

Elle était effectivement changée, mais pas comme je m'y attendais. Ses joues étaient si rouges qu'elle semblait maquillée, et ses yeux brillaient d'un éclat anormal. La peau habituellement veloutée de son visage luisait de sueur. Elle, toujours douce et placide, paraissait énervée, excitée. Je fus rassuré en découvrant, debout à côté du lit, Niné, ma kalfa bien-aimée qui m'avait vu naître et qui veillait sur moi avec une tendresse jalouse. Elle prit ma main et me tira vers ma mère, alors que je réprimais un geste de recul. Si souvent les aghas de l'appartement, voulant faire du zèle, m'avaient glissé :

– Si tu t'approches de ta mère, tu vas tomber malade car elle te donnera des microbes.

J'ignorais ce qu'étaient les microbes, mais ils représentaient un danger. Je connaissais même le nom de la maladie de ma mère que j'avais recueilli de la confidence d'une cadine, la tuberculose, et je savais que ce mot était synonyme de mort.

Ma mère me fit asseoir en face d'elle, puis, longuement, elle me contempla, et son visage exprimait tout l'amour du monde. Je crus que cette visite ne différerait pas des précédentes. Elle continuerait à me considérer en silence, tendant de temps à autre les bras vers moi, m'appelant du geste contre elle. Or voilà qu'à ma surprise, elle se mit à évoquer les souvenirs de ma petite enfance, comme si elle avait voulu les graver en ma mémoire. Une quinte de toux l'interrompit qui secoua tout son corps. Elle porta un mouchoir à sa bouche. Troublé, je détournai la tête et regardai par la fenêtre. Le faîte des grands arbres dépouillés semblait toucher les nuages noirs qui couraient rapidement dans le ciel. Le vent poussait les feuilles mortes dans les allées et sur les parterres sombres retournés par les jardiniers en prévision des semailles. D'une voix haletante, ma mère reprit :

– Te rappelles-tu le beau poney de Mitylène que le padicha t'avait offert ? Tu te promenais dans les jardins du palais et Ibrahim Effendi essayait de te rattraper. Il était si amusant, courant sur ses petites jambes entre les parterres. Toi tu montais déjà parfaitement à cheval. J'étais fière de toi. Jamais tu ne m'as causé de déplaisir...

Ma mère ayant suspendu son nostalgique monologue, j'attendis la suite dont je me délectais d'avance. Enfin le moment vint où elle me dit :

– Voyons, mon lion. Que trouveras-tu sous ce coussin ? et elle désigna le bout de son couvre-lit de velours rouge.

Prenant sur moi pour ne pas paraître impatient, je m'approchai, fouillai dans les replis de l'étoffe et en sortis, comme chaque fois, une bourse de pièces d'or et une autre de piastres d'argent. Ma joie fit rayonner ma mère. Ce n'était pas tout car aujourd'hui Niné la kalfa m'apporta des objets enrobés dans des soies à ramages. Je les déballai, et à mes yeux émerveillés apparurent un plateau à café et des salières en or massif. A plusieurs reprises, ma mère m'avait offert des cadeaux somptueux ainsi que de coûteuses pièces de mobilier.

– Au cas où tu régnerais, m'expliquait-elle, je veux que tu aies tes biens propres et non pas seulement ceux, inaliénables, de la Couronne.

Il y avait de l'angoisse dans sa voix lorsqu'elle s'adressa à la kalfa :

– Tu veilleras bien sur lui, n'est-ce pas, Niné ? Jamais tu ne l'abandonneras, n'est-ce pas, Niné ?

Elle se tourna ensuite vers le nain :

– A toi aussi, Ibrahim, je te le confie. Fais toujours attention à lui... Et maintenant, pars, mon enfant. Je suis un peu fatiguée. Mais tu reviendras très vite.

Je baissai les yeux et bredouillai :

– Au revoir, Ammé.

Dehors, l'air glacial me gifla. Malgré l'invitation de ma mère, je savais que je ne reviendrais pas. Je tâchai d'imaginer ce que serait ma vie sans elle. Depuis des semaines je remuais dans ma tête cette pensée. Tirimujgan n'avait, certes, que des connaissances limitées ; mais elle m'avait donné sans compter ce dont j'avais le plus besoin et que jamais je n'oserais demander : la tendresse. Est-ce parce que sa mort m'en a sevré que j'en ai toujours secrètement soif en mon vieil âge ? Peut-être Tirimujgan prévoyait-elle que, ne ressemblant pas aux autres, je risquais d'être malheureux. Même lorsque j'eus atteint l'âge de passer aux mains des hommes, elle avait toujours été là quand j'avais eu besoin d'elle.

A l'instant où elle allait mourir, j'avais conscience que j'entrais en solitude, une solitude qui dès le départ était mon destin.

Au matin du 7 septembre 1876, les grandes portes vert et or du palais de Dolma Batche s'ouvrirent devant moi. Je pris place sous le dais de bois doré, à l'arrière de la grande barque impériale blanc et or à vingt-quatre rameurs. Ministres et courtisans en uniformes chamarrés se serrèrent dans les autres barques de cour à sept paires de rames. Le cortège fendit les eaux calmes du Bosphore au son des salves de canon et de *La Marche Hamidiée*, composée pour mon intronisation et jouée par d'innombrables orchestres. Massés sur le rivage, des milliers de spectateurs lançaient dans toutes les langues les souhaits d'usage : « Vicaire de Dieu ! », « Successeur du Prophète ! », « Refuge du monde ! », « Ombre de Dieu ! », « Père de tous les souverains de la terre ! » A la différence de mon frère Murad, j'observai la tradition, gardant la tête haute, regardant droit devant moi, sans bouger. Lorsque le cortège passa à côté des navires étrangers ancrés à l'entrée de la Corne d'Or, les capitaines, en signe de respect, baissèrent leurs pavillons et tirèrent du canon. Les marins rangés sur les vergues poussaient des vivats, pendant que les matelots turcs massés devant les entrepôts ou sur les rivages hurlaient : « Padicha him tchuk yasha ! » Mille ans au sultan !

J'avais toujours aimé l'atmosphère poétique d'Eyuub. Autour du sanctuaire du Prophète, l'un des plus vénérés de l'Empire, des Ottomans de tous les siècles et de tous les rangs s'étaient fait enterrer. Les élégants turbehs de princes, de validés, d'opulents pachas multipliaient leurs dômes entre les arbres, tandis qu'entre les grands iris se serraient les humbles tombes. La mosquée conservait dans un reliquaire d'argent le sabre d'Osman, le prodigieux ancêtre de notre dynastie, celui qui en avait assuré la réussite et la gloire. Et chacun de ses descendants, lorsqu'il accédait au trône, venait ceindre cette arme quasi mythique, geste équivalant à un couronnement.

Dans la cour tapissée de carreaux d'Iznik bleus et verts, au milieu de laquelle se déploie un antique cèdre, m'accueillit le chef des derviches Mevlevi de Konya, qui traditionnellement procédait à cette onction sacrée. Convoqué pour la cérémonie d'accession de Murad, il s'était déplacé d'Anatolie jusqu'à Constantinyé et il y était resté pendant le court règne de celui qu'il ne vit jamais. Le vieillard ployait sous le poids de la lourde arme médiévale à deux pointes, forgée pour un homme d'une stature exceptionnelle, et lorsqu'il parvint à m'en ceindre maladroitement, je dus faire un effort pour ne pas chanceler.

A ce moment précis je devins l'imam Ul Muslémine, le pontife des musulmans, en même temps que le Souverain suprême. Précédé de hallebardiers vêtus d'écarlate et coiffés de plumets verts, je montai un cheval blanc aux harnais scintillant de pierreries et, suivi des dignitaires et des oulémas en turbans blancs, j'allai rendre hommage à mon père à la mosquée de Selim Ier. Je pénétrai seul dans le turbeh aux murs peints selon la mode giaour de volutes et de rinceaux aux tons criards. Bras écartés, paumes tournées vers le ciel, je priai devant le cercueil recouvert du drap vert brodé de versets du Coran, à la tête duquel était déposé le fez du défunt, orné de la grande broche en diamants qu'il aimait porter. Le silence soudain, l'isolement bienvenu m'entraînèrent dans une méditation à laquelle m'invitait l'émotion qui m'étreignait.

Revenu à Dolma Batche, je n'eus pas droit au repos, car les ambassadeurs des puissances m'attendaient. Je me rendis dans la salle du Baïram, orgueil de mon père, probablement la plus grande, la plus haute, la plus riche salle du trône au monde. Pas un centimètre carré qui ne fût peint à fresque, recouvert d'or, orné de volutes, de bronzes. Cinquante-six colonnes de marbre grège soutenaient son plafond démesuré. Le lustre, cadeau d'un tsar, pesait quatre tonnes et demie ; sept cent cinquante bougies y étaient allumées. Je pris place debout devant un vaste canapé de bois doré, tapissé de brocart rouge et or. Chambellans, ministres, aghas et oulémas se déployèrent autour de moi. Seuls les grands cordons mettaient des notes de couleur rouge, verte, jaune sur leurs uniformes noir et or. Chaque ambassadeur, après avoir été annoncé, s'avançait, faisait les trois inclinations de tête protocolaires ; je lui tendais la main, lui adressais un sourire. Le rite se répétait avec le suivant. Soudain on annonça :

– Son Excellence l'ambassadeur de Pologne.

Or chacun savait que la Pologne n'existait plus depuis longtemps, qu'elle avait été absorbée par l'empire russe. Le chambellan se pencha vers moi et murmura, assez fort pour être entendu des dignitaires, la phrase usuelle :

– Majesté, l'ambassadeur de Pologne demande à être excusé. Il ne peut venir pour cause de maladie.

Ce petit jeu durait depuis cent ans, depuis la partition de ce malheureux pays que nous avions toujours refusé d'entériner, gardant cette fiction en guise d'ultime protestation.

Le défilé terminé, je dus me rendre dans le salon Bleu, la grande pièce de réception du harem, ainsi nommé à cause de la couleur de ses tentures de brocart. Des pilastres corinthiens, des immenses potiches de Chine ou du Japon ; des lustres et des torchères en cristal de Bohême, des anciens tapis d'Anatolie lui donnaient un aspect particulièrement précieux. Les dames du harem y étaient réunies au grand complet : les cadines des précédents sultans ; les tantes, les cousines, les nièces ; mes ikbals et mes quatre épouses qui venaient de recevoir le titre envié de « cadine effendi » : Nazikeda, Bédrifélek, Nurefsun, Bidar. Seule Peztevnial, l'ancienne validé, s'était excusée : cloîtrée dans son chagrin depuis la mort de son fils, elle refusait de sortir du Vieux Sérail où elle s'était retirée.

Ce fut pour moi l'occasion de voir réunie cette troupe de femmes, car dans ce palais surpeuplé chacun vivait dans son coin. Les premières à s'avancer pour me saluer furent mes sœurs : Fatma, l'aînée, chez qui adolescent j'allais prendre des leçons de français avec Armenius Vambery ; Djémilé sultane, toujours habillée fort simplement en marron, sa couleur préférée. Elle ne portait aucun bijou, même en ce jour solennel. De nous tous, c'était elle qui ressemblait le plus à notre père. Séniha, la cadette, était la plus originale, se coupant les cheveux comme un homme, affectant des allures très libres, et je fronçais le sourcil en constatant que sa tenue s'inspirait plus des gravures de mode occidentales que des traditionnels habits de grandes dames turques. Sous les extravagances de son apparence, elle gardait, cependant, une majesté inégalable.

Le kislar agha s'approcha pour m'annoncer que la voiture d'Adilé sultane était annoncée à l'entrée de la validé. Je me levai pour la recevoir à la porte du salon, et lorsqu'elle se fut assise à côté de moi, je fis apporter son narguilé de cristal orné de pierres précieuses préparé à l'avance, car je la savais fumeuse invétérée. Je lui tendis le tuyau à bout d'ambre. Adilé sultane était la grande personnalité du harem. Sa bonté, sa charité, sa générosité s'accompagnaient d'une très forte personnalité digne de celle de son père Mahmoud II. C'était aussi la savante de la famille : fort cultivée, elle dévorait les livres et taquinait la plume avec talent. Alors que je m'enquérais selon l'usage de sa santé, elle s'arrêta de fumer, tira de son doigt une bague enchâssée d'un cabochon de rubis rouge sang et me la passa au doigt :

– Mon père Mahmoud II un jour mit cette bague à mon doigt, en m'expliquant que c'était un souvenir de son père Abdul Hamid Ier. Depuis ce jour, je l'ai toujours portée. Mais aujourd'hui, mon fils, je te la donne en souvenir, cette bague dont je n'ai pu, jusqu'à présent, me résoudre à me séparer.

Profondément ému, je lui baisai la main. J'avais compris, comme tous les assistants, que par ce cadeau la doyenne de la famille avait voulu légitimer mon accession au trône et m'assurer publiquement de son soutien.

La dernière à entrer, selon le protocole, fut Perestou Hanoum. Sa peau, presque diaphane à force d'être blanche, ne présentait aucune ride. Et ses yeux bleus, toujours jeunes, avaient en ce jour un regard de triomphe. Elle teignait ses fort beaux cheveux blonds au henné alors qu'ils n'en avaient vraiment pas besoin. L'étoffe magnifique de sa robe à volants, la toque en forme de colbak ornée de broderies imitant la dentelle où elle avait fixé trois broches en émeraudes appelées le diadème de la reine mère, cette somptuosité n'écrasait pas sa petite taille, tant elle l'arborait avec noblesse. Elle portait les plaques incrustées de pierreries des ordres de l'Osmanié, de la Compassion et du Medjidié que je lui avais remises le matin même. Après l'avoir respectueusement saluée, je déclarai :

– Désormais vous êtes Sa Majesté impériale, la sultane mère.

Ce qui la plaçait au-dessus de toutes les autres femmes du harem et en faisait le second personnage de l'Empire. Lorsqu'elle eut pris place à côté d'Adilé sultane, qui continuait à tirer sur son narguilé, je poursuivis :

– Vous ne m'avez pas un seul jour laissé sentir que je n'avais plus de mère. Vous vous êtes comportée comme ma vraie mère. Votre rang est donc légitimement celui de sultane mère. Au palais, vous aurez tous les droits et les prérogatives de celle-ci...

Alors que je continuais à parler, les images de notre première rencontre surgissaient dans mon esprit. C'était un mois après la mort de ma mère. Mon père vint me chercher inopinément et, me dissimulant dans les replis de sa cape, m'emmena. Nous suivîmes les interminables couloirs du harem où étaient accrochés à touche-touche des tableaux lourdement encadrés, achetés en Europe. Nous traversâmes des salons si vastes que les plafonds, pourtant élevés, semblaient bas. Nous descendîmes des degrés de marbre si larges qu'un régiment aurait pu les emprunter sans briser ses rangs.

Malgré l'heure inhabituelle, nous trouvâmes le grand salon du rez-de-chaussée rempli d'ikbals, de kalfas et d'aghas. Les habitants du harem étaient toujours mystérieusement prévenus de l'approche du maître et accouraient, attirés par la curiosité. Mon père frappa à une porte, celle de la quatrième cadine. En entrant dans la chambre, il entrouvrit son manteau.

– Regarde, ma cadine. Je t'ai apporté un bel enfant.

Puis il s'adressa à moi :

– A partir d'aujourd'hui, voici ta mère. Baise la main de Perestou Hanoum... Tu as besoin d'une mère pour ne pas être seul et abandonné. Aussi ai-je choisi pour toi la plus précieuse d'entre mes épouses. Désormais, tu devras l'écouter et lui obéir.

Puis, avec tendresse il recommanda à Perestou :

– Après Dieu, c'est à toi que je le confie. Embrasse-le.

Voilà plus d'une heure que je marchais dans les quartiers européens de Péra et de Galata, accompagné de mon seul aide de camp, le fidèle Inglisi Said, Said l'Anglais. Mon incognito n'avait rien de celui, théâtral et inquisiteur, du calife Arun Al-Rachid explorant le bazar de Bagdad pour recueillir des propos sur son compte. Mon visage n'était pas encore assez connu pour que j'eusse à me déguiser. Je m'émerveillais de l'ampleur des transformations effectuées dans la capitale, durant ces quinze dernières années. On commençait seulement alors à installer les lignes télégraphiques que, dorénavant, on ne comptait plus. Il n'y avait pas de pétrole à l'époque, et les bateaux à vapeur ne causaient pas d'encombrements sur le Bosphore. Par contre, nos costumes traditionnels disparaissaient progressivement. Les robes orientales formaient pourtant un bien beau spectacle, mais probablement le progrès ne s'en accommodait-il pas...

Les chiens seuls n'avaient pas changé. Les inénarrables chiens de Constantinyé. Ils continuaient à errer par milliers dans tous les coins de la ville. Nous les avions hérités de l'Empire byzantin. Organisés par famille, par bande, par quartier, ils avaient leurs lois et rendaient des services signalés à la société. Néanmoins, leur omnipotence ne répondait pas aux exigences de salubrité d'une capitale moderne.

Je rappelai à mon aide de camp la tentative de Mahmoud II qui, pour se débarrasser de ce fléau, avait fait enlever et déporter tous les canins de Constantinyé dans les îles désertes de la mer de Marmara.

– Devinez ce que firent les chiens ? Ils nagèrent depuis leur lieu d'exil jusqu'à la côte et reprirent tranquillement leurs anciens quartiers... à la grande joie de la population, qui avait sourdement murmuré contre leur bannissement. Mon grand-père, qui n'avait pas hésité à massacrer les janissaires, dut céder devant la race canine.

Tout en marchant, nous croisions des représentants de toutes les nationalités de l'Occident. Les Italiens avaient commencé à venir à Constantinyé au siècle dernier, chassés de leur pays par les convulsions politiques, et, depuis, avaient prospéré. Les Anglais étaient encore des nouveaux venus, comme les Américains qui commençaient à s'installer, attirés par le développement offert au commerce. Les Français faisaient fortune en tant que boutiquiers; presque tous les magasins de la Grand-Rue de Péra leur appartenaient. La communauté polonaise, elle, était en voie d'extinction; mais en revanche, la russe s'étoffait à vue d'œil. Des parasites, des vampires, ces giaours venus s'engraisser sur notre dos. Hélas! il était mort le temps où le rugissement de mes ancêtres les faisait trembler. Le jeu sadique du chat et de la souris que prolongeaient depuis plus d'un siècle les grandes puissances avec nous, l'étranglement de notre empire, la destruction lente des forces morales de notre peuple, de notre gouvernement avec lequel ils entretenaient officiellement les relations les plus amicales : je n'en trouve pas d'exemple dans l'Histoire. Naguère, mes ancêtres avaient accordé des privilèges alléchants aux étrangers. Mais en concluant ces traités, ils avaient inconsciemment signé l'arrêt de mort de l'Empire, car c'était au nom de ces droits que finalement ses habitants avaient été divisés en deux catégories : les étrangers auxquels tout était permis et les Turcs auxquels n'était permis que ce que les étrangers voulaient bien autoriser. Du coup, j'avais hérité de provinces, de royaumes attachés par un fil de coton; je l'empêcherais de se rompre, j'en fis le serment. Tant que je serais sur le trône, le pavillon de l'Empire continuerait à flotter haut et fier.

Nous nous étions arrêtés au Café Flame, devenu le lieu favori d'aventuriers, d'officiers sans emploi, de marchands en banqueroute, d'émigrants désespérés, d'esprits politiques enthousiastes, de héros de tous bords. Nous avions commandé du café au lait et des véritables croissants de Vienne qui faisaient alors leur apparition à Constantinyé. Je fis remarquer à mon aide de camp qu'il partageait mes ultimes instants de liberté, car à compter de ce jour j'étais condamné à ne plus sortir du palais. Selon une infrangible loi, le souverain de l'Empire devait se cloîtrer dans l'enceinte sacrée et ne se montrer à son peuple que dans des occasions rarissimes, entouré d'un appareil impressionnant.

– Pourtant, Effendesim [1], maintes fois j'ai vu feu le sultan Abdul Medjid se promener dans les rues comme un simple particulier.

– Mon père, ce faisant, allait contre la tradition qu'il abâtardissait en s'occidentalisant. Ainsi le sultan finit par ressembler à n'importe lequel de ses sujets. Telle n'est pas ma conception de notre rôle. Je ne sortirai plus de la prison dorée qui m'attend.

1. Seigneur, seigneur. Titre donné au sultan.

X

Dès le début de mon règne, je fus confronté à une grave crise, la première d'une longue série.

Quelques semaines auparavant avait paru dans le *Daily News* un article fort surprenant, signé Edwin Pears. Le journaliste, se fondant sur les récits de nombreux réfugiés, dévoilait d'épouvantables événements qui avaient ensanglanté la Bulgarie et qui étaient soigneusement étouffés. Tueries, massacres, pillages, viols, c'étaient soixante villages qui avaient été détruits et douze mille Bulgares massacrés.

Depuis longtemps je connaissais Edwin Pears pour avoir lu ses articles. C'était un libéral, un franc-maçon, mais avant tout un Britannique. C'est-à-dire qu'il éprouvait pour nous ce formidable mépris, que j'avais senti pendant mon séjour en Angleterre, contre tout ce qui n'était pas anglais, et particulièrement pour cet Orient dégénéré, arriéré et crasseux. Non seulement il exposait des désordres remontant à plusieurs mois, mais il en désignait le coupable : c'était, bien entendu, le gouvernement ottoman qui, pour écraser toute velléité d'indépendance des Bulgares, avait prétendu à une révolte pour pouvoir lâcher ces hordes barbares sur les chrétiens. Les journalistes britanniques, ses compatriotes, le suivirent comme un seul homme.

Turcs éternels, Turcs sanglants, nous n'avions pas changé depuis l'époque où notre occupation favorite avait été d'élever de belles pyramides régulières avec des têtes fraîchement coupées. Les éditorialistes en mal de copie s'en donnèrent à cœur joie. Ce ne furent que champs de squelettes, charniers débordants, cadavres putréfiés de femmes et d'enfants. Qu'importait si aucun de ces écrivaillons à sensation n'eût été sur place en Bulgarie ! L'Angleterre entière basculait dans l'horreur et fut submergée par une vague de protestations antiturques. Nous étions insultés, traînés dans la boue, couverts de crachats. Le Turc était devenu l'opprobre, la honte de l'univers, qui pointait sur lui des millions de doigts accusateurs.

En vérité, le Russe pouvait être satisfait, il avait bien travaillé, car c'était lui le responsable des massacres qui en Bulgarie avaient fait autant de victimes parmi les musulmans que parmi les chrétiens. C'étaient les comités révolutionnaires stipendiés par l'ambassadeur Ignatiev qui avaient mis la province à feu et à sang ; et c'était l'Anglais qui avait découvert le pot aux roses, ou plutôt l'ambassadeur Henry Elliott. Chef-d'œuvre de la manipulation de l'opinion, on nous jetait au visage un crime que nous n'avions pas commis pour nous brouiller avec notre plus puissant allié.

Je n'avais qu'une seule parade, me servir de Midhat pacha, la créature des Anglais. Je le reçus à Dolma Batche, dans le salon Rose précédant ma chambre. C'était une vaste pièce lumineuse, aux fauteuils tendus de damas jaune, et meublée de lourdes commodes Boulle. Au mur j'avais fait accrocher un grand et ravissant portrait d'une de mes sœurs enfant. De tous les appartements impériaux le seul sans trop d'ornements ou de mauvais souvenirs, il me convenait le mieux ; ou plutôt, il me déplaisait le moins dans ce palais que j'abhorrais.

Midhat s'attendait à me trouver trônant sur un vaste canapé de bois doré, à sa surprise je le reçus debout. Il esquissa le geste protocolaire de se prosterner et de baiser le sol, mais je l'en retins. Alors que mon oncle Abdul Aziz le laissait debout pendant toute l'audience, je lui serrai la main et le priai de s'asseoir dans un fauteuil à côté de moi. Malgré ses convictions libérales, Midhat, imprégné par des siècles d'atavisme, refusa respectueusement. Non seulement je l'y forçai, mais je lui tendis ma boîte à cigarettes que j'avais tirée de ma poche. Midhat hésita devant cette nouvelle violation du protocole.

J'attaquai mon discours :

– Vous n'ignorez pas, pacha, que le grand vizir m'a offert sa démission. Son âge avancé, sa santé chancelante l'ont amené à cette décision qui me navre. Non seulement je suis reconnaissant à Rujdi pacha des services qu'il a rendus à l'État, mais je ne peux changer de gouvernement tant que nous avons sur les bras une campagne de presse internationale contre nous. Aussi l'ai-je prié de garder le pouvoir, ne serait-ce que nominalement. Néanmoins...

Je ne pus m'empêcher de prolonger ce point d'orgue.

– Néanmoins, il faut un homme pour gouverner l'Empire. Et cet homme, si vous le voulez bien, ce sera vous. Je vous demande d'assumer la direction du gouvernement, en gardant pour le moment Rujdi pacha comme façade.

– Je suis à vos ordres, Effendesim, et je ferai de mon mieux pour vous satisfaire.

– J'ai décidé, pacha, de faire des économies au palais. Figurez-vous que j'ai découvert que sous le règne de mon oncle, les cuisines de la cour coûtaient par an l'équivalent de deux millions cinq cent mille livres sterling. C'est une inadmissible extravagance. D'autre part, je souhaiterais supprimer bon nombre de charges devenues inutiles. Enfin, j'ai déjà commencé à assouplir le protocole, et je suis déterminé à poursuivre dans cette voie. Bien que je sois en faveur de la conservation des traditions, je veux une cour adaptée aux mœurs contemporaines.

– Ce programme, Effendesim, épouse mes vœux les plus chers, et j'y travaillerai avec diligence.

Puis, sans attendre, il me questionna sur les nominations que je comptais effectuer dans mon entourage. Sous cette innocente interrogation se profilait la promesse qu'il m'avait extorquée de garder auprès de moi les collaborateurs de Murad.

– J'ai décidé, répondis-je, de nommer mon aide de camp Inglisi Said, mayebin musiri, chef du Service du palais.

Midhat n'éleva aucune objection. Le fait que cet officier eût étudié en Angleterre constituait un passeport à sa bienveillance. Affermi par ce modeste succès, j'engageai alors le fer, sur un point peut-être dénué d'une importance majeure, mais je sentais venu le moment crucial. Seul, sans appui, universellement considéré comme jeune et inexpérimenté, j'allais défier le tout-puissant politicien qui, convaincu de m'avoir fait sultan, tenait à me conserver dans sa dépendance. Ce fut rapidement, avec une désinvolture que j'étais loin d'éprouver, que je lâchai :

– Inglisi Said est en effet un ami sincère et dévoué... J'ai aussi décidé d'élever au poste de grand maréchal du palais mon beau-frère, le damad Mahmoud Djellalédine.

Midhat fit la grimace. Il le détestait autant que l'autre le détestait. Mais après tout, les responsabilités de mon parent resteraient limitées au bon fonctionnement du palais. Son commentaire masqua cependant difficilement son désappointement :

– Cette nomination appartient exclusivement au domaine du choix personnel du souverain.

Alors, je portai l'estocade :

– Enfin, j'ai élevé au poste de bas katip – de premier secrétaire – Kutchuk Said. Grandes sont, en effet, ses capacités...

Je m'arrêtai pour fixer candidement mon interlocuteur. Je vis sa barbe frémir et ses yeux lancer des éclairs derrière les lunettes cerclées d'or.

– Vous aviez pourtant promis, Effendesim, de nommer à ce poste un des trois candidats dont je vous avais soumis le nom : Zia Bey, Nami Kemal ou Sadulla bey.

Prenant mon silence pour un recul, Midhat poursuivit :

– Pensant que les deux premiers candidats risquaient de ne pas convenir à Votre Majesté, j'ai pris la liberté de convoquer ce matin Sadulla bey que je considère comme le plus apte à occuper ce poste, ou plutôt à continuer à l'occuper, puisque sultan Murad lui avait déjà accordé sa confiance. Il attend ici même le bon plaisir de Votre Majesté.

– Malheureusement, pacha, c'est trop tard. J'ai déjà nommé Kutchuk Said.

Midhat s'échauffa. Le poste avait une importance capitale. Son détenteur était la main droite et la bouche du souverain. Sa position égalait celle du grand vizir. Et dans une monarchie qui promettait d'être parlementaire, son choix devait convenir au gouvernement.

– Je dois demander à Votre Majesté de reconsidérer cette décision.

– Trop tard, pacha, j'ai déjà désigné Sadulla bey pour être mon ambassadeur à Vienne.

Sous ma fermeté affichée, j'attendais avec appréhension la réaction de Midhat. Allait-il utiliser sa puissance pour me forcer la main ? Allait-il m'imposer ses acolytes pour mieux me contrôler ? Allais-je perdre le pouvoir avant même de l'avoir touché ?

Non, il s'inclina, il céda, avec mauvaise grâce, il faut le reconnaître. Je connaissais bien Midhat, ayant eu le loisir de l'observer, de l'analyser. Confronté à un obstacle, même s'il pouvait aisément le renverser, il préférait reculer, escomptant toujours tirer avantage de cette tactique. Et lors même qu'il semblait perdre une manche, il méditait la manœuvre qui lui permettrait de gagner la suivante. J'étais pourtant décidé à un essai loyal de collaboration avec Midhat, car il pouvait rendre de grands services à l'Empire, surtout en ce moment où nous avions fort à faire dans les Balkans.

Les Serbes, les Monténégrins s'étaient enflammés à l'idée que leurs frères bulgares étaient trucidés à deux pas de chez eux ; ils nous déclarèrent la guerre. Personne ne se trompa sur le fomenteur de cette belle croisade slave : le sempiternel Ignatiev. La Russie n'avait rien à voir dans cette guerre, clamait-il. Et les soldats russes, le général russe, l'armement russe qui se déversaient sur les troupes serbes et monténégrines ? Le gouvernement impérial, rétorqua-t-il impavide, ne pouvait empêcher les volontaires et les dons d'affluer au secours des frères slaves.

Contre toute attente, et surtout celle du Russe, nos armées remportèrent victoire sur victoire. La route de Belgrade nous était désormais ouverte. Du coup, le Russe mit bas le masque et gronda un « halte-là » intimidant. Agissant avec nous comme si nous étions le vaincu et non le vainqueur, il exigea de si terribles concessions que je me cabrai : « Plutôt une mort honorable que le démembrement et la partition de mes États. »

Midhat fit donner ses relations, et le gouvernement britannique proposa timidement une conférence internationale pour préserver la paix. Il tenait bien à rogner les griffes de la Russie, mais il ne s'engagerait pas pour nous défendre. Nous fûmes obligés d'accepter un armistice, ainsi que la réunion d'une conférence internationale – cadeau à double tranchant, car lorsque les puissances s'assemblaient il n'y avait plus d'amis.

Afin de retourner l'opinion de l'Angleterre en notre faveur, pour retrouver le soutien inconditionnel de son gouvernement et de contrer les ambitions russes, la seule arme serait la proclamation d'une Constitution. Midhat, dont c'était l'objectif le plus cher et l'idéal le plus tenace, mit les bouchées doubles pour préparer le projet qui me fut communiqué.

Loin de me rassurer, ce texte réveilla mes anciens doutes. Je le jugeais bizarre, inapplicable, irréaliste. Je voulais démocratiser, moderniser, rattraper les grandes puissances occidentales; mais par étapes et non pas d'un brusque bond. Les échecs successifs de mon père puis de mon frère avaient forgé mon expérience. J'envoyai Inglisi Said siéger à la Commission constitutionnelle pour mettre un peu de plomb dans la cervelle des juristes. Il en revint atterré. La nouvelle Constitution accordait des droits exorbitants aux minorités au détriment de l'élément turc. Or, ces non-musulmans n'avaient pour but que la supériorité de leur religion et de leur nation. Traditionnellement, nos ennemis les utilisaient pour fomenter des séditions. Leur lâcher du lest ouvrait la voie à leur autonomie demain, à leur indépendance après-demain. L'Empire n'y résisterait pas.

Je décidai d'écrire de ma propre main à Midhat pacha, ce qui protocolairement ne s'était jamais vu. Je lui fis part dans ma lettre de mes critiques sur le projet, mais surtout de mes inquiétudes. Le lendemain même, il me répondit. Jamais il n'oublierait l'honneur disproportionné, inouï que je lui avais marqué en lui envoyant une lettre autographe. Il reconnaissait pleinement le bien-fondé de mes remontrances. Indubitablement, la plupart des articles de la Constitution devaient être modifiés. D'ailleurs, le projet qui m'avait été soumis n'était qu'un brouillon sollicitant mes amendements.

La Commission constitutionnelle, remise au travail, rendit un projet qui tenait compte de tous mes souhaits. La docilité de Midhat éveilla mes soupçons. Je lus et relus le texte sans y déceler la moindre chausse-trape. Il ne me restait plus qu'à accorder mon aval, lorsque au dernier moment une arrière-pensée me vint dont je fis part à Midhat :

– Dites-moi, Pacha. Dans cette démocratie parlementaire, quelle sera la place exacte du souverain et quelles limites seront fixées à ses droits ?

Il ne me répondit pas directement, mais pour m'apaiser me fit une faveur. Il rajouta dans la Constitution le pouvoir pour le sultan d'exiler quiconque hors des frontières de l'Empire dès lors que le salut de la patrie l'exigeait.

Je n'avais plus qu'à m'incliner, et fis apposer mon sceau au bas du document. Cependant, la complaisance inattendue de Midhat continuait à m'intriguer. L'indispensable Djever agha m'apporta la clé du mystère. Midhat avait envoyé l'un de ses collaborateurs les plus proches, un des rédacteurs de la Constitution, Odian Effendi, à Londres, avec un message verbal et une lettre de sa main pour le gouvernement britannique. Il se vantait d'avoir obtenu une Constitution et demandait à l'Angleterre de la garantir, au cas où je reviendrais sur mes promesses. En contrepartie, il s'engageait à rendre à cette puissance tous les services qu'elle souhaiterait afin de mieux mériter sa sollicitude affectueuse.

Je fus encore plus abasourdi qu'horrifié. Je ne pouvais concevoir qu'un des plus hauts responsables de l'Empire requît l'intervention d'une puissance étrangère pour rogner les pouvoirs de son souverain, n'hésitant pas à la flatter honteusement au détriment de sa propre patrie. Mon entourage eut vent de mon courroux. Mes collaborateurs, qui détestaient Midhat, se frottaient les mains. Ils le voyaient déjà démissionné, exilé – mieux, emprisonné et jugé. La rumeur s'en répandit. Les partisans du ministre ne doutaient pas de son imminente disgrâce.

Ma réponse à ces supputations, je la donnai le 19 décembre 1876. Je nommai Midhat pacha grand vizir. De par sa stature internationale, de par ses compromissions avec les giaours, Midhat était notre seul homme d'État que je pouvais opposer aux représentants des puissances qui commençaient à arriver à Constantinyé en vue de la conférence.

Une semaine plus tard, la séance inaugurale eut lieu au palais de l'Amirauté, un long bâtiment, triomphe de notre baroque, édifié sur la Corne d'Or. Le temps était orageux, des bourrasques de vent et de pluie fouettaient les larges fenêtres de la salle. L'Angleterre, la Russie, la France, l'Allemagne, l'Italie, représentées par ministres et diplomates, chamarrés de broderies, scintillants de décorations, avaient pris place autour de la table en forme de T recouverte d'un tapis brun. Les secrétaires prirent un temps considérable pour épuiser les formalités. Puis les déclarations d'intention se succédèrent aussi creuses que vaines. Notre ministre des Affaires étrangères achevait de lire un discours apologétique de notre conduite et le représentant français lui remettait au nom de ses collègues divers mémoires sur les questions à discuter, lorsque soudain des salves d'artillerie tirées de l'autre côté de la Corne d'Or vinrent déchirer l'air et ébranler les vitres de la salle. A ce signal, notre représentant se leva et expliqua de l'air le plus solennel :

– Ces canons annoncent la promulgation de la

Constitution que le sultan octroie à son empire. Cet acte change une forme de gouvernement qui a duré six cents ans et inaugure une ère nouvelle pour la prospérité des peuples ottomans.

Pendant quelques instants les plénipotentiaires restèrent muets de saisissement, puis... ils passèrent à l'ordre du jour. Le soir, mosquées et bâtiments publics illuminés, le peuple défila dans les rues, portant des torches et criant :

– Longue vie au sultan et à Midhat pacha !

Les télégrammes de félicitations parvinrent de toutes les provinces de l'Empire, exprimant la joie ressentie à ce grand événement. La population entière baignait dans la béatitude.

Ce soir-là, Perestou dîna à Dolma Batche. Malgré mes invitations pressantes, elle avait refusé d'abandonner sa villa de Maçka, tant pour préserver son indépendance que pour m'être plus utile, en ne cohabitant pas avec moi. Cependant, elle me rendait de fréquentes visites, surtout lorsque son instinct maternel lui faisait deviner mon besoin de sa présence. Le calme et le silence régnant au palais contrastaient tellement avec l'animation des faubourgs qu'elle ne put s'empêcher de m'en faire la remarque :

– Vous n'avez pas ordonné, ô mon lion, d'illuminer le palais en l'honneur de la Constitution ? C'est le seul bâtiment de la ville qui ne le soit pas.

– Cette Constitution est le fruit de ma volonté, octroyé par moi à la nation. Je n'allais pas illuminer ma demeure en mon honneur et à ma propre gloire.

Perestou soupira :

– Certains éléments en concluraient que dans le fond de votre cœur vous regrettez cette Constitution.

Cette remarque était bien dans sa façon détournée de me demander mon sentiment, que je ne lui cachai pas :

– Les giaours réclamaient leur Constitution, ils l'ont ; ils raffolent de Midhat pacha, je l'ai nommé grand vizir. Maintenant, peut-être nous laisseront-ils en paix.

– Que Dieu vous entende, conclut Perestou Hanoum,

sur un ton dubitatif que je fis semblant de ne pas remarquer.

Pour être juste, la paix je l'eus, pendant deux semaines à peu près. Midhat me tenait régulièrement au courant du déroulement de la conférence internationale. Bien sûr, des points de vue différents s'affrontaient, mais, en fin de compte, on s'acheminait vers une issue convenable pour tous. Le coup de la Constitution avait pleinement réussi. Les grandes puissances traitaient désormais avec nous d'égal à égal. D'ailleurs, Midhat savait leur résister lorsqu'il trouvait leurs requêtes par trop exagérées. Et elles finissaient toujours par lâcher prise devant la grande ombre de l'Angleterre qui veillait sur nous.

Lorsque le chef de la délégation anglaise, lord Salisbury, me fit demander audience, cette démarche, contrevenant aux usages, m'étonna au point de me décider à le recevoir. Je ne négligeai pas d'organiser la mise en scène de l'entretien. Seuls les chambellans et aides de camp de service furent convoqués ce jour-là, c'est-à-dire bien peu de monde; salons et vestibules, sur mon ordre, furent à peine éclairés. Aussi l'Anglais dut-il traverser d'immenses enfilades de salles désertes et sombres. J'attendais dans un salon du premier étage, réservé généralement aux aides de camp, une pièce de passage, petite, froide, aux meubles noirs incrustés de nacre, particulièrement rebutants. Par la fenêtre entrait un jour gris, et je me voulus terne moi-même. Je portais comme d'habitude ma simple redingote marron, et me fondais dans le décor.

Sans être particulièrement grand, lord Salisbury avait la carrure d'un géant. Sa longue et large barbe lui donnait l'aspect d'un de ces évangélisateurs d'autrefois, qui se faisaient brûler la Bible à la main. Il avait la foi et le droit comme inspirations, lorsqu'il n'oubliait pas la première pour faire des entorses au second. Pour ce grand seigneur, seule au monde l'Angleterre comptait. Il éprouvait pour nous, pour la Turquie, un mépris plus profond encore que celui de ses compatriotes. Il ne fut en rien surpris par l'humilité de ma réception. Au contraire, il en profita pour se hausser un peu plus.

Rien n'allait plus dans la conférence internationale, commença-t-il. Il se plaignit de l'entêtement de Midhat. Les puissances avaient demandé l'autonomie pour la plupart de nos provinces des Balkans. Midhat n'avait rien voulu entendre. Les puissances s'étaient montrées conciliantes. De cessions, elles en étaient venues à nous demander de simples concessions. Midhat les avait tout aussi bien refusées. Salisbury, qui avait été le trouver, s'était heurté à un homme inflexible, décidé à ne rien écouter... Aussi constituais-je l'ultime recours pour empêcher la rupture.

Ce que j'entendais me renversait. Pourquoi Midhat m'avait-il caché la vérité ? Pourquoi résistait-il à l'Angleterre, lui, son protégé ? Pourquoi cette obstination quand j'attendais de sa part l'établissement d'un terrain d'entente ? Je murmurai que, souverain désormais constitutionnel, je n'avais pas le pouvoir de discuter les propositions des puissances. Cette échappatoire exaspéra l'Anglais :

– Je dois mettre Votre Majesté en garde contre le risque extrême que prendrait le gouvernement ottoman en refusant les propositions des puissances, car il ne pourrait plus, dans ce cas, compter sur l'Angleterre.

Nouvelle surprise. Nouvelle anxiété. Midhat ne me serinait-il pas que l'Angleterre, il en faisait son affaire, qu'elle nous soutiendrait et au besoin nous défendrait, envers et contre tous ?

Je tirai lentement sur ma cigarette et suivis les volutes de fumée du regard.

Oubliant toute mesure ou jouant la comédie de la colère, Salisbury tapa sur la table si violemment que les bibelots tressautèrent.

– Si vous rejetez nos nouvelles propositions, ce sera la guerre.

– L'Angleterre nous attaquerait-elle ? ne pus-je m'empêcher d'ironiser.

Du coup il se calma, me dévisageant avec curiosité et plissant les yeux pour percer la lumière avare de la pièce :

– Votre Majesté sait bien que non, mais la Russie immanquablement le fera et, je vous le répète, l'Angleterre n'interviendra pas pour vous défendre.

Je m'enfonçai dans mon fauteuil. Salisbury poursuivit d'un ton nettement plus amène :

– Comment feriez-vous la guerre sans argent, sans matériel, sans soldats et surtout sans alliés ? Sachez-le, Sire, une guerre contre la Russie tournerait inévitablement à la catastrophe pour vous.

Je jugeai le moment venu de clôturer cet entretien.

– Je suis résigné à la volonté de Dieu.

Mon interlocuteur se leva pesamment et prit congé.

XI

Avant de me soumettre au kismet [1] qui gouverne notre vie, avant même d'essayer de comprendre l'attitude de Midhat, je tentai de colmater les brèches qu'il avait ouvertes. Je lui envoyai un plan de ma composition où, sans céder sur les questions territoriales, nous pouvions complaire aux puissances par quelques concessions – morales surtout – et détourner la menace de guerre.

Il ne m'en accusa même pas réception. Je convoquai le Conseil privé et je l'accusai publiquement de m'avoir caché l'état d'extrême exaspération des puissances. Il haussa les épaules :

– S'il faut la guerre, que la guerre soit. Nos ancêtres ont conquis l'Anatolie avec quatre cents soldats, et nous nous battrons tant qu'il nous restera quatre cents hommes.

Le comble fut que cette boutade souleva l'approbation des autres et même, à mon intense agacement, celle de mon beau-frère, le damad Mahmoud Djellalédine, pourtant ennemi mortel de Midhat pacha. Seul le chef du Service du palais, l'honnête et fidèle Inglisi Said, me soutint.

– Faire la guerre dans les conditions présentes équivaudrait à sacrifier l'Empire.

Les autres firent chorus patriotique contre lui, et le Conseil se sépara sans qu'une décision ait été arrêtée.

1. Le destin.

J'étais persuadé que Midhat, malgré ses rodomontades, ne voulait à aucun prix la guerre, sachant aussi bien que moi qu'elle aboutirait à un désastre. Alors, quels soutiens secrets l'encourageaient dans son absurde entêtement face aux puissances?

Je réunis deux cent soixante-trois notables. Midhat, à qui j'avais enjoint d'exposer la situation sans fard, le fit de façon à les retourner en sa faveur. Rien n'empêchait plus l'Empire de plonger dans le gouffre... Rien sinon...

Depuis que j'avais découvert combien Midhat m'avait abusé, je me faisais directement informer de la conférence par notre plénipotentiaire Edem pacha, l'ancien professeur de français de mon frère Murad, qui, depuis, avait fait carrière. Il me rapporta un autre discours. Voilà que le Russe, l'intraitable Ignatiev, entonnait discrètement des airs de conciliation, proposait de réduire les exigences des puissances, refusait de nous soumettre à des pressions. L'ours abandonnait son méchant rôle au profit du lion.

Dans mon désarroi, cette évolution me fit envisager un pis-aller. Au cours d'une séance de la conférence, Edem pacha glissa à Ignatiev que je ne serais pas mécontent de le voir. Il accepta avec empressement.

Je le reçus avec les formes mises au point pour Salisbury. L'entrevue devant rester secrète, elle eut lieu avant le jour, et quelques lampes à pétrole éclairaient maigrement le salon des aides de camp. Ignatiev entra dans la modeste pièce, la démarche franche et légère. Avec sa taille mince et bien prise, ses larges épaules, ses cheveux qui avaient gardé leur blondeur, il portait beau. Il agit comme s'il se trouvait dans la plus imposante salle du trône du monde, devant le plus puissant souverain de l'univers, multipliant les gestes de respect et enjolivant encore le protocole. Pourtant, si ses manières différaient, son discours commença exactement de la même façon que celui de l'Anglais :

– Je dois faire part à Votre Majesté de mon inquiétude sur la situation. Mon devoir exige de souligner les dangers pour l'Empire ottoman de refuser les propositions des puissances...

Pendant qu'il parlait, j'observais ses traits slaves, la figure presque plate, les pommettes très hautes, le nez régulier, le menton proéminent. Il devait mal se raser, car je remarquai qu'une légère goutte de sang maculait le col raide de sa chemise blanche.

Il acheva son homélie par une courte phrase, qui la réduisait à néant :

– Cela dit, jamais la Russie ne fera la guerre pour imposer les exigences des puissances.

De joie, je lui aurais sauté au cou. Dans ma réponse je lui fis comprendre que s'il ne tenait qu'à moi, les propositions des puissances seraient déjà acceptées; mais que souverain désormais constitutionnel, je ne pouvais passer au-dessus de mon gouvernement, c'est-à-dire au-dessus de Midhat pacha.

Il saisit la perche :

– Je suis convaincu que grâce à Votre Majesté et à mes bons offices, nos deux pays, nonobstant les divergences apparentes, réussiront à trouver un terrain d'entente.

Ainsi, la porte violemment fermée par l'Angleterre était rouverte par la Russie. A défaut de m'assurer d'un allié, j'avais neutralisé un ennemi. Il me parut que le salon, malgré le froid qui y régnait, s'était réchauffé et que la lumière lugubre du matin d'hiver se parait des couleurs d'une aube de printemps.

Réunis en une dernière séance, les ministres des puissances déclarèrent en termes à peu près identiques que si la Sublime-Porte persistait à repousser les dernières propositions soumises, ils avaient ordre de quitter Constantinyé. Midhat pacha, par la voix de notre plénipotentiaire Edem, n'émit que quelques vagues protestations. Alors les plénipotentiaires, se levant l'un après l'autre, abandonnèrent la table de la conférence, déclarant que leur mission était achevée. C'était le 20 janvier 1877.

Avant que j'aie pu émettre le moindre commentaire, Midhat me communiqua le télégramme qu'il venait de recevoir du ministre des Affaires étrangères britanniques, lord Derby :

Je félicite le gouvernement impérial pour la dissolution de la conférence que je considère comme un succès pour la Turquie.

Ou les Anglais avaient perdu l'esprit, ou leur machiavélisme dépassait les plus audacieuses supputations. Y avait-il donc deux gouvernements en Angleterre? – l'un qui par la voix de lord Salisbury nous menaçait de guerre si nous ne cédions pas, l'autre qui par l'organe de lord Derby nous félicitait de ne point céder?

Midhat triomphait et il crut pouvoir me tenir tête dorénavant. Le premier incident eut la gravité d'une piqûre d'épingle. L'*Istikbal* – journal sous la coupe de Zia bey, l'ancien collaborateur de Murad que j'avais refusé de reconduire – m'accusa à mots à peine couverts de retarder l'application de la Constitution et d'avoir manqué de sincérité en m'en déclarant partisan. Je demandai à Midhat de punir l'insolent par l'exil en le nommant ambassadeur à l'étranger. En réponse, Midhat l'éleva au gouvernat de Smyrne, un des plus hauts postes de l'Empire, et maints articles perfides se mirent à fleurir dans d'autres journaux.

J'exigeai de Midhat qu'il me présentât dans les quatre jours le projet de loi de la presse, mentionné dans la Constitution et jamais concrétisé. Midhat rétorqua en m'adressant une litanie de reproches. Sans le consulter, j'avais nommé à des postes honorifiques l'ancien grand vizir Rujdi pacha et un de ses collègues. Puisque ces nominations lui déplaisaient, je me ferais un plaisir de les annuler.

Ces révocations ne le calmèrent pas, car en privé il déclara que très bientôt je serais forcé de lui baiser les mains. Zia bey, le relayant, annonça à Smyrne que j'étais « désormais le serviteur de tous et rien de plus ». Ce fut le damad Mahmoud Djellalédine, l'ennemi mortel de Midhat, qui jeta de l'huile sur le feu en me répétant ses propos. Je m'étais toujours méfié des ragots auxquels je ne tendais l'oreille qu'avec la plus profonde répugnance, mais je n'avais pas besoin du poison que me distillait mon beau-frère pour juger Midhat. Désormais il exerçait sans partage les droits exorbitants qu'il s'était attribués, réduisant ses collègues au rôle de comparses, et se conduisant – même en ma présence – comme si c'était lui le sultan.

Un nouveau conflit nous opposa bientôt à propos des écoles mixtes. Midhat rêvait de voir les élèves chrétiens et musulmans assis sur le même banc – projet éminemment souhaitable dans l'idéal mais irréalisable présentement et dont l'application finirait par éloigner les deux confessions au lieu de les rapprocher.

Midhat, refusant de m'entendre, accentua ses pressions. Je tâchai de gagner du temps. Il se fit menaçant :

– Je rappelle à Votre Majesté que l'absolutisme a été aboli, que le souverain a des devoirs. Selon la loi coranique, si vos ordres n'étaient pas conformes aux intérêts de la nation, je ne me sentirais pas obligé d'y obéir.

Ma conscience m'interdisait toujours de signer un iradié [1]. Alors le grand vizir ne sortit plus de chez lui ; le grand vizir bouda ; le grand vizir se mit en grève. Pendant trois jours, il ne parut plus au palais. Des amis, des partisans, lui conseillèrent de se montrer plus conciliant. Il haussa les épaules :

– Sultan Hamid n'osera pas.

Son audace atteignit l'outrecuidance lorsqu'un soir, après un dîner entre intimes, pris de vin comme il lui arrivait de plus en plus souvent, il leva son verre :

– Il y a les Al-Osman, pourquoi n'y aurait-il pas les Al-Midhat ?

Que ce blasphème s'accompagnât d'un gros rire, preuve de son ivresse avancée, ne l'atténuait pas. Même si Midhat n'avait pas véritablement l'intention de renverser notre dynastie, il ne visait pas moins à me transformer en marionnette couronnée.

J'étais confronté à l'épreuve de force que je n'avais pas cherchée. Midhat se sentait d'autant plus sûr que la police était entre ses mains et qu'il n'ignorait rien de ce qui se passait au palais. Cependant, la ville entière bruissait de rumeurs, on parlait de conflits, de dissentiments ministériels, « de nuages qui circuleraient dans les hautes régions ».

1. Loi contresignée par le sultan.

Midhat pacha n'assista pas au conseil des ministres. Dans la soirée, le ministre des Affaires étrangères vint au palais plaider une réconciliation. Longuement, je lui détaillai mes arguments, sachant que je me dépensais en vain pour un interlocuteur borné, corps et âme dévoué à l'intraitable Midhat. Je me devais de tenter cette ultime démarche. Devant son inutilité, je cédai. J'envoyai le ministre annoncer à Midhat que j'acceptais la création des écoles mixtes et que je le recevrais le lendemain au palais. Malgré son âge et son embonpoint, il partit en volant. La nuit était déjà passablement avancée. J'étais à peine couché qu'un messager me tira du lit : Midhat refusait de venir me voir avant que j'aie signé les iradiés. Je restai seul avec mes réflexions, comme lors de toutes les circonstances graves de ma vie. La nuit durant, je pesai le pour et le contre, je cherchai une solution, je renforçai ma conviction.

Au matin, je dépêchai Inglisi Said, que Midhat appréciait fort, en son konak pour le prier de le suivre à Dolma Batche où je l'attendais. Les iradiés étaient prêts et n'attendaient que sa présence pour être signés. Midhat pacha n'osa pas en demander plus. Il monta dans la voiture d'Inglisi Said qu'entourait l'escorte de cavaliers chargée de sa protection, et le cortège partit pour Dolma Batche.

Sur l'escalier de marbre d'entrée, il fut comme de coutume reçu par les chambellans de service qui le précédèrent jusqu'au salon d'attente dit des ambassadeurs. Quarante minutes s'écoulèrent. Familier du palais, Midhat savait que rien n'y était dû au hasard. Je lui laissai donc tout le temps de s'interroger sur cette attente prolongée et non fortuite. Alors qu'il commençait à s'alarmer, la porte s'ouvrit sur Inglisi Said pacha, qui s'approcha et annonça :

– Sa Majesté le padicha m'a chargé de vous demander de me remettre les sceaux de l'État.

Midhat suffoqua de rage.

– Le sultan n'a pas le droit de me renvoyer. Ce n'est pas constitutionnel. L'absolutisme est révolu.

– Sa Majesté ne fait qu'appliquer la Constitution.

– Nulle part la Constitution ne l'autorise à cet acte arbitraire.

– Si, Pacha, un article lui permet d'expulser du territoire ceux qui seraient reconnus comme portant atteinte à la sûreté de l'État.

Midhat se rappela alors cet article qu'il avait lui-même fait inclure pour calmer mes inquiétudes sur la diminution de mes pouvoirs. Profitant de ce qu'il restait coi, Inglisi Said pacha fit entrer plusieurs officiers de la garde.

– Par ordre de Sa Majesté, vous allez être conduit sur le yacht impérial *Izédine* qui vous mènera à l'étranger. Voici cinq cents livres or que Sa Majesté m'a ordonné de vous remettre pour vos dépenses de voyage.

Midhat comprit que toute protestation serait inutile. Un caïque l'emmena à bord de l'*Izédine* ancré en face du palais. Le navire leva immédiatement l'ancre et se dirigea à toute vapeur vers la mer de Marmara. D'une fenêtre du palais, je le suivis des yeux jusqu'à ce qu'il ne fût plus qu'un point sur l'horizon.

J'avais fait ce dont Midhat doutait que je fusse capable. J'avais payé d'audace mais j'étais loin d'être sûr de mon coup. La chute de Midhat pouvait provoquer des mouvements populaires dans la capitale. Si les troubles devenaient par trop graves, je voulais être en mesure de le remettre au pouvoir, car en toute circonstance il faut pouvoir choisir le moindre d'entre deux maux. Aussi avais-je donné pour instruction au capitaine de l'*Izédine* d'interrompre sa course, d'ancrer dans la baie de Tchekmedge et d'attendre là vingt-quatre heures, le temps pour moi de mesurer les suites de ma décision.

Les ambassadeurs, alertés, envoyèrent leurs drogmans à la Sublime-Porte pour confirmation, avant de télégraphier l'incroyable nouvelle à leurs gouvernements. Puis ils se préparèrent au spectacle, guettant le déclenchement d'émeutes, la révolte. Ils ne virent rien poindre. Le konak de Midhat en un instant se trouva entièrement déserté, amis et courtisans s'étant envolés. En ville, pas un cri, pas un geste, pas une manifestation. Si les partisans de Midhat étaient consternés, ils n'osèrent pas ouvrir la bouche. Je restai à l'écoute de la capitale, mais le calme le plus total y régnant, je fis télégraphier, les vingt-quatre heures écoulées, au capitaine du yacht impérial de reprendre sa route.

Lancé dans l'aventure par ce coup d'éclat, j'avais besoin de consolider ma position. La voie démocratique me le permettrait. Je me hâtai de procéder aux élections. Le gouvernement alla à la consultation à marche forcée, harcelé par moi. Il fallut inventer des dispositifs, rédiger des procédures, établir des règlements, improviser en un temps record, afin que le 19 mars 1877 je pusse inaugurer le premier Parlement de notre Histoire.

J'entrai le dernier dans la salle du Baïram de Dolma Batche. A droite du trône avaient pris place les sénateurs, avec les kadis [1], les oulémas, les pachas [2], les muftis [3], et le cheikh Ul Islam tout en blanc avec son grand turban jaune. Du corps diplomatique se détachait l'ambassadeur de Perse, le prince Mirza Khan, couvert de pierres précieuses jusqu'aux boutons de son uniforme qui étaient d'énormes diamants. Aucun prélat non musulman ne manqua : le patriarche œcuménique, le patriarche arménien, l'exarque bulgare, le grand rabbin, le patriarche des anciens Syriens, celui des melchites catholiques grecs, le patriarche chaldéen et le syrien catholique. Cet aréopage de vieillards à longue barbe évoquait les sages de l'Antiquité.

Pendant que Kutchuk Said lisait le discours que j'avais rédigé, j'observai les députés groupés en face de moi. La plupart étaient jeunes, habillés à l'européenne, et ressemblaient à des hommes d'affaires, ne se distinguant des Occidentaux que par leur fez rouge. C'était véritablement la nation entière qui se trouvait réunie autour de moi en cette journée historique. Nous avions satisfait aux conditions de notre époque. Nous entrions

1. Juges.
2. A l'origine, gouverneurs de province. Progressivement, le titre est devenu honorifique.
3. Membres du clergé musulman.

la tête haute dans le concert des puissances. Nous étions désormais à l'abri de leur impérialisme.

Ma détente, je la trouvai comme toujours dans les longues promenades loin de la ville. Ce jour-là, mes pas me conduisirent dans les collines qui s'arrondissent derrière Tchirangam jusqu'au domaine de Yilniz dont j'avais quasiment oublié l'existence. Je suivis les allées du grand parc qui serpentaient entre les arbres séculaires et longeaient les lacs artificiels bordés de gracieux pavillons.

Mon père m'avait révélé ce site béni où il avait édifié le palais d'Été de la Bien-Aimée pour ma grand-mère Besmyalem que j'allais visiter de temps à autre. J'avais cependant l'impression d'en découvrir pour la première fois les attraits. La vue s'étendait sur le Bosphore, l'Asie, Constantinyé et au loin sur la mer de Marmara. Bien que peu éloigné des quartiers neufs de la capitale, l'endroit restait sauvage, presque désert, et sa végétation riante. Je décidai incontinent de réaliser un vieux rêve et de déménager. J'avais toujours détesté Dolma Batche. Son gigantisme, son luxe multicolore, ses dorures outrancières m'incommodaient. J'étouffais dans son atmosphère figée. De plus, trop de mauvais souvenirs m'y assaillaient. Il me semblait que derrière chaque porte se tenait un mort que j'avais connu ou aimé.

Je franchis un portail tarabiscoté et j'arpentai l'aire d'accès aux bâtiments. Fleurs et herbes folles poussaient entre les dalles disjointes. Je pénétrai dans le petit palais construit par Abdul Aziz. Les dorures des plafonds s'écaillaient et les soieries des opulents fauteuils étaient élimées. La poussière recouvrait les fontaines de marbre et les volets fendus battaient contre les fenêtres. J'aimais cependant l'édifice modeste de proportions, bien distribué et commode, et je décidai d'en faire le lieu de mon pouvoir. J'y constituerais avec mes proches collaborateurs, fonctionnaires de cour et secrétaires, le cerveau du royaume loin de l'atmosphère d'oisiveté et d'inefficacité inhérente à Dolma Batche.

Je commencerais par camper avec les cadines, mes

quelques ikbals, les six enfants que j'avais déjà et mes compagnons dans l'ancien logement de ma grand-mère. Loin des intrigues du grand harem du palais impérial qui hébergeait d'innombrables épouses et enfants impériaux, ma famille trouverait une unité harmonieuse. Les chambellans de la maison civile et les aides de camp de la maison militaire s'égailleraient dans les kiosques alentour.

Quelques serviteurs m'ouvrirent les portes grinçantes du jardin privé. Il était presque retourné à l'état sauvage, mais j'imaginais déjà les pelouses impeccables, les parterres de roses et de tulipes, les buissons de jasmin au milieu desquels gambaderaient biches et échassiers. Chaque matin, je rendrais visite à mes fleurs et à mes animaux, abrité des regards par les hauts murs qui ceignaient le saint des saints. Yildiz répondait d'emblée à mon besoin d'isolement et de solitude.

XII

J'avais à peine eu le temps de profiter de cette installation, que la bombe éclata : le 18 avril 1877, le grand vizir me télégraphia de la Sublime-Porte que le chargé d'affaires russe venait de lui remettre la déclaration de guerre de la Russie.

Quelques semaines plus tôt, sous le sempiternel prétexte de protéger les minorités chrétiennes dans les Balkans, son gouvernement nous avait adressé une nouvelle liste d'exigences. Je ne m'étais pas inquiété, croyant à une manœuvre de routine. Ignatiev était en déplacement, hors d'atteinte. La crise ne pouvait donc être grave, et en attendant son retour, j'ignorai les sommations de Saint-Pétersbourg. Je tombai ainsi dans le piège que les Russes avaient commencé à tendre en montrant « les atrocités bulgares ».

Ils frappèrent en premier à l'Est, entrant en notre province d'Arménie sans presque rencontrer de résistance. L'un après l'autre, nos forts tombèrent entre leurs mains. Puis à l'Ouest, ils franchirent le Danube, prirent Shistova puis Tirnovo. Nicopolis tomba peu après, et ils continuaient leur progression vers Sofia.

Je gardais cependant une arme dans ma manche : le traité de Paris de 1856, qui garantissait l'intégrité de nos États. Je fis appel aux puissances signataires; la France et l'Autriche se récusèrent. Malgré « les atrocités bulgares » et les rugissements de Gladstone, malgré le renvoi de Midhat son féal, je demeurais convaincu que jamais l'Angleterre ne laisserait les coudées franches à la Russie. Or l'Angleterre à son tour se récusa, nous livrant pieds et poings liés à son rival. Aucune puissance ne viendrait à notre secours et nous nous retrouvions seuls, quasi désarmés, devant la force écrasante de l'ennemi.

La perte cruelle de mes illusions s'ajoutait à l'humiliation intolérable d'avoir été trompé comme le plus naïf des innocents par Ignatiev. Je n'avais pas le droit de rejeter la faute sur Midhat, qui dans son aveugle confiance en l'Angleterre avait poussé à la rupture de la conférence internationale. Je me sentais pleinement responsable, certain qu'avec moins de crédulité et plus d'habileté j'aurais eu une chance d'éviter cette guerre. La honte, le poids de mon erreur, loin de me paralyser, m'incitaient au contraire à agir avec d'autant plus de rapidité et de fermeté.

Ismael Kemal bey fit signer à quatre-vingt-dix députés une pétition demandant le rappel immédiat de son patron, Midhat pacha. Un groupe de softas, exaspérés par une nouvelle défaite, envahirent le Parlement et, cassant tout, exigèrent la démission du ministre de la Guerre et de mon beau-frère Mahmoud Djellalédine pacha. Je convoquai le grand vizir, et une heure plus tard la loi martiale était proclamée. J'envoyai Ismael Kemal en exil à Kutaya, petite ville de Phrygie.

Une seule place forte tenait encore dans les Balkans face au déferlement russe : Plevna. Mais que pourrait une misérable garnison contre quatre-vingt mille soldats russes et huit cents canons ? Notre seule armée disponible se trouvait à deux cents kilomètres au nord-ouest. J'ordonnai qu'elle fût dépêchée à Plevna. Mes généraux niaient qu'elle pût arriver à temps.

Contre toute attente, elle réussit à se jeter dans Plevna, quelques heures seulement avant que les Russes ne l'investissent, grâce à son commandant, Osman pacha, dont le nom s'imprima dès ce moment dans l'Histoire. Il repoussa brillamment un furieux assaut des Russes ; mieux encore, il retourna la situation, semant la panique chez les assaillants, les forçant à s'enfuir en abandonnant derrière eux des milliers de cadavres. Au cours d'un second assaut encore plus violent que le premier, les Russes emportèrent les redoutes dominant Plevna. Le lendemain, Osman pacha contre-attaquait et réussissait avec des forces bien inférieures à les en chasser. Je lui envoyai derechef un sabre enrichi de diamants avec le titre de Gazi, « le Victorieux ».

Mon état-major, je l'avais installé au kiosque Cit, une suite de petites pièces au fond de la première cour de Yildiz. Le conseil de guerre s'éternisait en ce triste après-midi d'octobre. Aucun rayon de soleil, aucune bonne nouvelle pour nous donner du cœur au ventre. Pessimisme et affliction se lisaient sur les visages de mes généraux, dont les fez rouges penchaient de plus en plus vers la longue table. Au milieu s'étalait le télégramme que nous venions de recevoir de Plevna. L'encerclement total de la place était imminent et rien ne pourrait le briser. Aussi, Osman pacha recommandait-il de se retirer à soixante kilomètres au sud afin d'organiser de là une nouvelle ligne de défense. Mes généraux firent chorus à cette proposition. Poursuivre le siège ne ferait qu'ajouter inutilement au nombre des victimes et compromettre les maigres chances que la guerre nous laissait encore. Pour moi, le dilemme dura peu.

– Jamais! m'écriai-je. L'Occident entier fixe les yeux sur Plevna. Les Européens s'étonnent, admirent, s'émeuvent. Ils oublient petit à petit les « massacreurs de Bulgares » et ne voient plus que nos magnifiques soldats, nos indomptables patriotes. Chaque jour qui passe est un jour de gagné.

– Mais, protestèrent mes généraux, Plevna tombera immanquablement.

– Je le sais aussi bien que vous. Il s'agit seulement de résister le plus longtemps possible. Aujourd'hui Plevna est déjà un nom. Elle doit devenir un symbole. Télégraphiez à Osman pacha de tenir à tout prix. Lui comprendra mes intentions.

A peine avais-je pris cette dure décision qu'un coup de boutoir vint ébranler ma détermination. A l'autre extrémité de l'Empire, sur le second front, celui d'Orient, la ville de Kars, clé de l'Asie Mineure, malgré nos efforts incroyables pour l'armer et la défendre, tombait aux mains des Russes avec des milliers de prisonniers et d'immenses quantités de matériel. J'élevais d'ardentes prières pour trouver aide et assistance, lorsque le ciel parut m'entendre.

Le nouvel ambassadeur britannique, Layard, demanda à être reçu. L'Angleterre, comprenant enfin son intérêt, volait à notre secours. En effet, le diplomate me suggéra, pour arrêter l'avance des Russes, d'inviter la flotte anglaise à Constantinyé.

– Pour faciliter les manœuvres de nos navires, Votre Majesté leur permettrait d'occuper la péninsule de Gallipoli.

Je me figeai. Tout en bégayant légèrement, il insista :

– Votre Majesté *devrait* autoriser la flotte anglaise à entrer dans les eaux turques.

Devant mon silence, il changea de registre. L'Angleterre serait trop contente de nous consentir un prêt important dont nous aurions certainement besoin, vu la situation. En contrepartie, nous pourrions lui vendre « quelques positions territoriales ». Je m'enquis de savoir où il situait ces positions territoriales. Il évoqua Batoum, ou alors un rivage dans le golfe Persique ou enfin, selon ses propres paroles, « un petit quelque chose en Méditerranée ». Indirectement il me fournissait, enfin, l'explication de la dérobade de son gouvernement. Nos « alliés » avaient préféré attendre que les Russes nous mettent à genoux pour pouvoir monnayer leur secours... au prix fort.

La neige recouvrait maintenant Plevna, entièrement encerclée par les Russes. En juillet, mes généraux m'avaient assuré que la ville pourrait résister au plus six à huit semaines. Nous étions en décembre, et voilà cinq mois que Plevna tenait sans argent, sans matériel, sans médecin, sans ambulance, sans train d'équipage. Faute de troupes fraîches à expédier en renfort, je décidai d'y envoyer les rescapés de la ville de Kars. Quelques bataillons émaciés par la fatigue, déguenillés, suant la misère et les privations après de longues marches en Asie, arrivèrent de la lointaine Anatolie pour prendre le train d'Andrinople à destination de Plevna. Une foule nombreuse, muette, impassible était venue les voir, rangée devant la gare à la Corne d'Or.

Ces hommes, qui n'avaient pas touché leur solde depuis cinq mois, refusèrent l'argent qu'un haut fonctionnaire voulut leur distribuer. Officiers et soldats, d'un seul élan, d'une seule voix, s'écrièrent :

– Non, non. Tout pour la patrie !

Ils partirent les mains vides, la tête haute ; et les femmes aux voiles multicolores pressant l'arrière-garde leur criaient :

– Allez mourir pour le Prophète et que les lâches seuls reviennent !

A l'aube du 9 décembre 1877, nos troupes dévalèrent la plaine enneigée vers les positions russes, avec à leur tête Osman pacha galopant sur son étalon noisette. Derrière lui, des milliers de chariots – tout ce qui ne devait pas tomber aux mains de l'ennemi. La surprise des Russes fut telle qu'une heure plus tard leur première ligne était enfoncée, mais au moment de charger la seconde, Osman pacha tomba de cheval, blessé, une balle lui ayant traversé la jambe. Aussitôt la rumeur se répandit de sa mort, et ce fut la panique chez nos soldats. Ils se dispersèrent et les Russes n'eurent aucun mal à reprendre leurs positions.

A une heure de l'après-midi tout était fini, le siège de Plevna, qui avait duré cent quarante-trois jours, s'achevait par un drapeau blanc hissé sur la masure où Osman pacha avait été transporté.

Les Russes ne perdirent pas de temps. Ils foncèrent vers les défilés de Skypa où les attendaient cent mille de nos soldats, notre dernière défense, notre ultime rempart, le résidu de nos forces. Ils contournèrent l'obstacle, surprirent les nôtres, les submergèrent, les forçant à une reddition sans conditions.

Habité par les plus sombres pensées, je dus cependant aller recevoir les félicitations des ministres conduits par le grand vizir, des pachas, des oulémas, des généraux, car c'était notre nouvel an. Et le sultan, quelles que soient les circonstances, devait assumer la pérennité des traditions.

Des plateaux avaient été placés sur les tables, pleins de pièces d'or et d'argent, dans lesquels les visiteurs selon leur rang et leur importance puisaient l'argent du mouharrem destiné à leur porter chance pendant l'année nouvelle. Les cuisiniers du palais avaient préparé l'achouri. Des chaudrons pleins de cette bouillie épaisse et douce faite de pois chiches, de grains de blé et de fruits secs avaient été disposés devant les grilles de Yildiz afin de la distribuer aux pauvres et indigents, cette célébration voulant que princes et miséreux partageassent le même menu. Moi-même, je la dégustai en famille, entouré de mes enfants, de mes cadines et de mes kalfas. Chacune avait mis son point d'honneur à arborer une nouvelle toilette, puisqu'une antique superstition exigeait que l'on portât ce jour-là quelque chose de neuf. Jamais Perestou Hanoum ne me parut plus resplendissante dans ses brocarts rose et or, ses diamants et ses émeraudes. Cette élégance un peu plus poussée que d'habitude, c'était sa façon à elle d'afficher sa confiance en l'avenir, et plus encore en moi. Elle devinait mon état d'esprit et lisait ma douleur sous mon sourire.

L'après-midi je décidai d'apporter moi-même l'achouri à l'ancienne validé Peztevnial au Vieux Sérail. Pendant que je traversais la vieille ville à l'allure vertigineuse de ma voiture, entourée de gardes sabre au clair, je pus voir les misérables tentes des réfugiés qui couvraient les places et les porches des mosquées. Ils étaient trois cent mille, couchés dans les rues, qui se mouraient du typhus et de la petite vérole. La population de Constantinyé, naguère si belliqueuse, paraissait plongée dans une stupeur fataliste.

Peztevnial occupait dans le harem de Topkapi l'appartement de la validé, qui n'avait plus été habité depuis le début de ce siècle. Sa dernière occupante avait été mon arrière-grand-mère la validé Nakshidil, qui dans une autre vie s'était appelée Aimée Dubuc de Riverie. Les pièces étaient démodées, somptueuses et vétustes. Peztevnial, ses vieux démons enterrés avec la perte de son fils, ne se consacrait plus qu'à la prière et à la charité. Je ne l'avais pas revue depuis la mort de mon oncle. Elle n'avait rien abandonné de sa superbe. Vêtue fort simplement, sans bijoux, elle gardait cette beauté de sorcière qu'accentuaient sa maigreur, ses traits anguleux, ses yeux lourdement cernés de mauve.

Elle m'accueillit avec une grande courtoisie mais avec beaucoup de distance. Elle ne fit pas le moindre effort pour me mettre à l'aise. Je m'enquis de ses besoins. Elle n'avait qu'à exprimer un désir, il serait exaucé. Elle avait tout ce qu'elle voulait, me répondit-elle. Très clairement, Peztevnial se refusait à demander quoi que ce soit à l'homme qui occupait le trône de son fils. Elle se mura dans le silence, tandis que ses kalfas entretenaient la conversation à sa place. Avec le franc-parler des vieilles habituées du palais, elles rapportaient les faits sans détour, gémissant sur la situation. Chacune avait un parent à la guerre ou dans les territoires envahis. J'entendis ce qui n'apparaissait pas dans les rapports de mon état-major. Dans les Balkans, les paysans terrorisés couraient droit devant eux, persuadés que Russes et Bulgares allaient les massacrer. La ligne de chemin de fer de Thrace était sur toute sa longueur couverte de corps de réfugiés. Accrochés aux portes, aux côtés des wagons, ils avaient dû lâcher prise les uns après les autres, frappés par le gel.

Peztevnial écoutait, impénétrable, mais je la soupçonnais de ressentir une amère délectation devant la catastrophe que j'avais attirée sur l'Empire et que son fils aurait su, lui, éviter. Elle montrait néanmoins une sincère compassion pour les orphelins de guerre, et en avait recueilli plusieurs. Ils étaient, me dit-on, sa seule consolation. Elle se plaisait à les éduquer, à leur faire la lecture du Coran. Je ne la vis se détendre et sourire que pour me présenter la dernière venue. Elle s'appelait Aishé, elle avait trois ans et demi. Le père de la petite, Mahmoud bey, rejeton pauvre d'une noble famille du Caucase, s'était porté volontaire pour aller délivrer Plevna, où il était tombé héroïquement dans un engagement contre les Russes. La cousine à qui il avait confié femme et enfants avait eu l'idée de mettre

Aishé en pension chez Peztevnial, dont elle avait été longtemps la kalfa. Peztevnial avait été séduite au premier coup d'œil, et devant ce visage rond et rose encadré de cheveux d'or, ces immenses yeux bleus, je la comprenais. L'enfant mêlait dans son regard une candeur bouleversante et une profonde tristesse, comme si elle avait pleinement conscience de son malheur. Cette orpheline me sembla porter la souffrance de tous les malheureux que cette guerre engendrait. Ce regard pesa pour beaucoup sur ma décision. Même si personnellement j'étais déterminé à continuer la lutte, je demanderais la cessation des hostilités, quoi qu'il en coûtât à ma fierté.

La débâcle en arrivait à perturber sérieusement les esprits. Dans le silence de Yildiz j'entendais des murmures, qui bientôt devinrent des grondements. Je devinais d'étranges mouvements, des fluctuations désordonnées. La défaite pesait sur une capitale fiévreuse. Fait inouï, la Chambre des députés vota un blâme au gouvernement. Souverain constitutionnel, je démis mon grand vizir et nommai à sa place un libéral à tous crins, un démocrate de la première heure, Ahmed Vefik pacha. Puis je me séparai de Kutchuk Said, dont l'habileté serait beaucoup plus utile au Sénat que je l'envoyais présider.

Je dépêchai des commissaires sur le front afin de discuter des conditions d'un armistice. Les Russes refusèrent de les écouter, considérant qu'ils n'avaient pas les pleins pouvoirs pour négocier. Et, ne rencontrant plus aucun obstacle, ils continuèrent à progresser. Ils s'emparèrent sans coup férir d'Andrinople, à cent kilomètres de Constantinyé, la seconde ville de l'Empire, la prestigieuse cité aux cent minarets dominée par l'immense, la sainte mosquée Selemiyé.

Lorsque j'appris la nouvelle, je m'enfermai dans mon oratoire, une petite pièce sans autre décoration qu'un mihrāb en forme de petite niche indiquant la direction de La Mecque. Et là, agenouillé devant le mur nu, je me mis à pleurer. Les jours suivants j'évitai de me montrer, même à mon entourage proche, tant j'avais honte. Je me méfiais de tous et de tout. Je n'avais plus confiance en personne. J'avais donné pour instruction de ne rien décider sans mon assentiment; mais j'étais incapable de recevoir mes ministres, mes collaborateurs. Pour la première fois je ne parvenais pas à me dominer. Je convoquai le grand vizir et je le renvoyai sans l'avoir reçu, après lui avoir fait subir des heures d'attente inutile. Il répandit en ville que j'étais en train de basculer dans la folie, et peut-être n'avait-il pas tort.

Dans ma solitude, il me semblait que mes ancêtres venaient me harceler, ceux qu'on surnommait le « Lutteur », le « Champion », la « Foudre », le « Briseur d'Os », le « Répandeur de Sang ». Ils avaient ces regards d'aigle, ces cous de taureau, ces larges épaules, ces poitrines saillantes qui pouvaient contenir la colère guerrière de leur peuple, cette force de rois des déserts que leur attribuent les chroniqueurs. Leurs articulations étaient colossales, leurs jambes courtes et arquées faisaient hennir de douleur les plus vigoureux chevaux, et de leurs grandes mains velues ils maniaient comme des roseaux les masses et les arcs énormes. Avec quel mépris considéraient-ils leur faible rejeton! Je me révélais incapable de tenir la promesse que je leur avais faite de sauver l'Empire.

Soudain, malgré les gardes, malgré les ordres donnés de ne laisser approcher personne, le cheikh Abdul Huda se matérialisa dans mon oratoire. Je ne fus pas loin de voir en lui une apparition miraculeuse. Ses yeux pâles fixés sur moi, il me prévint :

– De l'épreuve, ô mon fils, tu sortiras ou détruit ou cuirassé pour la vie. A toi de choisir.

– Je n'ai aucun moyen d'arrêter l'ennemi, aucun moyen de négocier, aucun espoir d'aide étrangère.

– Vous pouvez céder autant de provinces qu'on exigera de vous. L'omnipotence indiscutable que vous avez héritée de vos ancêtres n'en sera pas affectée. Même si on vous force à signer une paix honteuse, le sultan, le calife, demeure intact. Vous restez la seule autorité vivante. L'Empire blessé peut saigner de mille plaies, l'empereur demeure invincible. Souvenez-vous-en, montrez-le à tous ceux qui se tournent vers vous et qui cherchent en vous l'espoir.

Par une heureuse coïncidence, son intervention fut suivie de l'apparition, dans ce ciel uniformément noir, d'une lueur timide. La chute d'Andrinople avait retenti comme un coup de tocsin à Londres. Jamais l'aigle bicéphale ne flotterait sur Constantinyé, clama l'Angleterre soudain belliqueuse. Le 27 janvier le gouvernement anglais obtint du Parlement un imposant crédit pour des préparatifs navals et militaires. Des réservistes furent appelés sous les drapeaux, des troupes envoyées d'urgence des Indes. Cependant, la flotte britannique était encore loin et les Russes en profitèrent. Ils acceptèrent de négocier un armistice. Nous sachant aux abois, ils posèrent des conditions encore plus dures que précédemment : remise de forts, cession de provinces, application de réformes sous contrôle étranger, libre passage des détroits et indemnité colossale.

Refuser, c'était risquer la chute de Constantinyé et de nouvelles hécatombes. J'acceptai toutes leurs exigences. Et l'armistice se conclut le 31 janvier 1878.

Alors ce fut le coup de poignard dans le dos. Les Russes, loin de mettre bas les armes, continuèrent leur fatale progression comme s'ils n'avaient rien signé. Ils atteignirent Kalada aux abords de Constantinyé, plus rien ne les empêchait de s'en emparer. Conseillers et ministres hystériques, jusqu'au grand vizir Ahmed Vefik pacha, me suppliaient de me réfugier à Brousse. Je ne voulais pas céder à ces pressions car mon instinct me disait que si je quittais Constantinyé, je n'y reviendrais jamais. Bien au-delà de la peur, réagissant comme un automate, je me préparais à l'inévitable, ancré à Yildiz où les Russes me feraient prisonnier.

Au point le plus élevé du parc de Yildiz se dressait un poste de garde déguisé en minuscule forteresse, un jouet néo-gothique. J'y avais posté des guetteurs pour m'annoncer l'arrivée des hordes ennemies, et j'attendais à tout instant le funeste avertissement : « Les Russes ! Les Russes ! »

– La flotte anglaise ! La flotte anglaise ! entendis-je crier ce matin-là.

Je crus d'abord avoir été abusé par mon ouïe. Mais non, le triomphant message fut répété plusieurs fois. Alors, sans souci du décorum, je courus dans la cour, traversai les jardins suivi de quelques aghas poussifs et essoufflés, et gagnai la terrasse d'où l'on dominait le Bosphore. Armé de ma longue-vue, je distinguai parfaitement les navires de guerre battant l'Union Jack qui s'avançaient l'un derrière l'autre, majestueusement, lentement dans la mer de Marmara avant de jeter l'ancre devant les îles des Princes. Les Russes, dans une dernière poussée, atteignirent le port de San Stefano à dix kilomètres de Contantinyé. Ils annoncèrent l'envoi de troupes pour occuper une partie de la capitale. Trop tard! Les Anglais leur firent parvenir une note équivalant à un ultimatum. Un compromis de dernière heure fut trouvé : la flotte anglaise s'éloignerait de quelques milles, mais les Russes s'engageraient à ne pas entrer dans Constantinyé.

La cité millénaire, depuis tant de siècles conquête et gloire de ma famille, ne tomberait pas aux mains de l'ennemi.

XIII

Après avoir éprouvé la guerre, il me fallait affronter la paix, des négociations que je prévoyais hérissées de difficultés. Pour y faire face, je voulais avoir les mains libres. J'envoyai au grand vizir un iradié pour dissoudre le Parlement, qui, lui expliquai-je, n'était pas en mesure d'exercer normalement ses fonctions. J'avais eu le triste loisir de mesurer l'inutilité de la Constitution, qui pas un instant n'avait limité l'impérialisme des puissances ni arrêté les armées ennemies. Je ne la révoquai pas, je la laissai subsister à l'état de fantôme. Personne ne protesta. Les institutions parlementaires coulèrent à pic comme une de ces épaves fragiles qui parsèment le fond du Bosphore.

Seul j'avais entamé des négociations directes avec l'ennemi et seul je prendrais mes responsabilités. Seul j'avais fait la guerre, seul je ferais la paix dans la plénitude de mes prérogatives souveraines. Je revendiquai la tâche de reconstruire ce qui avait été ruiné.

Les canons anglais braqués sur les Russes et les canons russes braqués sur les Anglais, nos plénipotentiaires purent s'asseoir à la table des négociations dans le port de San Stefano. Le général Ignatiev avait lui-même rédigé la liste des conditions à nous imposer. J'avais prescrit à nos plénipotentiaires de ne discuter ni résister en aucun cas. Le Monténégro et la Serbie deviendraient totalement indépendants : j'acceptai. Même chose pour la Roumanie qui en outre s'agrandissait de territoires par nous cédés : j'acceptai. La Bulgarie accéderait à l'autonomie et s'étendrait du Danube à la mer Égée, en incluant Salonique : j'acceptai. Les indemnités de guerre à régler s'élèveraient à un milliard quatre cents millions de roubles, quatre fois le revenu annuel de l'État : j'acceptai.

Je ratifiai, devant mon Conseil accablé, le diktat qui nous vidait de notre sang. J'escomptais que chaque province arrachée augmenterait la rage des Anglais. Ils se moquaient bien de notre sort, mais ils ne laisseraient jamais la Russie dominer les Balkans par petits États interposés. Leur réaction mûrissait alors même que les Russes se croyaient les maîtres du moment.

En cette nuit venteuse d'hiver, l'homme longea subrepticement le haut mur défendant le palais de Tchiringam. Il s'arrêta devant une petite porte et y frappa. Aussitôt elle s'ouvrit sur un garde gagné d'avance, qui laissa passer le visiteur. L'homme s'enfonça dans le jardin entre les noirs buissons tordus par le vent. Arrivé aux abords du palais, il se dissimula derrière un tronc. Il attendit que les sentinelles qui faisaient les cent pas se fussent éloignées pour courir jusqu'à une porte-fenêtre qu'il savait devoir être entrouverte, et pénétra dans un des salons du rez-de-chaussée. De sa poche il tira un plan de la demeure qu'il déchiffra à la lueur des réverbères illuminant la terrasse. Puis il se dirigea à travers le palais endormi qu'éclairait ici ou là une lampe à pétrole. Il gagna l'étage, s'engagea dans un long couloir en faisant bien attention à ne pas réveiller les quelques aghas assoupis dans des fauteuils rococo. La porte de verre qu'il cherchait s'ouvrit non pas sur un passage secret, mais sur un de ces couloirs internes à l'usage des serviteurs. A tâtons, il compta une, deux, trois portes. Il entrebâilla la dernière, croyant trouver la chambre plongée dans l'obscurité. Mais non, elle était éclairée; et celui qu'il était venu voir, au lieu d'être endormi comme il l'escomptait, lisait dans un fauteuil.

C'était l'ancien sultan Murad. Et l'homme qui s'était introduit jusqu'à chez lui comme un voleur était un des frères de sa loge maçonnique Proodos. Il dévisagea son ami, son ancien maître, avec une anxieuse et tendre curiosité. Murad semblait en parfaite santé physique et mentale. Ses cheveux seuls avaient blanchi. Il s'aperçut de l'étonnement attristé de son visiteur :

– Vous m'avez connu il y a un an et demi avec la tête d'un jeune homme. Vous me revoyez avec celle d'un vieillard. Vous vous imaginez peut-être que le phénomène s'est produit brusquement comme chez Marie-Antoinette, ou qu'il est la conséquence de ma réclusion. Il n'en est rien. Plusieurs mois avant la mort de mon oncle Abdul Aziz, j'avais déjà quelques cheveux blancs, et j'en étais ravi car ils me paraissaient aller de pair avec ma maturité d'esprit. Mais ma mère ne fut pas de cet avis. Dans les jours qui précédèrent mon accession au trône, elle apporta de Péra une eau merveilleuse dont elle frotta à plusieurs reprises ma chevelure, qui retrouva sa couleur juvénile. Immédiatement après ces soins, j'éprouvai de violentes migraines dont mon médecin, le docteur Capoleone, chercha en vain l'explication. Mais le docteur Leinsdorff, l'aliéniste qui vint m'examiner, découvrit que mes maux de tête étaient dus au nitrate d'argent et à d'autres ingrédients nuisibles dont se composait la lotion. Depuis qu'on ne me teint plus les cheveux, les douleurs ont disparu.

Ainsi la voilà donc, la cause de la chute de Murad ! Ce n'était ni l'alcool, ni la faiblesse mentale, mais un simple produit de toilette.

L'ancien sultan baissa la voix pour murmurer à son visiteur :

– Mon frère n'a jamais compris la gravité de la situation de l'Empire. Il n'a d'autre idée fixe que de m'empêcher de remonter sur le trône. C'est ce souci qui hante ses nuits, et non les préoccupations de la guerre ou le salut de ses peuples. On lui a exagéré les victoires, on lui a caché les défaites. Son entourage épaissit à plaisir les ténèbres autour de sa personne. Il se laisse comme un aveugle guider par notre beau-frère, le damad Mahmoud Djellalédine pacha.

Il s'interrompit avant de demander :

– Dites-moi, comment va Midhat pacha, et Nami kemal, et Zia bey et tous mes amis ?

Transporté de constater la complète guérison de Murad, son visiteur exprima le vif souhait de le voir sinon rétabli dans ses droits, au moins rendu à la liberté. L'ancien sultan hocha la tête :

– C'est au peuple qui m'a laissé enfermer comme un criminel de venir briser mes chaînes. C'est au peuple à déclarer si je dois reprendre mon règne interrompu. J'attends ce jour que mes amis peuvent hâter. D'ici là, je ne ferai aucune tentative pour me délivrer des angoisses de la captivité, du poids de la solitude et même des complots contre ma vie...

Car Murad ne cacha pas que son successeur pourrait ressusciter pour lui la vieille coutume impériale du fratricide. Son visiteur était pressé de repartir, tant pour annoncer la bonne nouvelle à ses amis que pour tirer au plus vite Murad de sa geôle. Celui-ci le retint :

– Vous ne pourrez pas sortir aussi facilement que vous êtes entré. Je vous cacherai ici jusqu'à ce qu'une occasion se présente.

Trois jours durant l'homme demeura dans l'appartement de Murad, ignoré des innombrables espions et gardiens qui surveillaient ce dernier. Trois jours avant qu'il pût faire son stupéfiant rapport.

Cette belle histoire, Djever agha mon informateur n'eut aucun mal à la récolter. En effet, le comte de Kératry, l'ami de Murad, la répétait à qui voulait l'entendre, en l'entourant naturellement de tous les mystères appropriés. J'étais bien placé pour savoir que ce récit ne contenait pas une once de véracité; mais l'utilisation de cette fiction m'intriguait. Qui donc l'avait inventée? Dans quel but? Pourquoi maintenant?

Sur ces entrefaites, Perestou vint me trouver pour me demander des nouvelles de mon frère, preuve qu'elle s'interrogeait sur ces rumeurs. Elle emprunta force détours pour me questionner sans avoir l'air d'y toucher, mais elle aussi doutait de moi. Je lui donnai à lire le rapport que les médecins venaient d'établir à ma requête sur l'état de santé de mon aîné. Indiscutablement il y avait une amélioration; certains jours il était quasi normal, mais cela ne suffisait pas pour le remettre sur le trône, surtout dans les circonstances épineuses que nous traversions. Un changement de règne équivaudrait au chaos.

– Si sultan Murad est vraiment rétabli, vous savez pourtant ce qu'il vous reste à faire, ô mon lion.

– Les médecins sont unanimes pour prédire une rechute plus ou moins proche, ô Validé.

Doucement Perestou me demanda pourquoi je n'avais jamais revu Murad depuis sa déposition. Je lui répondis que protocolairement le face à face entre l'ancien et l'actuel sultan créerait des problèmes insolubles.

– Peut-être mon lion veut-il s'épargner un spectacle qui le bouleverserait ou qui le gênerait.

Je lui exprimai le fond de ma pensée.

– Si Murad n'est pas assez rétabli pour régner, il est vrai qu'il n'est pas assez malade pour être constamment enfermé. Mais il est trop faible pour résister aux intrigues qui se noueraient autour de lui si je lui rendais la liberté : il serait toujours un aimant qui attirerait les ambitieux, les intrigants, les comploteurs. Ses partisans de l'intérieur fomenteraient des troubles ou même des soulèvements en son nom. Certaines puissances le prendraient pour drapeau, à l'ombre duquel elles attiseraient la discorde civile.

Bien que Perestou épousât mes craintes, elle avait pitié de Murad. Elle me rappela sa gentillesse, sa générosité et sa profonde affection envers moi. Elle peignit l'horreur de cette réclusion pour lui, pour ses femmes, pour ses enfants. Je me défendis maladroitement, l'assurant que mon frère ne manquait de rien.

– Si, mon lion, il lui manque quelque chose. Tout le luxe du palais de Tchiringam et ses milliers de serviteurs n'équivalent pas à un instant de liberté.

Alors, dans un soupir je promis à Perestou la liberté de Murad. Lui et les siens seraient désormais autorisés à sortir de Tchiringam autant qu'ils le voudraient. La fierté et l'amour que je lus dans le regard de Perestou furent ma récompense.

Le 20 mai étant un jour de fête, les jardins des palais impériaux s'ouvrirent, selon la coutume, au public. Il y avait ce matin-là beaucoup de promeneurs dans les allées de Dolma Batche, et particulièrement des réfugiés des provinces balkaniques, la plupart des rouméliotes – ces malheureux sans-abri qui encombraient les cours des mosquées et les rues, remâchant leur amertume de la paix honteuse. Insensiblement ils se dirigèrent vers le fond du parc qui communiquait avec celui du palais de Tchiringam. Les gardes de la prison du sultan Murad, habitués aux promeneurs, les virent s'approcher sans s'émouvoir. Soudain, tout bascula. Les rouméliotes se précipitèrent sur les soldats, les neutralisèrent en un instant et envahirent le palais.

Le commandant de Tchiringam était « Hassan 7 et 8 », un enfant de troupe devenu général, un fidèle entre les fidèles, un illettré aussi qui savait si mal calligraphier sa signature qu'elle ressemblait aux chiffres 7 et 8 – d'où son surnom. Hassan 7 et 8 ne savait peut-être pas lire, mais il comprit vite la situation et réagit avec sang-froid.

Je me trouvai à ce moment-là dans le salon du Grand Mabeyn à Yildiz, donnant audience à quelque vizir. Je crus reconnaître au loin des coups de feu, mais n'y prêtai pas attention. Le chef de ma garde fit irruption dans la pièce :

– On se bat à Tchiringam. Le bruit des balles s'entend jusqu'ici.

Je sortis dans le couloir afin de regagner mon bureau. Mon second chambellan se précipita vers moi, en proie à la plus grande agitation :

– Votre Majesté, on réclame Murad sur le trône. La populace attaque le palais. Que Dieu nous aide.

J'ordonnai au chef de ma garde d'alerter la caserne voisine et d'en dépêcher à Tchiringam les soldats albanais. Dans la cour, courtisans et serviteurs couraient en tous sens, terrifiés, inutiles. Après coup, je me suis demandé quel réflexe me poussa alors. Je regagnai mon appartement au harem et me changeai. J'endossai mon uniforme de gala noir et or et pris mon sabre de cérémonie à poignée d'or. Si je devais être renversé ou même assassiné je voulais l'être en tenue d'apparat.

Pendant ce temps, Hassan 7 et 8 avait rassemblé les quelques gardes autour de lui pour arrêter les assaillants. Il résista si vaillamment que les soldats albanais eurent le temps de dévaler la pente et d'arriver à Tchiringam au moment où une centaine d'assaillants étaient sur le point de faire céder le léger barrage. La mêlée devint générale, mais les soldats prirent le dessus. Hassan 7 et 8, armé d'un gourdin, assomma le chef des rebelles et lui assena tant de coups qu'il le tua proprement. Vingt autres rouméliotes gisaient dans des mares de sang et trente autres avaient été blessés.

Murad apparut alors en haut de l'escalier, le regard perdu, l'air vague, un revolver à la main. Hassan 7 et 8, avec une surprenante douceur, le prit par le bras et le reconduisit en ses appartements. Puis il me fit avertir qu'il était maître de la situation.

En ville, les bruits les plus fous coururent. La population crut que les Russes lançaient un assaut. Le Grand Bazar ainsi que les magasins des quartiers chrétiens fermèrent. Je fis paraître dans les journaux un récit officiel et édulcoré de l'incident. Une première enquête révéla, à ma stupéfaction, l'identité de son instigateur, tué par Hassan 7 et 8. Il s'agissait d'Ali Souavi, ancien journaliste, l'ancien libéral transformé en pilier de l'absolutisme qui était venu m'engager à me défaire de Midhat pacha. Son plan était simple. Utilisant l'amertume des réfugiés et comptant sur mon impopularité due à nos défaites, il projetait de s'emparer de Murad pour le rétablir sur le trône.

Perestou me rendit à nouveau visite, cette fois-ci pour m'exprimer combien l'indignaient les rumeurs courant sur ma cruauté. On racontait que je faisais déporter sans jugement les partisans de Murad par centaines, que je jetais au cachot des pachas, des conseillers d'État, des oulémas, des eunuques, des militaires, des accoucheuses, des flâneurs, des ouvriers déguenillés, et même des femmes de mon harem. Cette énumération excita mon hilarité. J'avais moi-même donné instruction à la cour martiale réunie pour juger les coupables de l'attentat d'Ali Souavi de se montrer indulgente. Elle n'avait prononcé qu'une seule peine de mort – que j'avais commuée en prison à vie – et plusieurs déportations.

– On soutient, poursuivit Perestou, que Nami Kemal, le poète, est enfermé sur vos ordres dans un cachot insalubre et sans lumière.

– Il est vrai que je l'ai expédié à Chypre, mais j'ai fait choisir pour lui la plus belle maison, dans laquelle il est logé à mes frais.

Elle se réjouissait que j'eusse disgracié Kutchuk Said pacha qu'elle ne pouvait sentir, le jugeant traître. Mais elle s'étonna cependant que j'aie renvoyé Inglisi Said pacha. C'était pour nommer à sa place Osman pacha le Gazi, le héros de Plevna, lui objectai-je.

Cette réponse ne lui suffit pas. Elle me rappela la fidélité, la loyauté d'Inglisi Said. Elle me reprocha en termes voilés de faire le vide autour de moi. Tous des inutiles, lui répliquai-je. Personne n'avait été capable de prévenir l'attentat et de le déjouer.

Perestou déplorait les excès de ma méfiance. Peut-être, reconnus-je, dans certains cas avais-je frappé sans discrimination, mais mieux valait chasser par erreur un ami que de garder auprès de soi un ennemi inconnu. Car si Ali Souavi n'avait pas eu de complices, son entreprise avait eu des précédents et des ramifications. Ali Souavi était mentalement déséquilibré. Les rapports de police l'établissaient, et j'avais pu m'en apercevoir lors de nos rares rencontres. Mais qui donc l'avait manipulé ? Les francs-maçons de la loge de Murad, vers qui conduisaient plusieurs indices ? Midhat pacha, qui de son lointain exil me bombardait de lettres, de justifications et de protestations ? Pourquoi pas l'Angleterre ? Ma police soupçonnait la femme d'Ali Souavi, d'origine anglaise, de faire du renseignement pour son pays.

Perestou s'informa alors de mes intentions concernant Murad, et je sus qu'elle n'était venue me trouver que pour obtenir une réponse à cette question.

– Rassurez-vous. Je ne suivrai pas l'avis de ce vizir qui, pour excuser son incompétence, est venu me conseiller de me débarrasser de mon frère. D'ailleurs, ajoutai-je en manière de boutade, j'aurais trop peur des vengeances de ses frères maçons si un malheur lui arrivait.

– Je vous connais, mon lion. Vous êtes incapable de faire le mal, et à plus forte raison de tuer.

– En tout cas, il m'est désormais impossible de remettre en liberté Murad...

– Sultan Murad est une victime, prononça Perestou.

– Mon frère, ô Validé, est un douloureux fardeau que je suis condamné à porter jusqu'à ce que Dieu en décide autrement, c'est-à-dire jusqu'à ce que l'un de nous deux meure.

L'ambassadeur d'Angleterre, sir Henry Layard, se présenta à Yildiz peu de jours après l'attentat d'Ali Souavi. Nous étions encore tous sous tension. Les gardes l'inspectèrent avec méfiance; les chambellans, dans leur nervosité, ne déployèrent guère de courtoisie. Il crut cette attitude dirigée contre lui et s'en offusqua. J'affichai calme et sourire lorsqu'il pénétra dans le salon d'audience, un écrin de dorures, de miroirs et de damas opulents, conforme au goût de son créateur, mon oncle Aziz.

Le diplomate s'avança avec cette gaucherie désinvolte, caractéristique du noble anglais. Il ne fallait pas se laisser prendre à l'expression de bêtise que lui donnait sa bouche perpétuellement entrouverte, ni à son expression égarée. Il était en fait la roublardise incarnée. Il m'annonça la réunion prochaine à Berlin d'une conférence internationale. Bien sûr nos plénipotentiaires siégeraient à Berlin, mais le gouvernement britannique se proposait d'y défendre nos intérêts avec toute l'efficacité de sa puissance.

Je demandai à Layard quel serait le prix de cette générosité.

– Votre Majesté impériale promettra des réformes en faveur des communautés chrétiennes.

Cela, c'était pour amuser la galerie. J'attendais l'essentiel, qui immanquablement allait suivre :

– Pour nous permettre de faire des provisions nécessaires afin d'exécuter nos engagements, Votre Majesté impériale consent à ce que l'île de Chypre soit occupée et administrée par l'Angleterre...

– Je constate, Excellence, qu'après des mois de tâtonnements, le choix du gouvernement britannique s'est enfin fixé sur ce butin.

Layard eut un haut-le-corps, à croire qu'il avait avalé sa langue. Je m'étais attendu à pire, à des exigences territoriales bien supérieures, mais je me gardai de révéler mon soulagement :

– Hélas ! monsieur l'Ambassadeur. Je ne peux céder la moindre parcelle de mon Empire ; je n'en ai pas le droit.

– Chypre, Majesté, ne présente aucune utilité pour l'Empire. Cette île désespérément pauvre ne rapporte rien, à tel point qu'elle sera un poids plus qu'un avantage pour l'Angleterre. Et si nous la réclamons, c'est parce que nous y sommes contraints. La présence de l'Angleterre à Chypre permettra de renforcer l'autorité de Votre Majesté en Syrie et en Mésopotamie, où elle risque d'être contestée.

– L'Angleterre s'est-elle substituée à mon astrologue pour prévoir des mouvements séditieux en des provinces où rien ne bouge ?

Mon sarcasme eut le don d'irriter l'ambassadeur.

– Si Votre Majesté ne consent..., la prise de Constantinyé et la partition de ses royaumes en seront le résultat immédiat. Rien ne pourra sauver l'Empire...

– Certes, monsieur l'Ambassadeur, mais si les armées russes campaient à Constantinyé, le danger pour l'Angleterre serait aussi grand que pour nous ; car dès ce moment, la Russie s'ouvrirait la route des Indes.

Notre tradition de marchandage m'interdisait de céder sans discussions. J'argumentai, je donnai d'autant plus l'impression d'être éloigné de toute concession que j'avais déjà pris ma décision. Si je n'abandonnai pas Chypre, nous renoncions à l'appui anglais. Layard, en face de moi, s'embourbait, perdait pied. Irrité, anxieux, son visage rougissait, ses mots s'entrechoquaient comme si son dentier menaçait de se décrocher. Il perdit patience au point de me lancer :

– Que vous nous autorisiez ou pas à occuper Chypre, de toute façon nous le ferons.

– Je vous y autorise, mais à la condition expresse

qu'elle nous soit restituée quand les Russes nous rendront Batoum, Kars, Ardahan occupés à titre provisoire comme dommages de guerre.

Layard, qui voyait enfin l'accord en vue, se fit conciliant :

– Je promets à Votre Majesté qu'en ce cas Chypre sera immédiatement évacuée par nous.

L'accord fut signé le 4 juin 1878, en grand secret, et une semaine plus tard le Congrès de Berlin s'ouvrit. Je fus rapidement fixé. Dès le début, le chancelier prussien, Bismarck, qui présidait, écrasa nos plénipotentiaires à coups de semonces, de menaces et d'explosions. Il leur fermait la bouche, lorsqu'ils protestaient contre une iniquité, avec une brutalité qui médusait les plus chevronnés. Sa politique l'induisait à plaire aux Russes et il s'était fait le porte-parole de leur violence.

Dès le début, malgré l'accord, malgré Chypre, les Anglais nous trahirent... Chaque fois qu'ils nous arrachaient une province, ils avaient le front d'énumérer les économies que nous ferions, « les dangers formidables » auxquels nous échapperions. Ils nous dépouillaient en nous assurant que l'Europe avait envers nous les meilleures intentions.

Le seul bon moment pour moi fut la lecture de cette dépêche de Berlin me contant une séance mémorable. Les problèmes avaient été quasiment tous résolus, c'est-à-dire nos pertes entérinées ; la conférence s'avançait vers sa conclusion lorsqu'un matin les plénipotentiaires britanniques Salisbury, et surtout Disraeli, ce suave, fragile et diabolique Premier Ministre britannique, qui en coulisses tirait les ficelles du Congrès, prenant place à la table des réunions, ne rencontrèrent que des regards sévères et des mines outrées. Que s'était-il donc passé ? Avec d'infinies recommandations, on avait confié la traduction et la copie de l'accord sur la cession de Chypre à un certain Marvin, voyageur de profession. Celui-ci n'avait rien eu de plus pressé que de vendre le document, pour une fort jolie somme, au quotidien anglais *The Globe*. Ayant découvert ces accords dans la presse, les autres négociateurs, furieux, reprochèrent en termes non équivoques leur félonie aux Anglais. Au début de la conférence, n'avait-on pas exigé de chaque gouvernement le solennel serment qu'il n'existait aucun engagement secret sur les questions pendantes ? Disraeli et Salisbury n'avaient-ils pas juré ?

La mine penaude des deux Anglais ne fit qu'exaspérer encore davantage leurs collègues. Le ministre français des Affaires étrangères, Waddington, claqua la porte. Disraeli, effondré de voir affichées ses turpitudes, prit le lit, laissant Salisbury se débrouiller seul avec les plénipotentiaires hors d'eux. Alors Bismarck, le pacifique Bismarck, voulut bien s'entremettre pour éviter la rupture. Il persuada le Français de reculer son départ et, comme avec tout diplomate digne de ce nom, le drame se termina en marchandage... dont, une fois de plus, nous fîmes les frais.

XIV

Pour tourner la page sur nos défaites, nos pertes, notre honte, je décidai de me consacrer au rêve que je caressais dès avant mon accession au trône : la modernisation de notre empire dans des domaines sur lesquels je m'étais penché et que j'avais fait étudier par des experts. J'étais impatient de mettre en application le fruit de ces années de réflexion, et de nous hisser au niveau des pays européens. Je m'attaquai à la réforme judiciaire, au développement du réseau ferroviaire et routier, à la mécanisation de l'agriculture. L'éducation, qui avait été le projet le plus cher de mon frère Murad, me tenait particulièrement à cœur. Dix-huit nouvelles Grandes Écoles s'ouvrirent à Constantinyé. La première université turque fut enfin créée. Dans toutes les provinces, les écoles primaires se multiplièrent. Quant à l'enseignement secondaire, il reçut son organisation définitive.

Désireux d'effacer l'impression détestable laissée par la banqueroute de mon oncle Aziz et de neutraliser la Commission internationale, qui, sous couleur de gérer notre passif, pratiquait à grande échelle l'impérialisme économique, je publiai le décret sur la dette publique, qui nous rendait la confiance des étrangers sans porter atteinte à notre souveraineté.

Pour m'assister, je rappelai d'exil Kutchuk Said et le fis grand vizir. Je me méfiais de l'homme, je doutais de sa probité intellectuelle et morale, mais c'était le seul capable, par son intelligence et son habileté, de mener à bien un programme aussi vaste. Je traçais le sillon, il semait derrière moi.

Afin de suivre plus diligemment l'élaboration et l'application des réformes, je centralisai les rouages du pouvoir à Yildiz, qui devint une véritable ruche. J'y multipliai les bureaux. Je fis engager des interprètes dans toutes les langues : grec, arménien, hébreu, arabe, français, anglais, allemand. Je tâchai de suivre en personne les affaires, de la plus grande à la plus petite.

Afin de m'éviter les mésaventures de mon oncle Aziz et de mon frère Murad, je réorganisai la police secrète. Les informateurs me remettaient quotidiennement leurs rapports, leurs « djournals ». Cette organisation me convenait parfaitement. Timide de nature, je préférais les dossiers, la paperasse aux contacts humains et surtout aux sorties en public. Je gouvernais du fond de mon bureau, abattant une quantité de travail que certains jugeaient effarante, mais qui m'apparaissait normale. Je trouvais dans cette immersion un profond plaisir.

Depuis longtemps j'avais pris conscience de notre impuissance face à la presse, cause majeure du vide qui s'était fait autour de nous dans l'épreuve. Je décidai d'ouvrir mon palais aux journalistes. Je revis avec plaisir Arménius Vambery. Je le logeai à Yildiz et le couvris d'égards, escomptant que ce vieil ami de la Turquie chanterait nos louanges. J'allai jusqu'à inviter Edwin Pears, qui s'époumonait à dénoncer mon absolutisme. Il imposa ses conditions, et lorsque je proposai à ce vétéran de le décorer, il se montra carrément grossier. De toute évidence, jamais je ne parviendrais à le désarmer. Je venais pourtant de faire un geste qui aurait dû l'amadouer. Je m'étais réconcilié avec son ami Midhat pacha. J'avais envoyé mon yacht en Occident pour ramener l'exilé, et je l'avais nommé gouverneur général de Syrie.

Dans ce laborieux programme, je réservais quelques heures de loisir que je consacrais à la musique. Tous les membres de notre famille avaient de l'oreille et mon père avait formé mon goût. « La musique orientale est belle mais dégage toujours de la tristesse. La musique occidentale est variée – elle donne de la joie », me répétait-il. Et de mettre sur mon pupitre les partitions de Verdi, de Donizetti. Lui-même avait été initié à la musique italienne par le frère de ce dernier, qui, pendant des décennies, avait été maître de musique au palais impérial. Et mes premières années gardaient le souvenir d'un petit vieillard toujours agité et plein de facéties.

Le petit théâtre de Yildiz venait à peine d'être achevé, un joyau bleu, jaune et or, une miniature décorée sur toutes les coutures. Un dôme minuscule peint à fresque couronnait le plafond étoilé.

J'avais fait venir à Yildiz des solistes de grande qualité pour étoffer notre orchestre qui compta jusqu'à soixante musiciens. Je faisais représenter les œuvres légères préférées du harem, l'opéra de la fille du soldat *(La Fille du régiment)* et surtout l'opéra du berger *(La Belle Hélène)*. Personnellement, je préférais les opéras plus dramatiques, comme celui du forgeron *(Le Trouvère)* ou celui du brigand *(La Force du destin)*.

On donnait ce soir la « Madame Camélia » » *(La Traviata)*, mon opéra favori. J'occupais la loge centrale avec Osman pacha, qui préférait notre musique traditionnelle turque. Derrière les grilles dorées des loges du harem, mes cadines pépiaient. Certains pachas qui eussent certainement préféré un spectacle de variété légère venu de Paris, comme il s'en produisait tant à Péra, s'apprêtaient à sommeiller. Ils ne le purent, fascinés comme moi par Violetta. La cantatrice qui tenait le rôle était une brune et voluptueuse beauté, brûlant de fougue, d'autorité et de douceur. L'émotion se lisait sur son visage, et je ne pouvais détacher les yeux des mouvements de son corps, tour à tour provocants et alanguis. Elle s'appelait Amalia Ciampi. Dans sa famille tout le monde chantait, et ce soir tout le monde se retrouvait sur scène : le père, la mère, les deux fils, les deux brus, la fille, la belle Amalia et son mari, car mari il y avait, qui tenait le rôle du père noble.

L'œuvre touchait à sa conclusion, à mon double regret car je n'avais jamais supporté les fins malheureuses. Figé de tristesse, j'attendais la mort de Violetta. Or voilà que soudain, à ma surprise, au moment où elle devait entonner la dernière aria : « *Prendi, quest'e l'imagine...* », le médecin arrivait dans la soupente misérable de la mourante, lui administrait un remède miraculeux qui la guérissait, Alfredo qui avait tout compris tombait dans ses bras et le mariage se faisait avec la bénédiction du signor Germont revenu à des sentiments meilleurs. Les dames du harem, qui adoraient pleurer, furent infiniment déçues, les pachas ne comprirent rien, et moi, j'exultai.

Comme à l'accoutumée, je me fis présenter les chanteurs dans le minuscule foyer jaune et or derrière ma loge. Il me fut impossible de ne pas remarquer les avenantes rondeurs et les profondeurs inspirantes du décolleté d'Amalia Ciampi lorsqu'elle s'effondra dans une gracieuse révérence. Je demandai à la compagnie de m'expliquer la mystérieuse transformation de la fin de l'œuvre. Ce fut Amalia qui répondit : elle avait appris mes goûts en matière de livret et, pour me plaire, elle avait voulu modifier la dernière scène. Toute la famille taquinait de la composition, et réécrire une fin – musicalement dans l'esprit de Verdi mais diamétralement opposée – avait été un jeu d'enfant.

Lorsque je lui passai au doigt une émeraude, ses yeux posèrent sur moi un regard embué et appuyé.

Deux jours plus tard, je l'invitai à prendre le thé, à une heure inhabituelle. Le moment de la sieste juste après le déjeuner, où chacun se retirant chez soi le palais se vidait, était le plus propice à la discrétion. Je la reçus dans le jardin d'hiver situé au dernier étage du Domaine privé, le kiosque qui venait d'être achevé pour mon usage personnel. Elle parut étonnée d'avoir été conduite au grenier pour rencontrer le sultan, mais elle reprit vite son aplomb. Elle circulait dans la longue pièce au toit de verre détaillant avec une sorte d'émerveillement les plantes exotiques dans des cachepot de Chine et les cages à oiseaux placées sur des guéridons. Sa robe fort ajustée en dentelle écrue mettait en valeur la finesse de sa taille et les rondeurs prometteuses de ses formes. La vaste capeline jetait une ombre dorée sur son visage. Nous nous assîmes sur un canapé en bambou et je lui servis le thé comme je l'avais vu faire aux ambassadrices étrangères. Cette Occidentale m'intimidait quelque peu. Attendait-elle que je déploie ce cérémonial amoureux des romans dont mon frère de lait me faisait certains soirs la lecture ?

Amalia, bien qu'ayant à peine fini de déjeuner, dévorait les pâtisseries et les sucreries que je lui présentais. Ce bel appétit m'enhardit. Je lui pris la main. En réponse, son sourire fut une invite. Ce fut au son des trilles de mes volatiles qu'elle s'abandonna.

Ses visites se renouvelèrent, au rythme de trois par semaine. Elle aimait être emportée au triple galop par la voiture de cour noire aux harnais d'or. Elle aimait entendre le cocher crier « Destur ! » (attention !) afin de s'ouvrir un chemin dans la circulation. Elle aimait voir les gardes aux portes du palais lui présenter les armes.

Aussi amoureux de sa voix que de son corps, je la fis chanter le plus souvent possible. Elle défendait avec un art consommé ses intérêts, ceux des siens jusqu'à ceux de son mari. Je la laissais marchander son cachet, non que je voulusse refuser les sommes exorbitantes qu'elle me demandait, mais pour le simple plaisir de la voir présenter ses arguments en les enrobant de toute la séduction dont elle était capable. Elle exigea, par exemple, que son mari tînt le rôle de Rigoletto dans l'opéra de la fille du roi. Je lui objectai qu'il exigeait une voix de ténor et non de baryton. Elle insista. Je négociai donc et réclamai en échange que l'on modifiât la fin de l'œuvre, car je jugeais le livret subversif politiquement et insultant pour les souverains. Elle me promit d'inverser la fin pour faire du duc de Mantoue « le bon » et de Rigoletto « le méchant ».

La personnalité d'Amalia contrastait heureusement avec la soumission des femmes du harem. Elle était montée à la conquête du sultan comme si ç'eût été la chose la plus facile au monde ; et peut-être l'était-ce. Son audace tranquille me renversait, son franc-parler me réjouissait. Elle débordait de fougue, apportait avec elle un parfum de voyages, d'aventures. Et même ses défauts, sa rapacité, son ambition, étaient faits pour m'amuser.

Le décor où je vivais avait constitué pour Amalia une affreuse déception. Elle me décrivait les palais romains, les palaces de Paris ou de Londres, pour dénigrer ma résidence qu'elle comparait à une villa étriquée et modeste, tout juste bonne pour une famille bourgeoise. Devant ma chambre à coucher en acajou lourdement sculpté qui avait été commandée à Paris, elle s'exclama qu'elle était à peine digne d'un ménage de rentiers. Le mobilier de ce jardin d'hiver où j'aimais à la retrouver, elle le comparait à celui d'un pavillon de vacances à Bournemouth ou à Cabourg. De même, elle critiquait la banalité des costumes de ma cour. Elle jugeait l'uniforme noir brodé d'or de Djever agha, qui l'accueillait à chaque visite, hideux. Elle regrettait les cafetans surbrodés et les immenses turbans des tenues de la cour, tels qu'elle les avait vus sur les gravures du XVIIIe siècle. Elle ne comprenait pas que je me contente de mon service de huit compagnons, huit eunuques seulement. Mes vieilles pantoufles vernies et le fait que je ne possédais pas une seule robe d'intérieur la navraient. Elle avait visité, comme n'importe quel touriste, le trésor du Vieux Sérail et se désolait que je ne fusse pas couvert de joyaux à l'image de mes ancêtres. J'avais renoncé à porter même le rubis que tante Adilé m'avait donné le jour de mon accession, me contentant d'une seule bague, une simple agate montée sur or.

Amalia Ciampi espérait vivre avec moi une liaison selon les règles : officielle, établie et durable. Or je n'avais ni le temps, ni la disponibilité pour ce batifolage. Lors de nos entretiens les plus intimes, mon esprit demeurait ailleurs, habité par les soucis de l'État. Amalia sentait que les préoccupations de mon métier ne m'abandonnaient pas un instant. Sans l'avouer, elle jalousait mon travail. Elle ne retrouvait le sourire que lorsque je lui remettais son cadeau, car à chacune de ses visites je lui offrais une boîte en or incrustée de petites pierreries, au couvercle recouvert d'émail aux vives couleurs représentant un bouquet de fleurs, un paysage. Amalia en possédait désormais une fort jolie collection qu'elle considérait comme une assurance pour l'avenir.

Afin de la distraire, je fis une entorse à la règle et je l'introduisis dans mon harem. Nouvelle surprise, nouvelle déception. Elle s'attendait à découvrir des salles aux murs d'or, pleines de femmes nues merveilleusement belles, couvertes d'énormes joyaux, alanguies autour de piscines de marbre. Elle rencontra quatre cadines, quelques ikbals, des appartements tous identiques, aérés, lumineux, dans un bâtiment sans prétention qui venait d'être achevé, entouré d'un modeste jardin ceint de hauts murs qui les mettaient à l'abri des regards masculins. Amalia se préparait avec délices à se plonger dans un océan d'intrigues, de jalousies, de perfidies. Or ces femmes s'entendaient parfaitement entre elles et menaient une vie régulière, rangée, somme toute bourgeoise. Le temps était révolu où le harem impérial était une école d'art. Désormais, c'était un pensionnat. Les kalfas se dévouaient aux cadines, leurs maîtresses, qui elles-mêmes se dévouaient à nos enfants. La journée était remplie de multiples occupations, minuscules, indispensables, et des plus banales. Amalia jugea mortel l'ennui de cette existence qui satisfaisait mes femmes. Celles-ci accueillirent avec bienveillance et curiosité l'étrangère. Amalia bâilla d'ennui aux interminables parties de trictrac ou de dominos. Elle voulut introduire les cartes, mais celles-ci, réputées pour porter malheur, furent jetées. Amalia s'étonnait que mes femmes supportent ce qu'elle appelait leur « incarcération », sans comprendre qu'aucune n'était retenue contre son gré. Elles voulurent lui montrer l'étendue de leur liberté. Amalia, qui détestait marcher, grommela de devoir les suivre dans le grand parc attenant à Yildiz, pour les longues promenades autorisées par le directeur des sorties.

Un terrain d'entente fut cependant trouvé... Un après-midi, malgré l'interdiction expresse de me déranger, plusieurs eunuques forcèrent ma porte, et d'un air épouvanté m'annoncèrent qu'Adilé sultane arrivait, hors d'elle. Je savais que ma tante était venue rendre visite à mes cadines et je comptais la rejoindre au harem. Au lieu de la grande dame toujours si composée et si maîtresse d'elle-même, ce fut une furie qui entra dans mon salon. Contrairement aux usages, elle ne me laissa même pas déployer les formules de politesse :

– Cette créature ! hurla-t-elle. Cette créature sera notre perte à tous !

Je compris qu'elle parlait d'Amalia. Je courbai le dos, n'osant poser aucune question. Elle enfonça dans mon bras ses doigts, dont chacun portait un gros cabochon.

– Viens voir avec moi.

Nous empruntâmes la galerie reliant ma résidence au harem voisin. Nous descendîmes quelques marches de marbre, traversâmes une courette étroite, franchîmes une porte de modestes dimensions et grimpâmes silencieusement l'étroit escalier de bois. Adilé sultane me fit signe de ne pas faire de bruit. Elle avait relevé sa traîne pour ne pas alerter ces dames par le bruissement de ses brocarts. Puis, d'un geste impérieux elle me courba jusqu'à la hauteur des carreaux de verre multicolore qui ornaient la porte du salon principal du harem.

– Regarde et aie honte, me chuchota-t-elle.

Je découvris un spectacle inimaginable. Une vingtaine de femmes – mes cadines, mes ikbals et leurs kalfas – semblaient prises de folie. Elles ôtaient leurs vêtements précipitamment, jetaient sur le sol les pantalons lourdement brodés, les boléros, les chemises transparentes à manches longues, les bonnets couverts de monnaie d'or ou de pierreries. Ces merveilles, sorties des doigts de fée des couturières du palais, étaient froissées, piétinées. Puis, lorsqu'elles furent à peu près nues, elles tirèrent de gigantesques cartons des jupes droites, des déshabillés, des corsets à baleines, des bottines montantes et s'essayèrent à les mettre. Mais ces nouveautés les rendaient malhabiles. Alors elles se penchaient sur des copies du *Journal des modes* qui traînaient sur les consoles, ou demandaient conseil à Amalia. Celle-ci, assise majestueuse et impassible dans un fauteuil, fumait un court cigare à la Lola Montès et contemplait avec calme ce pillage. Elle laçait un ruban ici, faisait bouffer une manche là, apportant toute l'assistance souhaitée. Ces dames s'en prirent à leur coiffure. Elles défirent nerveusement leurs longues tresses traditionnelles et en détachèrent les fils de perles mêlés à leurs cheveux. Amalia se leva pour faire à la première qui lui tomba sous la main un énorme chignon, pendant que les autres faisaient cercle autour d'elle et, bouche bée, tâchaient de l'imiter. Puis, d'un petit carton, Amalia sortit des fleurs artificielles, la dernière fureur de la mode parisienne, et en piqua plusieurs dans sa création. Les plus rapides se précipitèrent sur les colifichets restants et vidèrent le carton. Alors les retardataires se ruèrent sur les vases de Sèvres, en arrachèrent les roses et les œillets de soie et les plantèrent crânement dans leurs ébauches de chignon. Bientôt il n'y eut plus une seule fleur en tissu disponible dans le salon et ces dames, au comble du bonheur, de se tourner et de se retourner devant les grands miroirs lourdement encadrés de bois doré.

– Ne vas-tu pas intervenir? me demanda impatiemment Adilé sultane.

– Ce n'est pas le moment, personne ne m'écouterait.

Je vis ma tante faire le geste d'ouvrir brutalement la porte, puis elle abandonna la poignée qu'elle avait déjà saisie, fit demi-tour et s'éloigna lentement. Je la suivis alors qu'elle descendait pesamment l'escalier, sa traîne balayant le tapis rouge. La main sur la rampe, elle s'arrêta et se retourna vers moi :

– J'appartiens peut-être à une génération révolue... Mais n'oublie pas, mon lion, que les traditions, elles, ne sont jamais révolues.

Pervine Felek Hanoum avait épousé le fils d'un de mes collaborateurs les plus proches, l'ambassadeur Munir pacha, et elle avait ses entrées au palais. Une demande d'audience de sa part n'avait rien d'extraordinaire. Auparavant elle avait appartenu au harem de mon oncle Aziz, dont elle avait été l'un des principaux ornements. Dès qu'elle eut franchi le seuil de mes appartements, je pressentis un drame. Elle s'était épaissie comme tant de nos femmes, mais avait conservé la beauté que je lui avais connue adolescente. Hélas, son visage m'apparaissait bouleversé, ses yeux roulaient en tous sens, elle se tordait les mains et restait plantée là, incapable d'articuler. Je parvins cependant à la faire asseoir, à l'apaiser un peu. Pervine Felek Hanoum ne pouvait plus garder un secret trop lourd pour elle. Elle ne prononça que deux phrases. Elle parlait si bas que je dus littéralement coller mon oreille à sa bouche. J'entendis néanmoins distinctement :

– Sultan Aziz ne s'est pas suicidé. Il a été assassiné.

Elle était parmi les ikbals qui s'étaient trouvées dans la pièce au-dessus de la chambre de mon oncle au moment de la tragédie. Comment! D'après leurs dépositions, elles avaient quitté leur poste d'observation après s'être assurées qu'il ne se passait rien d'anormal! Je la pressai de questions, mais elle m'opposa un mutisme douloureux. Elle avait peur, elle voulait fuir, elle tournait sans cesse la tête du côté de la porte. Je la laissai partir.

Des images, des soupçons, des états d'âme, vieux de cinq ans, me revinrent en mémoire avec une extraordinaire précision. Au fond de moi, je n'avais pas un instant douté que mon oncle n'ait été assassiné. Mais les preuves ou même les indices m'avaient manqué. Ma sérénité avait volé en éclats, je me sentis pris d'une extraordinaire fébrilité. Toutes affaires cessantes, je convoquai le ministre de la Police. Je lui ordonnai l'enquête la plus sévère, la plus secrète. Aucun moyen, aucune précaution ne devait être négligé. Plusieurs jours durant je fus incapable de me concentrer sur quelque sujet que ce fût.

Enfin mon vizir m'annonça que la police s'intéressait à un lutteur professionnel, un certain Mustafa, qui récemment, lors d'une beuverie, aurait proféré d'extravagantes vantardises et qui disposait de fonds bien supérieurs à sa condition. Je commandai de l'arrêter et de l'amener à Yildiz.

Je me souviens de ces deux petites pièces sombres, étroites du poste de garde où je n'avais encore jamais mis les pieds. Elles n'étaient pas sales, elles étaient sordides, empuanties par l'odeur du tabac, de la sueur. Dans l'une était interrogé le lutteur, de l'autre je suivais par la porte entrebâillée l'interrogatoire. Les questions et les réponses s'enchaînaient avec une lenteur étrange. A la voix rauque, à l'accent anatolien de l'officier de police répondait la voix nettement plus policée, bien que chargée de relents populaires, du lutteur.

Il était assis, très calme, devant la table de bois blanc. Je m'étais attendu à rencontrer une montagne de muscles; son physique n'était pas particulièrement impressionnant. Je voyais parfaitement son visage aux traits communs, sans expression. Il ne fit aucune difficulté pour avouer. Son récit était tellement atroce que j'éprouvai d'abord une sensation d'irréalité, renforcée par sa voix tranquille. Il ne trahissait aucune émotion en détaillant son forfait. C'était lui qui avait coupé les veines du sultan avec un couteau. Il accompagna sa description de gestes esquissés mais significatifs. Dans leur simplicité, ses mots avaient un terrifiant pouvoir d'évocation. J'étais livide et l'officier de police, debout à côté de moi, prit peur; oubliant le protocole, il m'offrit un verre de raki. Avec le même détachement, l'assassin poursuivait ses aveux. Qui lui avait donné le couteau? Qui l'avait payé? Là non plus il ne fit aucun mystère. Il livra des noms, beaucoup de noms. A certains je bondis presque de surprise. D'autres me remémorèrent des impressions anciennes, aigres, tristes. J'avais envie de pleurer, tant sur le sort de mon malheureux oncle que de voir confirmés après tant d'années des soupçons déchirants. Il me semblait pourtant que l'aveu du lutteur me libérait d'un secret qui jusqu'alors m'avait étouffé. Lorsque je quittai la pièce, j'étais un autre homme, vieilli et plus léger à la fois.

Je réunis le Conseil privé. J'annonçai qu'il était possible que feu le sultan Aziz ne se fût pas suicidé, mais qu'il eût été assassiné. Les coupables auraient été découverts et arrêtés. Quant aux instigateurs du meurtre, ils seraient pour certains très haut placés. Cette déclaration suffit à déclencher une campagne de rumeurs sans précédent. La ville entière parlait de l'affaire. La liste des noms des supposés coupables s'allongeait constamment, souvent avec une fantaisie inouïe, mais parfois une précision significative. Bien vite, la presse s'en mêla. Pour les journaux à sensation, nul doute : Abdul Aziz avait bel et bien été assassiné. Dans les cercles bien informés, l'identité des meurtriers et des instigateurs se précisait. On parla de Mehemet Rujdi pacha, grand vizir du temps de mon accession au pouvoir ; du cheikh Ul Islam qui avait signé les fetvas déposant mon oncle et mon frère. On prononça le nom de mon beau-frère, le damad Mahmoud Djelladédine pacha, naguère mon favori.

Insensiblement, les regards se tournaient vers Midhat pacha que j'avais récemment élevé au poste de gouverneur de Smyrne. De Constantinyé, ses amis lui conseillèrent de fuir. Il répondit avec hauteur qu'il n'avait rien à se reprocher et donc aucune raison d'abandonner son pays. Lorsqu'un de ses plus anciens et de ses plus fidèles partisans, devenu soutien inconditionnel du trône, exigea dans un article retentissant l'arrestation de tous les coupables directs ou indirects du meurtre d'Abdul Aziz, Midhat monta sur ses grands chevaux. Il m'écrivit une lettre de protestation et donna sa démission.

Je voulais éviter tout esclandre. Je dépêchai à Smyrne un de mes aides de camp, le général Hilmi pacha. Midhat pacha, apprenant son arrivée, le fit surveiller par ses espions. L'un d'entre eux, un policier particulièrement rusé, se déguisa en riche marchand, descendit au même hôtel et invita Hilmi à un dîner très arrosé, pour lui tirer les vers du nez...

Lorsque Hilmi reçut l'ordre qu'il attendait de moi, il endossa son uniforme, passa à la caserne, prit des troupes et courut chez Midhat. Peu après minuit, les soldats, baïonnette au canon, envahirent la maison et n'y trouvèrent pas Midhat, malgré une fouille en règle. Ils ne renoncèrent à le chercher que lorsque la femme de Midhat prévint Hilmi pacha que si la troupe restait une seconde de plus dans sa maison, elle se mettrait à la fenêtre et appellerait la population à son secours. Hilmi crut plus prudent de se retirer. Quelques heures plus tard, un télégramme m'apprenait que Midhat s'était réfugié au consulat de France aussitôt cerné par les troupes d'Hilmi pacha.

Bien évidemment Midhat avait été averti par ses espions. La nuit fixée pour son arrestation, lorsque Midhat entendit, partis des casernes, trois coups de canon, il comprit de quel signal il s'agissait. Il quitta sa maison par une porte secrète qu'il y avait fait récemment ouvrir, et accompagné d'un seul secrétaire descendit sur le quai pour rejoindre le vapeur de la compagnie Jolly qui l'attendait sous pression. Mais il trouva le port bloqué par des soldats. Alors il héla un fiacre et, se rappelant que le consul d'Angleterre était absent de la ville, se fit conduire au consulat français. Sitôt franchi le seuil, il demanda la protection de la France.

Le consul Pélissier, affolé de la responsabilité qui lui échoyait, télégraphia à son supérieur l'ambassadeur pour demander des instructions. L'ambassadeur de France, à son tour, en référa au Quai d'Orsay. Informé de ce remue-ménage et voulant éviter que l'arrestation de l'ancien grand vizir ne devienne un imbroglio international, je fis télégraphier au consul Pélissier de tout suspendre jusqu'à l'arrivée de mon porte-parole. Celui-ci réussit à parvenir à Smyrne dès le lendemain et se fit recevoir par Midhat au consulat.

– Revenez à Constantinyé avec moi, Altesse. Le padicha vous promet un jugement équitable. D'autre part, refuser serait avouer votre culpabilité...

– Qu'en pensez-vous, monsieur le Consul? Avez-vous reçu une réponse de Paris? La France accepte-t-elle de me protéger, de m'héberger?

M. Pélissier se tortilla, tira sa moustache, plissa les yeux, et au comble de la gêne avoua enfin :

– Tout à fait entre nous, Altesse, la France se refuse au moindre geste qui pourrait offenser le sultan.

– Dans ce cas il ne me reste plus qu'à me rendre.

Ce fut une ville militairement occupée que traversa

Midhat pour gagner le fort. Les boutiques étaient fermées, aucune activité ne se manifestait. La vie était suspendue pour vingt-quatre heures – le temps nécessaire pour qu'un de mes yachts atteigne Smyrne et que Midhat y soit embarqué. Ramené à Yildiz, on l'enferma sur mes instructions dans le kiosque de Malte, une ravissante folie rococo au crépi violine, édifiée par Abdul Aziz au milieu des arbres du grand parc.

Pour éviter les accusations de partialité et prouver que ma justice ne s'arrêtait nulle part, je laissai la police inquiéter tous ceux que Mustafa le Lutteur avait dénoncés, y compris les plus proches de moi. L'ancienne validé, la mère de mon frère Murad, fut longuement interrogée, le damad mon beau-frère, en dépit des prières de sa femme Djémilé, ma sœur préférée, fut arrêté. Son alliance dans le crime avec Midhat, son pire ennemi, m'avait laissé interdit. L'ambition parfois rapproche aussi puissamment qu'elle oppose, et le projet de domination conjointe du faible Murad avait dû lier les deux adversaires.

XV

J'avais choisi les juges les plus intègres et les plus compétents pour composer la Haute Cour d'exception. J'avais veillé aux moindres détails et j'avais visité les lieux, une vaste tente verte dressée contre le kiosque de Malte. Enfin mes secrétaires, auditeurs des séances, me téléphonaient de quart d'heure en quart d'heure pour m'informer de leur déroulement. Ainsi eus-je l'impression de les suivre en personne.

Un côté de la tente était occupé par un large banc, où prirent place les membres du tribunal, trois musulmans et deux chrétiens en redingotes noires et fez rouges, présidé par un ouléma en robe noire et turban blanc. A gauche et à droite, le procureur public, les secrétaires, les subordonnés étagés sur les gradins. Devant eux dans un fossé, les inculpés étaient assis sur des chaises de paille, Midhat pacha, mon beau-frère Mahmoud Djellalédine pacha, un chambellan, d'anciens fonctionnaires, trois officiers de la garde, deux lutteurs professionnels et un veilleur de nuit du palais. Environ cent vingt spectateurs, admis sur invitation, étaient groupés sous une sorte de marquise : le corps diplomatique mené par l'éternel ambassadeur de Perse plus goutteux que jamais, plusieurs reporters de la presse internationale, mes secrétaires, des oulémas.

Les accusés ayant décliné leur identité, le procureur passa à l'acte d'accusation. Plusieurs jours après la déposition du sultan Abdul Aziz, le damad Mahmoud

Djellalédine pacha avait engagé un lutteur professionnel et un garde de nuit pour assassiner l'ancien souverain, leur promettant à chacun cent livres sterling et une pension de trois livres sterling, ainsi qu'il apparaissait dans les comptes de la liste civile. Le crime avait été commis avec l'assistance du chambellan Fahri bey, tandis que deux autres fonctionnaires du palais qui avaient introduit les assassins montaient la garde, l'arme au poing, à la porte de la chambre.

Le premier témoin appelé fut le lutteur professionnel Mustafa. Il répéta le récit que j'avais entendu, ajoutant seulement que le couteau lui avait été remis par Mahmoud Djellalédine en personne. Sa déposition fut confirmée par un des fonctionnaires accusés, qui déclara avoir maintenu la victime avec le chambellan Fahri bey pendant que le crime était commis.

Fahri bey, un jeune homme à la longue moustache blonde, grand et frêle, prit la suite. Il contesta la déposition de Mustafa le Lutteur. Les autres prisonniers interrogés, sans expliquer la façon dont Abdul Aziz était mort, proclamèrent tous leur propre innocence. Arriva le tour du damad Mahmoud Djellalédine. Il nia avec indignation avoir tenu le rôle dont le chargeaient le lutteur professionnel comme les autres.

Vers deux heures de l'après-midi, Midhat pacha fut appelé à la barre. Il tentait de cacher son émotion en jouant avec sa barbe ou en mettant en ordre ses notes, et réfuta avec emphase les accusations portées contre lui. Lorsque le juge lui reprocha de ne pas avoir, immédiatement après la mort d'Abdul Aziz, ordonné une enquête, il admit sa culpabilité. Il avait péché par omission, mais en même temps il maintenait que sur ce point, les autres ministres étaient aussi coupables que lui. A la question de savoir pourquoi il s'était réfugié au consulat de France, ses réponses, bien qu'ingénieuses, ne satisfirent pas la plupart des observateurs. A la différence des autres accusés, il lui fut permis de se retirer dès sa déposition achevée.

Plusieurs témoins furent ensuite entendus, pour la plupart des gens de modeste extraction, qui confirmaient le récit de Mustafa le Lutteur. Le plus intéressant parmi eux fut un vieux et frêle musulman à barbe blanche, qui raconta d'une voix à peine audible qu'ayant lavé le cadavre d'Abdul Aziz, il avait noté une petite blessure dans la région du cœur...

A sept heures et demie du soir, seulement, la cour ajourna la séance.

Le lendemain, après avoir donné la parole aux avocats des accusés, la cour statua que Mustafa le Lutteur, le gardien de nuit, le chambellan Fahri bey et le fonctionnaire de la cour accusé d'avoir maintenu Abdul Aziz pendant qu'on l'assassinait étaient coupables de meurtre. Midhat pacha, le damad Mahmoud Djellalédine pacha et plusieurs autres furent déclarés complices du crime.

Midhat pacha pendant plus d'une heure se défendit de l'accusation de complicité dans l'assassinat. Connaissant la procédure par cœur, il souligna plusieurs erreurs commises et demanda à pouvoir effectuer un contre-interrogatoire des témoins. Lorsqu'on en revint à sa fuite au consulat français de Smyrne, de nouveau il dénonça des vices de forme et s'étonna d'avoir été accusé sur des preuves insuffisantes. Nonobstant son plaidoyer, la cour le condamna à mort avec neuf des accusés, dont mon beau-frère.

Les amis de Midhat dénoncèrent à l'envi la manipulation du procès. Les Anglais se montrèrent particulièrement violents, et le *Times* de Londres répandit jour après jour des horreurs sur mon compte. Les prisonniers enfermés au palais avaient subi d'inqualifiables pressions pour les contraindre aux aveux. Mon grand eunuque avait été jusqu'à battre en personne le chambellan Fahri bey. Le verdict avait été décidé à l'avance sous mon contrôle. Il n'y avait eu chez les juges – choisis parmi les ennemis personnels de Midhat – ni indépendance ni impartialité, et chez les défenseurs terrifiés aucun zèle, bien au contraire. J'eus beau faire paraître un communiqué dans lequel l'ancienne validé Peztevnial me remerciait d'avoir traîné en justice les assassins de son fils, le *Times* déclara qu'il s'agissait d'un faux grossier.

Pour donner le change sur le dilemme qui me torturait et pour tenter de trouver un instant de répit, je fis représenter une nouvelle fois la Madame Camélia. Je ramenai ensuite Amalia avec moi et à peine arrivés dans le Domaine privé, je me jetai sur elle avant même de passer à table. La violence de mon désir la surprit. Lorsqu'elle fut de nouveau habillée, coiffée et maquillée, nous passâmes dans la salle à manger. J'appréciais la douceur ouatée du décor, son luxe discret dont je m'étais plu à choisir les composantes. Les compotiers, les corbeilles de fruits, les chandeliers d'argent, les assiettes de porcelaine blanche à bord rouge ornées de mon chiffre, les verres en baccarat rouge et blanc, les couverts en or massif. Devant moi était la salière d'or que ma mère m'avait donnée peu avant sa mort.

Les officiers de la bouche avaient déposé leurs paniers et leurs grands plateaux sur une table dressée dans l'entrée car ils n'avaient pas le droit de pénétrer dans la salle à manger du moment qu'une femme s'y trouvait. Deux kalfas du harem assuraient le service. Tout en dégustant sa ballottine de caille Bellevue, Amalia eut presque les larmes aux yeux lorsque je la complimentai sur sa prestation.

– Votre admiration rend encore plus pénible notre décision de quitter Constantinyé, mais hélas! nous avons épuisé notre crédit. Nous ne jouons pratiquement plus que pour vous. Et bien sûr nous bénéficions de vos largesses, mais elles n'équivalent pas aux recettes d'une véritable carrière.

Ce n'était pas la première fois qu'Amalia, sûre de mon attachement, menaçait de partir. Ce n'était pas non plus la première fois que ma réponse avançait les meilleurs arguments pour la retenir.

– J'y avais pensé, belle Amalia... et voici pour vous rassurer, lui dis-je en lui tendant un sac de cuir de proportions considérables qui produisit un tintement des plus encourageants.

Alors, l'Italienne pencha la tête de côté, afficha cet air attendri et presque triste qui toujours m'excitait, avant de reprendre avec entrain le souper. Pendant qu'elle goûtait aux délices des cuisines impériales, je touchai à peine au potage et aux fruits que je m'étais fait servir. Ce soir même, contre toute habitude, je ne demandai pas mon gâteau préféré, un kadaif à la crème. Je regardais silencieusement mon assiette tandis qu'elle dévorait. Brusquement, elle posa ses couverts :

– C'est le procès de Midhat qui vous préoccupe, n'est-ce pas?

Je levai les yeux comme pris en faute :

– La cour de révision à laquelle les condamnés ont fait appel a confirmé le jugement du tribunal. Au conseil des ministres ce matin, mes vizirs unanimes ont déclaré que les accusés méritaient leur condamnation, mais ils m'ont laissé à moi seul le soin de prendre la décision ultime.

J'avais besoin de parler à quelqu'un, maintenant, tout de suite, au milieu de la nuit. M'avait-elle assez reproché de ne jamais être spontané? En ce moment je l'étais, presque malgré moi. Confronté avec une des plus graves décisions de ma vie, je me sentais serré dans un étau... Elle répéta sa question que je n'avais pas entendue :

– Qu'allez-vous faire?

– Pour m'aider à prendre ma décision j'ai réuni un conseil, vingt-cinq personnalités, des anciens grands vizirs, des ministres actuels, des oulémas. Chacun m'a exposé longuement ses vues, puis nous sommes passés au vote : quinze voix pour l'exécution capitale, dix pour une remise de peine.

Avec un large sourire et d'une voix flûtée, Amalia commenta :

– Mais alors, vous avez gagné. Vous tenez enfin la vengeance que vous attendez depuis si longtemps.

Choqué, je lui demandai ce qui lui faisait dire cela.

– Le monde entier sait que vous haïssez Midhat pacha. Vous n'avez plus besoin de commettre un acte arbitraire pour vous en débarrasser. Vous n'avez qu'à suivre la décision des deux tribunaux, de votre gouvernement et des plus hautes personnalités.

A la lueur des bougies qui nous séparaient, elle vit mes yeux briller et se méprit sur mon regard.

– Ce sera donc la mort, affirma-t-elle suavement.

Je me levai, fis le tour de la table, m'approchai d'elle et mis doucement, légèrement mon doigt sur ses lèvres :

– Ces propos sont trop graves pour une aussi jolie bouche... La voiture vous attend pour vous raccompagner. J'ai encore beaucoup à faire ce soir.

Elle se leva gracieusement, plongea dans une révérence ironique. Arrivée à la porte, elle se retourna pour me lancer un « à demain » mutin.

Le lendemain matin à leur réveil, Amalia et son mari trouvèrent un de mes aides de camp au pied de leur lit. Il leur apportait une grosse somme d'argent ainsi que des billets pour le vapeur qui partait l'après-midi même pour Naples. Si j'acceptais qu'une femme fût cupide, j'exigeais qu'elle ne se mêlât pas de politique. Sur le navire, ils purent lire dans le journal officiel, *La Turquie*, la nouvelle qui s'étalait en première page. Le sultan avait commué la peine capitale de Midhat pacha et du damad Mahmoud Djellalédine en prison à vie.

Perestou Hanoum s'empressa de venir me féliciter de ma magnanimité. Je lui avouai avoir commis une erreur. J'aurais dû laisser un tribunal ordinaire juger Midhat au lieu de composer une Haute Cour d'exception, car la presse étrangère m'accusait d'avoir influencé la justice.

– L'important, déclara-t-elle, n'est-il pas que vous soyez en paix avec votre conscience ?

Gouverner l'Empire, c'était garder le regard rivé à la fois sur l'Europe, l'Asie et l'Afrique, c'était ménager dix religions, cinquante ethnies, cent sectes. C'était tenir dans sa main des provinces qui avaient été des royaumes glorieux. Le joyau en était l'Égypte comme elle l'avait été des Romains, des Byzantins, des Arabes. Or l'Égypte, ma perle, la prunelle de mes yeux, s'éloignait de moi. Les étrangers qui s'y étaient insinués, les Français mais surtout les Anglais, resserraient leur emprise. Le khédive, le pacha héréditaire, n'en faisait qu'à sa tête, jusqu'à en oublier ma souveraineté.

L'ingérence étrangère outrait de plus en plus les

militaires égyptiens, que des mises à la retraite anticipées rendaient furieux. Dans les casernes du Caire, on discutait, on grondait, on se regroupait. De là à comploter, il n'y avait qu'un pas.

Le khédive reçut une lettre émanant d'un groupe d'officiers qui énumérait des « demandes » et menaçait de marcher sur son palais pour venir chercher sa réponse. Au reçu de cet avis de révolte, il courut à la caserne voisine et ramena des soldats en nombre impressionnant. Il en cacha jusque dans les combles, prêts à faire feu. Puis, avec ses généraux, il se rendit à la citadelle afin d'exhorter la garnison à le soutenir. Mais les soldats entourèrent la voiture, si menaçants que, pris de peur, il s'enfuit... Lorsqu'il rejoignit le palais, les rebelles le cernaient complètement. Les soldats postés à l'intérieur avaient déserté. Entouré de ses généraux et de ses aides de camp scintillants de broderies, le khédive traversa la grande place écrasée de soleil et s'avança crânement vers eux. Un cavalier se détacha de leurs rangs, leur chef. Le khédive lui donna l'ordre de mettre pied à terre et de lui remettre son épée. Le rebelle s'exécuta. Devant le prince en uniforme constellé de décorations se tenait gauchement ce grand fellah massif, lent de mouvements. Ses yeux avaient un regard absent comme celui d'un rêveur. Il délivra son message, répéta les « demandes » des officiers qu'il avait rédigées.

– Je suis le khédive de ce pays, et je ferai comme il me plaît.

– Nous ne serons jamais des esclaves.

Le khédive, sans ajouter un mot, tourna les talons et rentra dans le palais. Il dépêcha un de ses familiers sonder le rebelle. Pourquoi lui, un soldat, réclamait-il un Parlement?

– Pour mettre fin à la souveraineté arbitraire, et l'officier montra du doigt la foule des citoyens qui derrière les rangs de soldats lui criaient leur support.

Le négociateur fit six ou sept fois la navette entre le palais et les rebelles – pour finalement annoncer que le khédive cédait sur tout.

En un jour, un inconnu était devenu maître de l'Égypte. Il s'appelait Arabi.

Au cours des semaines suivantes, les rapports que je reçus décrivaient unanimement sa popularité. Toutes les classes, toutes les confessions s'unissaient pour chanter le nouveau règne de la liberté. Les intentions d'Arabi m'inquiétaient. Qu'il se débarrassât des étrangers, sangsues de l'Égypte, tant mieux; mais il ne faudrait pas qu'il en profitât pour oublier ma suzeraineté.

Dans le doute, j'envoyai sur place une commission d'enquête.

Mes envoyés, dont l'apparition inquiéta d'abord les Égyptiens, les convainquirent que je n'avais pas la moindre mauvaise intention contre Arabi. Rassurés, ils affirmèrent leur fidélité envers moi. Arabi répéta plusieurs fois qu'il respecterait toujours en moi le calife de l'Islam. Cette formule, qui tranquillisa mes envoyés, me donna à penser. Si le rebelle s'inclinait devant le calife, que faisait-il du sultan? S'il reconnaissait mon pouvoir spirituel, me déniait-il mon pouvoir temporel sur l'Égypte?

Je fus plus perplexe lorsque j'appris qu'Arabi envoyait un émissaire à Londres. J'avais attendu avec angoisse cette démarche. Le libéral Gladstone, mon adversaire mortel, serait trop heureux de soutenir contre moi le libéral Arabi. Le silence des Anglais sur cette affaire depuis son début ne faisait que me renforcer dans mon opinion lorsque, le 6 janvier 1882, le gouvernement britannique publia une note fort sèche, assurant le khédive de son soutien et menaçant Arabi. Alors le voile se déchira. Le rôle de l'Angleterre se révélait bien plus sinistre que je ne l'avais imaginé. Ayant enfin trouvé prétexte à une intervention directe, Gladstone me prenait de court, volait au secours du khédive et se substituait à ma légitime autorité, avec pour seule visée la mainmise sur l'Égypte. La Russie s'était servie dans les Balkans, Chypre n'avait pas suffi à calmer l'appétit impérialiste de sa rivale.

Arabi réagit le premier. Il m'écrivit pour me confirmer son attachement non plus seulement au calife mais aussi au sultan. Il requérait mon aide.

Plutôt que le khédive, mon mandataire légal mais en

qui je n'avais aucune confiance, je choisis le rebelle parce que homme incorruptible, au-dessus des intrigues des Égyptiens et des machinations des Européens, parce que aussi croyant convaincu. Gazi Osman pacha me mit en garde contre lui. Arabi, s'il était victorieux, pouvait se retourner contre nous, mettre en péril notre suzeraineté.

– Je préfère encore Arabi aux giaours, répondis-je. Eux sont des impérialistes gloutons, lui un patriote.

Il n'était pas question d'aider ouvertement Arabi. Mes conseils remplacèrent les armes que je ne pouvais lui envoyer. Pour empêcher son pays de passer dans les mains des giaours, il devait surtout éviter de leur offrir le moindre prétexte d'intervenir, d'autant plus que la flotte anglaise venait d'ancrer devant Alexandrie. Lorsque nous demandâmes des explications sur cette arrivée incongrue, Gladstone eut le front de nous répondre que ses navires venaient « transformer la présente situation de l'Égypte, la ramener de l'anarchie et du conflit à la paix et à l'ordre ».

Sa paix, on en vit tout de suite la couleur lorsqu'il lança un ultimatum à l'Égypte exigeant la démission immédiate d'Arabi. Le khédive me télégraphia pour avoir des instructions, que je me gardai bien de lui donner. Arabi pacha démissionna ; le lendemain, devant la pression populaire, le khédive le nomma de nouveau ministre de la Guerre.

Le moment était venu pour moi d'entrer en scène et d'envoyer une seconde commission d'enquête. Gladstone saisit au vol ma suggestion. Les invraisemblables intrigues des politiciens égyptiens, la popularité d'Arabi, entretenue par mes agents, le désarçonnaient et il souhaitait s'abriter derrière moi. Ses vœux épousaient ceux du khédive, qui me suppliait de le débarrasser d'Arabi. Mes représentants furent triomphalement accueillis à Alexandrie.

– Dieu accorde la victoire au sultan. Rejetez l'ultimatum, renvoyez la flotte, cria la foule sur leur passage.

Gazi Osman pacha doutait que mes négociateurs fissent le poids face à un fellah aussi subtil qu'Arabi, mais j'avais placé à leur tête un homme soigneusement choisi.

– Derviche pacha est un vieux dur à cuire. Le plus vigoureux et le moins scrupuleux de mes généraux.

– Votre Majesté lui fait donc confiance?

– Dès son arrivée, le khédive lui a fait remettre cinquante mille livres sterling en numéraire et vingt-cinq mille en bijoux, ce bakchich étant destiné à s'assurer ses bonnes grâces. Vous pouvez juger quelle sera son efficacité.

– Et si Arabi refuse de lui complaire, et résiste?

– J'ai adjoint à la commission un être obscur. C'est un de mes agents de change qui, entre nous, m'a fait réaliser de bien jolis bénéfices et que je vous recommande. Je l'ai chargé de passer derrière Derviche pacha chaque fois que celui-ci sous les yeux des puissances ferait des remontrances à Arabi, pour assurer ce dernier de mon amitié et de ma confiance.

– Votre Majesté impériale compte donc sur un agioteur?

– A tel point que j'ai introduit dans le groupe mon agent à Médine, un cheikh qui a pour instructions de ne pas lâcher mon agent de change d'un pas et de l'espionner. De plus, ce saint homme est un ami intime d'Arabi.

Ayant ainsi mis tous les atouts dans notre jeu, les palabres pouvaient commencer.

Derviche pacha, en bon papa, traita Arabi comme un fils indiscipliné mais bien-aimé. Il l'engagea à démissionner pour la forme, et à venir à Constantinyé s'entendre avec moi. Arabi éluda, mais un second entretien deux jours plus tard suffit à mettre tout le monde d'accord. Derviche pacha le serrra sur son cœur :

– Nous sommes tous des frères, fils du sultan.

Mon représentant avait désamorcé la bombe. L'ordre était rétabli en Égypte, sans violence, par pure persuasion. L'Angleterre, le khédive devenaient mes débiteurs. Mon autorité était restaurée.

XVI

Le 11 juin le télégraphe m'apprenait que des incidents s'étaient produits à Alexandrie. A l'origine, un Maltais ivre avait poignardé un cocher. Des Grecs et des policiers se mêlèrent à la rixe. Attirés au début par le spectacle, les badauds au sang chaud se transformèrent vite en combattants. Des coups de feu partirent des fenêtres. Des chrétiens tirèrent sans discrimination sur la foule. Des Berbérines, des Arabes du Saïd foncèrent dans le tas, armés de bâtons. Le tir devint général. Au milieu de l'après-midi la troupe apparut enfin et l'affaire se termina rapidement.

Elle comportait néanmoins plus d'un élément bizarre. Plusieurs heures durant, alors que l'échauffourée faisait rage, les forces de l'ordre n'avaient pas bougé. Le chef de la police n'avait pu être trouvé et le gouverneur de la ville n'avait pas levé le petit doigt. Le calme était cependant rétabli, les dégâts et le nombre de victimes restaient faibles. Affaire classée.

Deux jours plus tard, je reçus l'ambassadeur d'Angleterre pour lui annoncer la bonne nouvelle :

– Je suis heureux d'être en mesure de vous annoncer, my lord, qu'Arabi pacha a fait sa soumission complète. Je lui ai d'ailleurs conféré le grand cordon de l'ordre Medjidié, il a exprimé sa profonde gratitude et réitéré l'assurance de sa fidélité et sa dévotion au trône. Derviche pacha a pleinement réussi sa mission.

Le marquis de Dufferin avait succédé depuis peu à

l'antipathique Layard, dont il était l'opposé. Ce barbu corpulent possédait un charme profond, rehaussé par une certaine timidité. Il n'élevait jamais le ton, il souriait sans cesse, des lèvres comme des yeux, mais le regard pouvait prendre une fixité impitoyable. Amène, patient, presque autant qu'un Oriental, il était en fait le plus coriace de tous. Ce fut d'une voix douce, presque enjôleuse, qu'il me répliqua :

– Hélas, Sire, d'épouvantables émeutes ont éclaté à Alexandrie. Cinquante Européens ont été massacrés de sang-froid dans des circonstances de la plus extrême brutalité. Beaucoup d'autres, parmi lesquels notre propre consul, ont été sévèrement blessés et ont échappé par miracle à la mort. Partout en ville c'est la chasse aux chrétiens. Ce fanatisme, qui vient de loin, refuse de s'éteindre. Quatorze mille chrétiens ont quitté l'Égypte et six mille autres attendent anxieusement l'arrivée des navires qui les emmèneront. L'Égypte est à feu et à sang. Derviche pacha est complètement dépassé... Arabi vous a trompé, Sire. C'est un sanguinaire irresponsable avec lequel il est exclu de pouvoir s'entendre.

Devant cette avalanche d'inventions, de déformations des faits, je sentis que la situation m'échappait. Je n'avais pas eu le temps de reprendre mes esprits, que le 10 juillet l'amiral britannique sir Beauchamp Seymour, parfaitement exact avec son horaire, à sept heures sept minutes précises, lançait les premiers boulets de sa formidable artillerie sur Alexandrie. « En moins d'une heure et demie, avait-il prédit, j'aurai émietté tous les ouvrages de ces négros. »

Le combat dura huit heures. Les cuirassés invulnérables semaient la destruction sans la craindre. Le tir inhumain, le tir inutile continuait sur des forts réduits depuis longtemps au silence. Des murailles s'écroulant ensevelirent des soldats inoffensifs. Des écoles furent atteintes. Maisons et bâtiments flambaient dans tous les quartiers. Le lendemain matin, les monstres flottants reprirent leur tir.

– Il ne restera rien de la ville si vous ne vous rendez pas avant trois heures, menaça sir Beauchamp Seymour.

Une panique mortelle saisit la population, qui s'enfuit en masse. Toute la nuit et tous les jours suivants, Alexandrie brûla. Chaque fois que les soldats tentaient d'éteindre quelque incendie, des obus les écrasaient. Il leur fallut, eux aussi, abandonner la partie. Les belles rues, les beaux palais construits par les opulents financiers du khédive n'étaient plus que ruines fumantes. Seuls êtres vivants parmi les décombres, quelques hideux pillards se sauvaient çà et là avec un objet volé en essuyant le tir des derniers gardiens cachés derrière les pans de murs encore debout.

Au reçu de ces nouvelles je convoquai l'ambassadeur d'Angleterre, et pour lui indiquer mes sentiments je le fis attendre deux heures. Il ne manifesta pas la moindre impatience, bavardant aimablement avec mes chambellans. Lorsque je l'eus fait introduire, je déversai sur lui une colère qui certes n'était pas feinte. Lord Dufferin attendit que le flot s'en fût tari avec un sourire attristé, puis du ton caressant d'un homme du monde faisant des frais :

– Le bombardement d'Alexandrie était parfaitement justifiable, l'amirauté a été informée que les batteries des forts avaient l'intention d'utiliser leurs canons contre la flotte britannique. Nous avons dû agir pour nous protéger. D'autre part, en l'absence d'une action effective du khédive ou de Votre Majesté impériale, le devoir d'écraser Arabi revient à l'Angleterre.

– Le bombardement d'Alexandrie, my lord, n'est qu'un acte de piraterie. Vos navires étaient ancrés depuis des semaines sous le feu des forts. Si vraiment Arabi avait été aussi peu scrupuleux que vous le dites, il aurait pu profiter depuis longtemps de la situation désavantageuse de votre flotte et peut-être la couler.

Lord Dufferin plissa joyeusement les yeux et la sincérité se peignit sur son visage.

– Le principal, Sire, est désormais de sortir de l'impasse. Mon gouvernement m'a chargé de vous engager à vous joindre à lui pour une expédition militaire en Égypte afin de chasser Arabi et de ramener l'ordre dans le pays.

Je demandai à réfléchir. Cette proposition, pour saugrenue qu'elle fût, entrouvrait une porte. Les Anglais avaient besoin de moi en Égypte. Tout n'était pas perdu... sauf Arabi. J'avais misé sur lui mais les Anglais avaient réussi à en faire un bien mauvais cheval. Il était temps d'inverser le pari. Pour garder l'Égypte dans le sein de l'Empire, j'étais prêt aux renversements d'alliance les plus laids. Je fis donner à l'ambassadeur mon acceptation de principe. Il en profita pour exiger de moi une proclamation condamnant Arabi.

La négociation s'ouvrit. Il utilisait des mots – « immédiatement », « oui », « non » – inconnus de notre vocabulaire. Un après-midi entier y passa, car je discutais âprement pour cacher mon désarroi. J'hésitais, ne voulant pas lâcher les Anglais seuls sur l'Égypte mais reculant à l'idée de lancer mes troupes contre mes sujets égyptiens. L'heure du dîner sonna sans que la palabre se ralentisse, et j'eus au moins la satisfaction de voir mon adversaire fléchir, s'essouffler, bredouiller de fatigue. Il insista pour se retirer et, magnanime, je lui rendis sa liberté.

A peine était-il parti qu'un télégramme arrivait du Caire : les Anglais avaient débarqué sur le canal de Suez et avançaient à l'intérieur de l'Égypte.

Le lendemain, pour la prière du vendredi, j'avais prévu de me rendre à la mosquée d'Ortakeuy sur le Bosphore en aval de Dolma Batche. A peine en selle, ma monture donna les plus grands signes de nervosité, sautant littéralement sur place. Je tâchai de faire bonne figure devant les badauds massés sur mon passage. Tout le long du parcours je dus faire des efforts de plus en plus pénibles pour maintenir le cheval, qui se cabrait, pirouettait et menaça vingt fois de me jeter sur le pavé. Par miracle, je parvins sans dommages jusqu'à la mosquée. Après le service, néanmoins, je regagnai Yildiz en voiture. Je fis à tout hasard examiner le cheval, et l'on découvrit que les parties sensibles de l'animal avait été frottées de pétrole, cause d'une intolérable irritation. Qui avait commis cet attentat? Ce bizarre incident, survenant en ce moment critique, m'intrigua. Les Anglais utilisaient-ils cette façon détournée de me rappeler leur toute-puissance?

Comme si les troupes anglaises n'avaient jamais envahi l'Égypte, lord Dufferin reprit le chemin de Yildiz pour me proposer un projet de convention militaire anglo-ottomane. Me montrer tatillon était la seule opposition possible à ses diktats. Ce jour-là, je le gardai onze heures, montre en main, à chicaner sur chaque mot, chaque virgule du document.

Le même jour les troupes anglaises écrasaient celles d'Arabi pacha à Tell el-Kebir, et cinq jours plus tard elles occupaient Le Caire. Les malheureux Égyptiens allaient enfin jouir des « bienfaits de la civilisation » dont parlait Gladstone. Les prisons du Caire reçurent l'élite du pays : des notables, des oulémas, des chefs de village, le grand mufti du Caire, des ex-ministres, des journalistes, des juges, les plus grands personnages. Après qu'Arabi se fut noblement rendu, les Anglais se hâtèrent de faire son procès et de l'expédier dans les lointaines et insalubres îles Adaman.

Arménius Vambery me demanda audience, mais cette fois je lui fis faire antichambre. Je l'avais toujours entouré des plus grands égards. Journaliste, il nous traitait sans le mépris de ses collègues, en privé il se montrait même notre partisan. Il était aussi un excellent moyen de faire passer à Londres mon point de vue non officiel. Nul n'était mieux placé que lui pour ce faire, puisqu'il espionnait pour le compte de l'Angleterre.

Je le laissai languir plusieurs jours avant de le recevoir. A minuit. Le calme et le silence étaient propices à une conversation à bâtons rompus avec un familier. J'avais toujours aimé la nuit. Je pouvais y être moi-même, protégé par les ténèbres. Le monde m'appartenait, c'est-à-dire que je m'appartenais. Vambery venait, me dit-il, dissiper l'ombre du désaccord entre l'Angleterre et nous.

– Quelle ombre? lui lançai-je. Mon honneur a été bafoué devant mon peuple et le monde musulman.

Quelque chose en Vambery attirait mes confidences. Sous sa rouerie il avait bon cœur. Son intelligence savait être chaleureuse. Il nous connaissait si bien, mon pays et moi, que depuis longtemps une sorte de complicité s'était établie entre nous. Je lui parlais plus franchement qu'à quiconque.

– J'en arrive à croire qu'une mauvaise étoile gouverne ma politique étrangère. Je n'ai pas su tenir le serment fait à mon accession de ne pas briser le fil de coton retenant les morceaux de l'Empire. J'ai déjà perdu tant de provinces dont j'avais hérité ! La perte du pays du Nil, le plus précieux joyau de ma couronne, m'est particulièrement pénible. Et la traîtrise de l'Angleterre me trouble plus que tout.

Vambery tâcha de me calmer :

– Après tout, Sire, vous allez continuer à toucher le tribut annuel de l'Égypte.

Cette « consolation » me fit bondir.

– Pensez-vous que je céderais pour de l'argent le pays que mes ancêtres ont conquis avec leur épée ?

Je ne cachai pas à Vambery mon découragement. Je ne pouvais faire confiance à aucun de mes vizirs. Fidèles, ils se révélaient incompétents. Capables, ils tournaient à la déloyauté. Le plus brillant d'entre eux, Kutchuk Said pacha, n'était-il pas aussi le plus dangereux ? Il n'avait pas su contenir l'appétit impérialiste de ses amis les Anglais et une fois de plus je l'avais démissionné – pour le rappeler quelques jours après, n'ayant personne pour le remplacer. Peut-être la faute n'en revenait-elle pas aux hommes mais aux circonstances. Les habitudes étaient trop enracinées, l'atavisme trop ancien pour changer les mentalités. Parviendrais-je jamais à dépoussiérer l'Empire, à actualiser les esprits, à huiler une machine gouvernementale encrassée par les siècles ? Les réformes que j'avais entreprises promettaient, mais la rapacité de la Russie, puis de l'Angleterre, les avait compromises comme si les puissances étaient déterminées à m'empêcher de les mener à terme.

Vambery saisit la balle au vol. Il me certifia que l'Angleterre ne souhaitait rien plus que m'assister dans mon programme en ouvrant la vanne de ses investissements. J'en pris note avec satisfaction, avant de reprendre mes récriminations :

– Je suis toujours entouré d'hypocrites et de parasites. Je ne peux plus supporter cette éternelle flatterie et ce mouchardage sans fin. Et tout ce qui arrive à mes oreilles n'est que mensonge. Croyez-moi : la vérité, aussi amère soit-elle, me ferait plus plaisir que ces compliments creux qu'ils se croient obligés de déverser sur moi. Je veux que vous me parliez franchement et ouvertement. Vous appartenez à la fois à l'Est et à l'Ouest. Je peux beaucoup apprendre de vous.

Je pris ses mains dans les miennes et lui souris.

– Vous connaissez notre pays presque mieux que nous. Dites-moi franchement, que dois-je faire?

Il s'étendit sur les dangers de dévoiler la vérité aux grands monarques, assaisonnant cela des plus délicates flatteries.

– Votre Majesté connaît ce poème persan : « La proximité des princes est un feu brûlant. »

– Mais elle apporte aussi la chaleur.

Ma réplique le fit rire. Il était venu inquiet de mon humeur. Il repartait comblé. Le bagage qu'il remporterait à Londres le ferait merveilleusement noter. Je quémandais ses conseils, c'est-à-dire ceux de ses commanditaires, et j'acceptais les investissements qui permettraient à l'Angleterre de s'enrichir encore davantage. Le sultan était maté, le sultan était docile, clamerait-il.

Ainsi dans l'ombre, hors surveillance, pourrais-je mieux œuvrer. Car dans le silence de mon âme j'avais déclaré une guerre à mort à l'Angleterre.

Au plus fort de la crise égyptienne, alors que je végétais dans un noir pessimisme, j'avais entendu soudain la voix forte et jeune du cheikh Abdul Huda : « L'Empire est peut-être perdu mais il reste le califat. »

Le califat, c'est-à-dire l'autorité spirituelle que je détenais et qui obligeait tous les musulmans à répondre à mon appel et à venir à mon secours. C'était bien là une idée venant d'un Arabe bercé par les anciennes gloires des défunts califats de Damas ou de Bagdad. J'étais turc, donc plus réaliste.

Cependant, dans le marasme où je me trouvais,

j'avais tendu l'oreille aux propos du cheikh. Très discrètement, nous fîmes venir à Yildiz des saints hommes de toutes les contrées musulmanes du monde. Je leur parlai, je sus les galvaniser. Ils repartirent enthousiastes aux quatre points cardinaux, munis de corans dans toutes les langues imprimés à mes frais. Des Balkans à l'Himalaya, de l'est à l'ouest de l'Afrique, ils répandirent la bonne parole. J'accrochai dans mon bureau une carte du monde avec, lourdement marqués en vert, les pays musulmans. Et chaque fois que je recevais les ambassadeurs, particulièrement l'anglais, je pointais le doigt vers la carte, ce qui suffisait à les inquiéter. Bien sûr je ne croyais pas un instant qu'une croisade islamique aurait la moindre chance de succès ; mais l'épouvantail du califat serait peut-être capable d'impressionner mes adversaires. Un fantôme venait au secours de mon impuissance.

« L'ombre d'Allah sur terre » restait, cependant, aussi vulnérable que n'importe quel homme, et bientôt je tombai malade. Ce que j'avais enduré pendant ces derniers mois, ce que j'avais enfoui au fond de moi-même portait ses fruits empoisonnés.

Au début un simple bobo, un minuscule furoncle apparut sur mon dos. Mon médecin personnel, Mavroyenni pacha, m'appliqua les onguents classiques. Le furoncle, au lieu de se réduire, grossit, s'envenima. Je souffrais terriblement. La fièvre ne cessait de monter. Mon état s'aggrava de jour en jour puis d'heure en heure. Je ne pouvais plus quitter mon lit. Pour la première fois depuis mon accession au trône, je ne me rendis pas à la prière du vendredi. Je ne pouvais plus diriger les affaires. Ma faiblesse devint telle qu'on en arriva à envisager la dernière extrémité. Je commençai à prendre des dispositions pour laisser le trône à ma mort à mon cadet Réchad. Je glissais dans l'inconscience lorsqu'un de mes chambellans préférés, Raghib bey, me supplia d'accepter de me faire examiner par son frère médecin.

Au point où j'en étais, pourquoi pas le frère de

Raghib ! Celui-ci, qui avait pour nom Arif, examina le furoncle et commença par nettoyer la plaie. Puis il prépara lui-même ses onguents, les appliqua et resta à mon chevet trois jours et trois nuits, me soignant avec le plus grand dévouement. Je me rétablis rapidement.

Je pardonnai à Mavroyenni ses erreurs de traitement en raison de ses longs services, mais je jugeai plus salutaire pour les habitants du palais de ne plus le laisser exercer sa profession. Cependant, dans ma méfiance je fis analyser les onguents nocifs qui m'avaient mené aux portes de la mort. Mes chimistes les trouvèrent curieusement peu suspects. Soupçonner Mavroyenni, il n'en était pas question. A tout hasard, ses assistants furent expédiés dans les plus lointaines provinces et j'ordonnai la création d'une pharmacie, dans l'enceinte même de Yildiz.

Je me demandai si certaines puissances avaient pris trop au sérieux mes menaces de panislamisme, quoique dans nos palais, les « accidents » dont nous risquions constamment d'être les victimes pouvaient aussi bien être médités par un eunuque jaloux qu'inspirés par un gouvernement étranger.

XVII

Je restai saisi, ce jour de 1883 où je reçus un télégramme du gouverneur du Hedjaz m'annonçant que Midhat pacha était mort d'un anthrax bubonique et que mon beau-frère Mahmoud Djellalédine avait succombé à une crise cardiaque. J'avais désigné Taïf pour lieu de leur incarcération. C'était, au milieu du désert arabique, une ancienne et somnolente cité aux murailles de boue séchée. La garnison y occupait un fort bâti par notre administration, où résidaient les prisonniers.

J'avoue que pendant tous ces mois, je n'avais prêté qu'une attention distraite aux rapports qui me parvenaient sur leur détention. J'avais appris que Midhat pacha avait été malade puis s'était rétabli.

Mes sentiments furent partagés en apprenant sa disparition. La misérable trajectoire de ce grand esprit m'attristait. Ensemble nous aurions pu fructueusement collaborer pour le bien de l'Empire. Le sort et son caractère ne l'avaient pas voulu. Ce rendez-vous manqué, ce gâchis, me laissèrent un goût amer dans la bouche.

Bientôt des murmures insolents me parvinrent de Smyrne. La famille de Midhat, qui résidait toujours dans cette ville, affirmait sous le manteau que sa mort n'était pas naturelle, qu'il avait été assassiné. Je dépêchai auprès d'elle les meilleurs agents de Djever agha. Ils me rapportèrent copies des lettres de ce dernier aux siens. Un fidèle avait fait tout le voyage de la Méditerranée jusqu'au fond de l'Arabie, dans le seul but de les leur ramener.

Midhat se plaignait d'avoir déjà écrit à sa femme et à ses enfants bien des lettres qui apparemment n'étaient jamais arrivées à destination. Récemment il avait eu un abcès à l'omoplate gauche, diagnostiqué comme un anthrax et qui le faisait grandement souffrir. Le gouverneur du Hedjaz avait refusé de lui envoyer un médecin. Rien d'étonnant à cette cruauté :

... Le traitement auquel nous sommes soumis n'est qu'un moyen de se débarrasser de nous, car mes compagnons ont toujours été habitués au luxe et au confort, et même si la faim les oblige à manger la misérable nourriture donnée aux soldats, leur santé ne peut endurer ce régime. Ils vont certainement finir par succomber mais après combien de souffrances et de misère...

Une seconde lettre de Midhat dénonçait le major Bekir comme un tortionnaire faux et mesquin. Chaque jour il apportait aux prisonniers un bol de soupe pour huit personnes, un plat de feuilles de radis, autour duquel ils se rassemblaient, et ceux qui avaient vraiment faim étaient obligés d'en manger. Les autres se contentaient d'un morceau de pain gardé depuis la veille. Ceux qui avaient de l'argent pouvaient acheter du savon, du charbon et de l'eau chaude pour laver leur linge. Quant à Midhat, depuis qu'il avait perdu ses dents, il vivait de soupe de pain.

Comme je vous ai déjà dit, toutes ces mesures sont prises dans le seul but de nous détruire. Un proche avenir dévoilera qui me portera le coup de grâce...

La troisième lettre était encore plus alarmante. Un jour son domestique Arif, à qui il avait commandé de lui acheter un peu de lait par l'entremise d'un des officiers, avait découvert en faisant bouillir le liquide qu'il était empoisonné. Quelques jours plus tard, les détenus avaient trouvé empoisonnée l'eau de la cruche dont ils buvaient. Tous ces attentats n'avaient été déjoués que grâce à la vigilance de leurs domestiques...

Je crois qu'il y a peu d'espoir que nous en réchappions, et peut-être même, avant de recevoir cette lettre, apprendrez-vous la nouvelle de ma mort.

Il me fallait impérativement en savoir plus. J'envoyai sur place Djever agha en personne. Il resta absent un mois, et réussit à reconstituer les événements grâce aux notes sévères de l'ancien cheikh Ul Islam, condamné avec Midhat.

Le damad Mahmoud Djellalédine avait été épouvanté par la négligence avec laquelle le médecin de la garnison avait soigné l'abcès de Midhat. Il avait adressé un télégramme au gouverneur du Hedjaz pour le supplier d'envoyer un autre médecin. Le gouverneur n'avait même pas répondu.

Là-dessus le major Békir, chargé de la surveillance des prisonniers, avait mis aux arrêts leurs domestiques pour les relâcher peu après. Puis il était parti pour La Mecque conférer avec son supérieur, le gouverneur du Hedjaz. A peine revenu, il avait de nouveau disparu. Il était resté absent sept jours. Surgissant chez les prisonniers, il leur annonça qu'un nouveau décret venait d'être télégraphié de Constantinyé ordonnant une diminution de leur ration et le renvoi des cuisiniers, mais leur accordant néanmoins la permission d'acheter au bazar tout ce dont ils auraient besoin.

Le 23 avril 1883, un détachement de cavalerie avec deux canons arriva à Taïf sous le commandement d'un colonel circassien. Celui-ci réorganisa aussitôt la garde des prisonniers et la renforça avec quarante de ses plus solides soldats. Puis il convoqua Arif agha, le serviteur de Midhat pacha, et l'interrogea longuement sur les tentatives d'empoisonnement contre son maître. A la fin de sa déposition, de but en blanc il lui proposa, à lui Arif, d'empoisonner son maître :

– Le poison est prêt et si tu réussis à le faire boire à Midhat, tu recevras de grandes récompenses de Sa

Majesté le sultan. Un autre homme a été chargé de tuer le damad Mahmoud Djellalédine pacha, mais si tu veux t'en charger, ta récompense sera doublée. Si jamais tu divulgues ce secret, tu seras tué. Mille livres turques pour la mort de Midhat, six cents livres pour celle du damad Mahmoud.

Arif non seulement refusa avec indignation mais il protesta vigoureusement, et se précipita pour tout rapporter aux deux victimes désignées. Deux nuits plus tard, le colonel circassien faisait entourer le quartier des prisonniers par ses soldats. Un de ses subordonnés fit venir Arif agha et exigea de lui qu'il ouvrît la porte de la chambre du pacha aux environs de minuit.

– Jamais je n'ouvrirai cette porte; je ne serai pas votre complice. J'ai peur pour ma conscience et j'ai peur d'Allah.

A ce moment même les prisonniers regagnaient leur chambre, et Midhat en descendant l'escalier entendit la voix de son fidèle serviteur :

– Maître, ne descendez pas ! Retournez vers vos amis immédiatement et passez la nuit avec eux. On a l'intention de vous assassiner lâchement.

Midhat pacha remonta l'escalier, réunit les prisonniers et les informa de ce qu'il venait d'entendre. Le colonel circassien mit immédiatement Arif aux arrêts et dépêcha un autre de ses subordonnés aux prisonniers.

– Le colonel vous présente, à vous tous, ses compliments et vous prie de vous retirer dans vos chambres séparées comme le requiert la loi.

Midhat et le damad Mahmoud répliquèrent que seule la force pourrait les séparer. Ils demandèrent aussi à parler au major Békir, leur gardien-chef. Celui-ci leur jura sur ce qu'il avait de plus sacré au monde qu'ils ne devaient avoir nulle cause d'inquiétude. Cependant Midhat, prudent, décida de passer la nuit avec un autre prisonnier, Ali bey.

A six heures du matin, le serviteur du damad Mahmoud Djellalédine fut réveillé et transféré à la caserne. A six heures et demie, la porte de Midhat pacha fut enfoncée. Ali bey fut emmené hors de la pièce.

Midhat pacha fut étranglé sans que son âge ni sa faiblesse ne lui permissent d'opposer aucune résistance. Peu après, la porte du damad Mahmoud Djellalédine volait à son tour en éclats. Une corde frottée au savon avait été préparée spécialement à son intention, car nul n'ignorait sa formidable force physique. Lorsqu'elle lui fut passée autour du cou, il lutta désespérément en poussant des cris perçants qui s'entendirent jusqu'à la caserne et firent frissonner les plus endurcis. Mais bientôt ses appels faiblirent, puis cessèrent.

Quelques instants plus tard, les deux cadavres enroulés dans des draps furent transportés dans une pièce de l'hôpital de la caserne. Au jour levant, deux tombes furent creusées dans le cimetière situé hors des fortifications, où les corps furent jetés sans cérémonie.

« Puissent la clémence et la bénédiction d'Allah être sur eux », avait conclu l'ancien cheikh Ul Islam.

Lorsque, suffoqué d'horreur, j'achevai la lecture de ce rapport et que je levai les yeux, je vis les regards accusateurs de l'Empire, du monde entier fixés sur moi. J'avais eu beau donner l'ordre aux journaux, qui avaient annoncé brièvement la nouvelle officielle, de ne plus publier un seul mot sur l'affaire, le mal était déjà fait et la conviction unanime bien ancrée : l'assassin ne pouvait être qu'Abdul Hamid.

Pour les enfants de Midhat, il ne faisait pas de doute que j'avais en personne donné l'ordre de tuer leur père. Ma sœur Djémilé, veuve de Mahmoud Djellalédine, n'avait pas répondu aux condoléances que je lui avais envoyées et elle refusa de me voir. Je sentais le soupçon même chez Perestou Hanoum. Son silence, son absence – elle s'abstint un certain temps de me rendre visite – furent plus éloquents que tous les reproches.

La logique, cependant, m'innocentait. Midhat ne me créait aucun problème. Personne ne s'occupait de lui, personne n'exigeait sa libération, même pas les Anglais, si zélés à le défendre, qui paraissaient l'avoir oublié. Pourquoi aurais-je, un beau matin, décidé de m'en débarrasser? Si j'avais eu semblable intention, n'eût-il pas été plus simple de laisser exécuter le jugement des tribunaux au lieu de le gracier?

Les assassins avaient fait du beau travail, ils m'avaient éclaboussé d'un sang que même la mort n'effacerait pas.

Ce complot que mes pires ennemis n'avaient osé imaginer, mes réflexions me le firent attribuer en définitive au zèle de mes subordonnés. Un haut dignitaire local avait pris l'initiative de supprimer les prisonniers dans l'espoir absurde de se gagner ma faveur. Débusquer la vérité serait impossible, je connaissais trop bien les sables mouvants de notre administration. Sévir n'ajouterait qu'au trouble des esprits, et rien ne m'innocenterait aux yeux de ceux qui me voulaient coupable.

Sur ces entrefaites, Peztevnial mourut. Je lui fis de grandioses funérailles. Un long cortège de fonctionnaires, de courtisans, de militaires suivit sa dépouille depuis le Vieux Sérail jusqu'à l'ensemble de bâtiments religieux et philanthropiques qu'elle avait créé dans le quartier d'Aksaray. Autour de la mosquée qui portait son nom s'étendait un jardin, au milieu duquel elle avait fait édifier son propre turbeh. Elle reposerait désormais au milieu des fleurs qu'elle avait choisies.

Selon la coutume, la maison de la défunte, ses femmes, ses kalfas, ses protégées qui vivaient avec elle au Vieux Sérail furent transférées à Dolma Batche. J'allai les voir pour m'enquérir de leurs besoins. Je les trouvai dans le vaste vestibule du premier étage, perdues dans l'immensité de la pièce, trente femmes groupées les unes contre les autres, pleines d'appréhension sur ce que serait désormais leur vie, portant en même temps cette résignation enracinée chez toutes les habitantes du harem.

Parmi ces quinquagénaires et ces sexagénaires, j'aperçus un jeune visage que je reconnus d'abord à son regard. La jeune fille allait sur ses quinze ans et sa beauté s'épanouissait; mais les cheveux blonds frisottés et les grands yeux bleus étaient toujours les mêmes.

J'avais devant moi Aishé, la fille de ce noble circassien tombé pendant la guerre contre les Russes que Peztevnial avait recueillie et m'avait présentée lors de ma dernière visite. Je lui demandai si elle avait le moindre souhait; elle bredouilla une négation.

Dans la voiture qui me ramenait à Yildiz, je fus poursuivi par son image. Aishé avait tout perdu avec l'affection de la validé. Les autres protégées de Peztevnial avaient été mariées à des pachas ou des jeunes gens issus des meilleures écoles. Peztevnial avait gardé près d'elle la plus jeune. Désormais Aishé était condamnée à passer, anonyme, oubliée, le reste de cette vie qui ne faisait que commencer parmi les centaines de femmes, épaves des règnes précédents, nichées à Dolma Batche.

La plus grande surprise de ma vie fut, certes, de me découvrir amoureux à quarante-cinq ans. Je me savais méfiant, sans doute cynique, et revenu de tout. Les femmes m'attiraient, mais le sentiment d'amour m'était étranger. Soudain j'éprouvais une envie furieuse, irraisonnée de revoir Aishé, de la garder auprès de moi pour toujours.

Le soir même, j'envoyai l'ancienne grande maîtresse de la cour de Peztevnial lui annoncer que j'avais décidé de l'épouser.

Plus tard, Aishé me raconta quelle fut alors sa réaction. Bien sûr, elle se sentit quelque peu grisée de savoir que le padicha avait jeté les yeux sur elle. Mais surtout, ayant entendu dire qu'il était un homme doux, courtois, bienveillant, ni impatient, ni coléreux, elle crut pouvoir être heureuse.

Ayant déjà quatre cadines, mon mariage avec une ikbal se déroula fort simplement dans un des salons du harem de Yildiz, petit et simple en comparaison de Dolma Batche. Aishé portait avec grâce la robe de velours violet lourdement broché d'or que la grande maîtresse de la garde-robe lui avait choisie. Elle avait bravement incliné de côté sa toque sur laquelle elle avait épinglé les délicates broches en diamant de la parure de la mariée. Le voile blanc drapé sous le menton mettait en valeur le gracieux arrondi du visage.

Elle se tenait à côté de moi dans une attitude de déférence, mais sans une ombre de soumission, avec ce prodigieux naturel qu'elle devait garder en toute circonstance, ainsi que cette douceur dont elle enrobait si bien sa personnalité. Le représentant du service sacré récita les prières rituelles et prononça la bénédiction sacrée. Les témoins furent le premier compagnon de mon service personnel, Djever agha, le directeur des sorties du palais et un religieux, l'imam de la mosquée de Kiathané. Aishé et moi grignotâmes quelques sucreries, symbole de bonheur, puis nous reçûmes les félicitations des femmes du harem. Mon premier cadeau à Aishé fut un coran calligraphié, enluminé et relié, que j'ouvris en faisant un vœu.

Je voulais changer son nom pour symboliser son existence neuve et je laissai le Tout-Puissant le choisir.

– Car, lui expliquai-je, d'un mot rencontré en feuilletant au hasard le Coran, Allah tire une inspiration qui servira de porte-bonheur à toute une vie.

Le bon augure se trouvait au vingt-huitième verset de la sourate des Prophètes. C'était l'épithète « muchfik », affectueux et compatissant.

– Si Allah le permet, Muchfika, tu seras pour moi une femme bonne et affectueuse.

Aishé fut inscrite sous son nouveau prénom dans le grand Livre du harem impérial.

Je pris plaisir à lui faire découvrir mon domaine, ma création, Yildiz, l'« étoile », le « dahlia ». Nous rendîmes grâces à Allah dans la mosquée Hamidiée à peine achevée à la porte du palais. Nous fîmes le tour du Grand Parc que j'avais fait redessiner et percer de nouvelles allées pour en mieux révéler les charmes. Nous passâmes dans le jardin privé où des kiosques s'élevaient au bord de pièces d'eau aux contours capricieux, le pavillon du Kebab, le pavillon « à la Belle Vue », le bien-nommé; le jardin du Harem était le plus petit mais certainement le plus fleuri. Les fleurs y poussaient partout, en parterres, en espaliers, en buissons. Elles grimpaient le long des murs et recouvraient l'armature fragile des tonnelles. Elles constituaient le seul véritable luxe de Yildiz.

J'avais voulu un grand domaine sans prétention, où la végétation et la lumière régneraient. Je m'apercevais qu'après Dolma Batche j'avais retrouvé l'instinct nomade de mes lointains ancêtres. Depuis que je m'étais échappé de la prison de marbre, je campais dans des kiosques modestes de taille, édifiés sans ordre, au hasard de la nécessité, du caprice ou de l'inspiration. Yildiz était mon refuge, le seul endroit où je me sentais parfaitement bien, dont il m'était de plus en plus difficile de m'extraire.

Je montrai à Muchfika l'endroit le plus beau, le plus aéré où je comptais construire le Nouveau Pavillon où nous logerions, elle et moi. Elle ne cohabiterait pas avec mes autres cadines car je la voulais près de moi. Je lui décrivis les portes d'acajou, les peintures de fruits et de fleurs qui décoreraient nos appartements. A la différence d'Amalia Ciampi, Aishé s'émerveillait de tout. Elle s'enthousiasma pour mon projet d'installer le chauffage central.

Ce soir-là, je renvoyai Izzet bey qui m'attendait à la porte de ma chambre. Mon frère de lait, lorsque aucune cadine ne partageait mon lit, me faisait la lecture d'une traduction de roman, d'un livre de voyage, d'un roman policier avant que je ne m'endorme. Nous entrâmes, Aishé et moi, la main dans la main, et je fermai comme chaque soir la porte à clé de l'intérieur. De l'autre côté, un eunuque ou un garde de ce régiment formé par les soldats originaires de Soyotlu, berceau de notre dynastie, se coucherait en travers de la porte.

Au milieu de la nuit, alors qu'à la lueur d'une veilleuse je regardais Aishé dormir, une trace de larme sur sa joue rose, on frappa à la porte. Il en était ainsi souvent, car j'avais donné ordre d'être toujours réveillé pour une nouvelle importante, un document urgent. Je me relevai, jetai sur mes épaules la vieille zibeline qui me servait de robe de chambre et allai déverrouiller la porte. C'était Nedim agha, un de mes compagnons préférés. Je reculai devant l'expression hagarde du grand Abyssin.

– Que veux-tu? Que m'apportes-tu?

Il roulait ses gros yeux, ouvrait la bouche, mais aucun son n'en sortait.

– Allons, que veux-tu?
– J'ai tué Firouz agha, mon ami. Je suis venu le dire à Notre Seigneur.
– Que dis-tu? As-tu perdu l'esprit?
Firouz agha était un autre eunuque, compatriote de Nedim. Seulement, là-bas dans leur lointaine Abyssinie, Firouz était d'un rang supérieur à Nedim, alors qu'à Yildiz il se retrouvait son subordonné, ce qui n'était pas sans créer de nombreuses frictions. Je venais d'élever le « premier compagnon » Djever agha, mon chef informateur, au rang de kislar agha, et ses amis avaient décidé de fêter l'événement par un grand banquet en son honneur, donné dans une taverne de Kiathané.
Et Nedim de raconter en bredouillant :
– Nous avons mangé et bu plus que de raison, et nous sommes rentrés dans un piètre état à Yildiz.
Il baissa les yeux et la voix :
– J'étais le plus ivre de tous. Dans un couloir je rencontre Firouz agha, qui était de garde. Pour lui faire peur, je sors un gros revolver et je me mets à le pourchasser en hurlant : « Je vais te tuer, je vais te tuer ! » Plus le malheureux court, plus je trouve la plaisanterie amusante.
Il se tut. Ses lèvres, ses mains, tout son corps tremblait convulsivement.
Je lui ordonnai sèchement de poursuivre.
– Le coup est parti et a tué net Firouz.
Muchfika poussa un gémissement et se recroquevilla sous ses couvertures. Je tâchai de garder mon sang-froid devant le gigantesque Noir éthiopien qui semblait hors de lui.
– Qu'as-tu fait après avoir tué le compagnon?
– J'ai couru jusqu'ici.
– Pourquoi?
– Pour avouer mon crime à Notre Seigneur et lui demander de me pardonner.
– Même si je le voulais, je ne le pourrais. C'est à la justice de décider de ton sort.
Et repoussant l'Abyssin, j'appelai le garde.
– Emmène-le, et qu'on le remette demain matin au juge.

Le calme revint dans la chambre, mais pas dans mon âme. Trop préoccupé pour me remettre au lit, je marchai de long en large dans la pièce à peine éclairée.

– Ne l'épargnerez-vous pas, Notre Seigneur? intercéda Muchfika. Après tout, il vous a servi fidèlement pendant de longues années et il a eu le courage de venir vous avouer son crime.

– Même le sultan n'est pas au-dessus des lois.

– Alors, il sera pendu.

– Je m'en attriste autant que vous, ma cadine, mais exercer en faveur de ce criminel mon droit de grâce équivaudrait à du favoritisme.

Je mis du temps à apaiser Aishé. Elle pensait, comme moi, au compagnon qui allait payer de sa vie un instant de folie. Même en ce premier moment de notre bonheur, le malheur faisait irruption. Pourtant cette expérience rude, loin de nous séparer, nous unit. Nous cherchâmes dans les bras l'un de l'autre le réconfort, la chaleur, le calme. Et l'aube nous trouva enlacés dans le sommeil.

XVIII

J'avais pour habitude de me lever tôt. Lorsque je me tirais du lit, précautionneusement pour ne pas réveiller Muchfika, il faisait encore nuit. Je disparaissais dans la salle de bains, cette pièce minuscule qu'Amalia jugeait indigne d'un hôtel de deuxième catégorie. Après un long et délicieux bain chaud, je revenais dans ma chambre pour la première de mes cinq oraisons quotidiennes. Je déroulais mon tapis de prières en simple laine, tissé à Hereké, car selon moi il ne convenait pas de prier sur un tapis de soie.

Puis je m'habillais, un compagnon me chaussait de mes demi-bottes à talon léger, fabriquées par le chef cordonnier du palais. Je m'armais de ma canne en bois clair et, le jour à peine levé, je sortais dans le jardin pour une courte promenade. Je revenais partager avec Muchfika un léger petit déjeuner, puis la kalfa de service apportait le plateau à café. Je versais moi-même le liquide brûlant dans deux petites tasses marquées de ma tugra. Je buvais lentement une première tasse après avoir allumé la première cigarette de la journée. Puis j'invitais Muchfika à boire avec moi. Elle savourait le café du Yémen, ni trop noir ni trop clair, qu'elle appréciait comme moi sans sucre.

Je prenais congé de Muchfika, et je passais dans le Petit Mabeyn, le nouveau kiosque destiné au travail et aux réceptions intimes, dont tous les éléments de décoration venaient de Paris. Pendant ce temps, Muchfika, rendue au harem, recevait les femmes de ma famille, curieuses de connaître la nouvelle venue qui en si peu de temps avait atteint la faveur la plus inusitée.

Muchfika redoutait quelque peu ma sœur Djémilé sultane. Elle raffolait de mon dernier-né Bura Edine, âgé de quelques mois seulement. Elle sentait cependant qu'aucun de mes enfants n'avait pu remplacer la petite Ulvyé. Jamais la plaie dans mon cœur ne s'était refermée.

A midi moins cinq, une dame du palais s'approchait de Muchfika :

– Notre Seigneur vous demande.

Car elle partageait ses repas avec moi, faveur que je n'avais accordée auparavant à aucune cadine. La table avait été dressée par les officiers de la bouche. « Secret de la beauté », la kalfa particulièrement expérimentée qui assurait le service, me tendait le menu pour que je désigne les plats : des œufs à la coque, une omelette, une côtelette panée auxquels je faisais souvent rajouter un bourrek [1] au fromage, ma faiblesse. Muchfika choisissait comme moi, et lorsque je la consultais sur les desserts, elle demandait invariablement de la charlotte, sachant que c'était mon gâteau préféré.

La dernière bouchée avalée, je repartais au travail. J'avais installé mon bureau au premier étage du Petit Mabeyn, dans la grande pièce d'angle. Mon premier scribe s'avançait à pas mesurés et, après le salut traditionnel, se tenait à une certaine distance, attendant l'ordre de commencer à lire le rapport. Ce document contenait un résumé des questions discutées par les ministres et qui devaient être soumises à mon approbation. Je ne m'asseyais jamais à une table de travail, je ne rédigeais jamais mes décisions, je ne signais jamais un décret. Assis dans le large fauteuil, je gouvernais par des ordres formulés en quelques mots. Au fur et à mesure que le premier scribe lisait, je faisais un signe d'approbation. La matière ainsi enregistrée devenait un iradié. J'interrompais constamment le premier scribe pour le questionner sur des points précis et si je n'étais pas satisfait, l'affaire devait être examinée à

1. Sorte de bouchée en pâte feuilletée.

nouveau. Ensuite, le second scribe me communiquait les documents et les nouvelles d'importance arrivés pendant les dernières heures.

Muchfika s'était vu attribuer une Maison, des eunuques, des femmes placées sous la direction de Di-lesrar, une kalfa qui avait servi sous mon père et mon oncle. Chaque recoin du palais recelait une de ces vieilles femmes, aimées de tous, qui racontaient des histoires du temps jadis.

Niné existait toujours, ma kalfa chérie à laquelle ma mère m'avait confié lorsqu'elle se mourait, « la Niné de Notre Seigneur », dont je m'étais occupé de marier les filles après les avoir richement dotées. Il y avait aussi Chevkidil qui se rappelait encore le règne de mon grand-père Mahmoud II.

Ces dames habitaient en général Dolma Batche, mais faisaient de fréquentes visites à Yildiz, surtout avant le dîner. Je me joignais aux femmes, réunies dans un salon, pour les écouter. Sachant son public docile, Niné s'asseyait sur une chaise près de celui qu'elle appelait « mon ancien bébé », et contait :

– Mon cher Seigneur, un jour tu étais monté sur mon épaule et là tu avais commis une faute dans ton pantalon. Ta mère me gronda tellement que je ne puis te le décrire, me demandant à plusieurs reprises pourquoi je donnais ainsi de mauvaises habitudes à mon lion.

A de tels souvenirs, j'éclatais de rire et lui offrais un bijou, témoignage de ma reconnaissance.

Parfois il y avait spectacle, tôt commencé, tôt fini, dans la petite salle bleu, or et jaune. Muchfika préférait notre théâtre traditionnel, l'ortaoyoun – joué par des vieilles kalfas, souvent des actrices remarquables vêtues de costumes scintillants –, genre qui m'ennuyait plutôt. Par contre, Muchfika détestait l'opéra car c'était pour moi l'occasion d'inviter de belles étrangères. Sans doute avait-elle entendu parler d'Amalia. Niné me rapportait qu'elle avait éprouvé une pointe de jalousie à l'encontre de « ma belle Américaine », ainsi que j'appelais Mrs. Byron, soprano de talent, ou de cette Mme Wolf, femme du fondateur d'Eastman

Kodak, à laquelle on m'avait vu donner une rose. Par contre, tous deux, Muchfika et moi, nous riions de bon cœur aux imitations de ces Français, Bertrand et Jean, qui chaque année nous ramenaient d'Europe les derniers numéros en vogue.

J'aimais me coucher de bonne heure. Muchfika partageait ma chambre. Auparavant, je n'avais jamais songé à cohabiter avec une de mes femmes. Muchfika m'avait converti à la monogamie. Elle s'était blottie dans ma vie comme une gazelle et m'avait tant réchauffé que depuis je ne voulais plus la laisser s'éloigner de moi.

Un matin de 1887, alors que je travaillais, j'entendis venue du couloir la voix rendue suraiguë par l'excitation d'une kalfa :

– Muchfika Hanoum a accouché. C'est une fille.

Plantant là mon grand vizir, je courus retrouver la mère et admirer l'enfant. Un regard, et je sus que Dieu m'avait donné une seconde Ulvyé.

– Pensez donc, Notre Seigneur. Trois kilos et demi, m'annonça la nourrice, la mère de lait, debout près du berceau doré. Je vérifiai que, selon l'usage, on avait amené du Trésor les couvertures et les serviettes brodées, la bassine en argent et surtout la carapace de tortue – symbole de bonheur – recouverte d'argent, pour verser l'eau sur le bébé lorsqu'il prendrait son bain. J'étais tellement heureux que je ne tenais pas en place, et j'étais là riant et plaisantant comme un adolescent. A la kalfa qui m'a annoncé la bonne nouvelle, une broche en émeraudes. A la sage-femme, trois cents livres or. Au gynécologue, le docteur Triandafilidis, la cravate de commandeur de l'ordre Osmanyé. Et bien entendu, à Muchfika Hanoum des perles, des diamants, des émeraudes, des rubis.

Quatre jours plus tard, je pris le bébé dans mes bras et commençai la prière à son oreille :

– Allah illah, Mohamed razoulillah.

Puis, par trois fois je prononçai le prénom que j'avais choisi et qui avait été celui de Muchfika :

– Aishé. Aishé. Aishé.

Les ongles de la mère avaient été soigneusement teints pour cette traditionnelle « nuit du henné ». Le harem était réuni pour un concert de musique traditionnelle jouée par les dames du palais. Sirops et sorbets étaient passés à la ronde et des pièces d'argent lancées à droite et à gauche.

Les plaintes déchirantes de la cithare enfonçaient la tristesse dans mon cœur, car la kalfa Niné se mourait. Toute sa vie elle avait tenu la promesse faite à ma mère de dormir à la porte de son fils; et même ce soir elle avait refusé d'abandonner son poste pour être soignée. Elle avait simplement accepté de s'asseoir dans un profond fauteuil. Elle passa de la vie à la mort sans douleur, dans son sommeil. Le garde qui se trouvait dans l'antichambre la vit simplement pencher la tête.

– L'une vient : ma petite Aishé. L'autre part : ma vieille Niné, Kismet, remarquai-je mélancoliquement.

Selon l'adage, le bonheur de la naissance d'Aishé ne vint pas seul. Peu après, le dessein que j'avais pris tant de soin de dissimuler à Vambery arriva à maturité. J'avais voulu échapper aux griffes de la Russie et de l'Angleterre; contourner la France, qui s'étendait à nos dépens en Afrique, et l'Autriche qui lorgnait nos Balkans. L'Allemagne, la grande puissance montante, ne couvait aucune ambition territoriale contre nous. Mais je n'imitais pas mon oncle Aziz et je n'allais pas quémander de l'aide. Je souhaitais recevoir le Kaiser Guillaume II et déployer pour lui l'hospitalité orientale. Je pris l'initiative sans précédent de l'inviter, car jusqu'alors aucun chef d'État n'était venu en visite officielle à Constantinyé.

Il accepta. Les gouvernements des autres puissances firent grise mine.

Une garde d'honneur de cent hommes attendait le visiteur à l'entrée de Dolma Batche. Les chambellans – choisis pour être les plus beaux hommes de l'Empire – l'accueillirent. Il fut frappé d'admiration devant les tapis de Smyrne sans prix, jetés sur les pavés de marbre, les bibelots colossaux en argent massif, les vases de Chine et du Japon plus grands que lui, les portraits de mes ancêtres et les tableaux de mon peintre préféré, le Russe Aivasovsky que lui-même appréciait. Des rangs de dignitaires constellés de décorations s'inclinaient sur son passage. Il se montra curieux de voir mon nain dont on lui avait appris l'existence. A cinquante-quatre ans et avec trois pieds de haut, Ibrahim Effendi resplendissait dans un uniforme de général circassien que je lui avais fait tailler.

Le dîner de quatre cents couverts eut lieu dans la salle du Baïram. Le rutilant décor de la pièce démesurée, la vaisselle d'or, les chandeliers d'or entre les gerbes d'œillets rouges, les milliers de bougies du lustre colossal, l'orchestre qui jouait des ouvertures de Rossini et de Donizetti, tout contribua à éblouir nos hôtes. Il y avait une telle abondance de valets en livrée rouge galonnée d'or que la confusion la plus orientale s'installa. Le service, au lieu d'en être accéléré, en fut retardé au point que j'attrapai la réflexion pointue de l'ambassadeur de France : « C'est vraiment parfait. Tout est froid sauf le champagne. »

Après le café pris dans les zarfs d'or et de diamants, je menai le Kaiser en sa résidence. Le cortège de grandes calèches aux harnachements somptueux traversa le Grand Parc et s'arrêta devant le kiosque Salé. L'extérieur rappelait un chalet, comme son nom l'indique, mais un chalet de la taille d'un petit palais. L'intérieur, par sa somptuosité et sa variété, offrit surprise après surprise au souverain allemand.

– Quand donc a été construit ce palais des fées? s'enquit-il.

– Il vient d'être achevé pour héberger Votre Majesté.

Dans un salon, sur des tables tendues de brocart, étaient disposés les cadeaux. Pour le Kaiser, une grande boîte en or avec son monogramme en diamants. Pour la Kaiserine restée à Berlin, une broche montée avec de très gros cabochons de rubis et d'émeraudes. Pour la suite impériale, tabatières ornées de la tugra impériale en diamants, épingles de cravate, grands cordons rouges, verts, blancs, cadres en or. Les cris d'extase des Allemands me prouvaient une fois encore la véracité

véracité de cette maxime que je me plaisais à répéter : « C'est en arrosant par la fontaine impériale de grâce et de faveur les champs de la souveraineté qu'on obtient la meilleure moisson. »

Le lendemain, notre premier entretien privé eut lieu dans le grand salon du Buyuk Mabeyn. Au milieu, une fontaine de marbre blanc produisait le plus gracieux murmure... et décourageait les oreilles indiscrètes. Seul mon interprète, l'ambassadeur Munir pacha, était présent.

Alors que la veille Guillaume II était apparu dans toute sa pompe guerrière – moustache en croc, regard hautain, casque surmonté d'une aigle dorée et morgue à revendre –, il s'était mué, avec une déconcertante versatilité, en camarade aimable et sympathique. Son sourire le plus engageant aux lèvres, il attaqua :

– Majesté, je suis venu vous offrir non seulement mon alliance politique, mais toute l'aide militaire et économique dont vous aurez besoin. Armements, équipements, techniciens sont à votre disposition. Vous pourrez puiser sans limites dans les inépuisables ressources de mon empire.

Il n'était pas dans mes habitudes de réagir du tac au tac. Un long moment, tout en fumant ma cigarette, je jaugeai le jeune empereur. Intelligent, certes, mais sans expérience, il paraissait aussi sincère qu'on pouvait l'être dans notre position.

– Et en contrepartie de votre générosité, Sire? demandai-je doucement.

– Votre amitié seulement.

Il devait savoir aussi bien que moi que les rois n'ont pas d'amis. Je me contentai, cependant, de sa réponse. Un jour, sans aucun doute, j'en découvrirais les corollaires. En attendant, l'Allemagne desserrait l'étau qui lentement nous étouffait.

Bientôt, nous signâmes un accord avec la Deutsche Bank pour le développement de notre réseau ferroviaire en Asie Mineure et en Mésopotamie. Le projet qui me tenait le plus à cœur se réaliserait enfin, la liaison par chemin de fer avec nos villes saintes de La

Mecque et de Médine, qui permettrait à nos pèlerins de s'y rendre le plus aisément du monde. Des instructeurs allemands vinrent réformer notre administration, moderniser notre armée.

Gazi Osman pacha s'inquiétait de notre dépendance vis-à-vis de l'Allemagne. Je le calmai :

– Malgré la préférence que je donne à l'Allemagne, je suis toujours vierge en politique, c'est-à-dire que je suis l'ami de tout le monde, mais que je ne suis l'amant de personne.

XIX

Un beau jour de 1889, le patriarche arménien demanda à me voir toutes affaires cessantes, et à peine entré me supplia avec emphase d'empêcher une abominable injustice. Que se passait-il donc ? Musa bey, le chef kurde d'une tribu de la région de Mus au fin fond de l'Asie Mineure, était accusé d'avoir enlevé une jeune Arménienne, de l'avoir violée, puis d'avoir exigé qu'elle se convertisse à l'islam pour lui faire épouser son frère. La jeune fille ayant refusé, son ravisseur lui aurait donné la bastonnade et l'aurait éborgnée.

Je répondis au patriarche qu'il n'y avait qu'à traîner le coupable devant les tribunaux locaux. Il poussa de hauts cris. Il soutint que les juges de la province innocenteraient sans aucun doute le criminel. Pour le rasséréner j'ordonnai que Musa bey fût amené à Constantinyé afin que fût contrôlé l'exercice impartial de la justice.

L'intérêt que suscita ce procès, pourtant banal, m'étonna profondément. Les représentants des ambassades le suivirent, ainsi que nombre de journalistes étrangers. Au terme des débats publics, les juges se prononcèrent pour l'innocence de Musa bey et l'acquittèrent. Jamais je n'aurais imaginé le tollé que provoqua cette décision. La presse étrangère se déchaîna, parfaitement orchestrée par mon vieil adversaire Edwin Pears. Selon lui, les témoins avaient été intimidés, l'accusé s'étant vanté de bénéficier de ma protection. L'ambassadeur britannique prit la relève, me harcela, faisant du procès de Musa bey une affaire personnelle, exigeant la condamnation immédiate de l'innocenté.

Ne comprenant toujours pas ce déploiement mais voulant faire à l'ambassadeur une concession, j'exilai Musa bey dans un coin reculé de l'Empire. Je m'étais trompé en croyant clouer le bec à Edwin Pears. Dans un journal à sensation, il exigea qu'une commission d'enquête fût envoyée en Arménie, car je haïssais ces malheureux Arméniens au point de les laisser croupir dans une situation déplorable. Cette accusation inattendue sonna pour moi l'alarme et fixa mon attention sur cette partie de mon empire.

De fait, j'entendis bientôt des grondements. Une émeute à Erzeroum faisait cent morts, des affiches subversives apparaissaient ici, des proclamations incendiaires là.

Répandez la lutte pour la liberté.
La coupe est pleine.
Préparez-vous à l'inévitable.
Organisez-vous.
Armez-vous.
Répandez la lutte pour la liberté.

Ces incidents, survenant en ce moment, me donnèrent à penser. Bien sûr, l'agitation dans ce qui avait été dans l'Antiquité le royaume d'Arménie restait chronique. Les deux communautés, arménienne et kurde, y cohabitaient en bonne entente forcée puisqu'elles occupaient pour moitié conjointement villes et villages. En fait, on se surveillait, on se méprisait, on se détestait. Si les Arméniens étaient industrieux et pacifiques, les Kurdes m'inquiétaient. Ils riposteraient de façon sanglante à la moindre provocation.

Pour tenter de ramener le calme, je décidai de parler moi-même à leurs représentants. Jamais le Buyuk

Mabeyn de Yildiz n'avait vu des hommes à l'aspect aussi terrifiant. Ils étaient soixante, peut-être quatre-vingts à être réunis dans le grand vestibule de réception, lourdement plantés sur le tapis à ramages comme des pachydermes. Le teint cuit et recuit, les moustaches agressives, les cheveux d'un noir presque bleu collés aux tempes, le profil nettement assyrien, le regard inquiétant, ils évoquaient des animaux fantastiques à tête humaine. Ils avaient enfilé en désordre leurs vêtements multicolores, variés et disparates, hérissés de fourrures à peine travaillées. Chacun portait un véritable arsenal de poignards, de pistolets. Tels étaient les chefs kurdes, les cheikhs venus de leur lointaine province sur ma convocation. Chambellans et aides de camp de service regardaient avec effarement ces hommes réputés les plus dangereux de l'Empire.

Je m'adressai à ces fauves, je les invitai à former des régiments réguliers de cavalerie. L'État leur fournirait uniformes et armement, ils deviendraient part entière de la grande et glorieuse armée ottomane. Chacun de ces régiments, chaque année, visiterait Constantinyé pour avoir l'honneur, à son tour, de garder la cité.

Des acclamations accueillirent mes paroles, si retentissantes qu'elles firent trembler les vitres et tinter les pendeloques des lustres de cristal :

– Longue vie au padicha ! Mille ans au padicha !

– Désormais les amis du sultan sont mes amis, et ses ennemis sont mes ennemis, hurla un des chefs, transporté d'enthousiasme.

Leur joie grandit encore lorsque, à la sortie de l'audience, mes chambellans leur distribuèrent tout un assortiment de décorations : des Nisham Iftikahar, des Medjidiés, de première, de deuxième, de troisième classe étincelants de dorures et d'émail.

Pendant ce temps j'essuyais une tempête, bien légère, bien amicale, de la part de Gazi Osman. Il n'avait aucune confiance dans les Kurdes. Il me rappelait les nombreuses fois où la troupe avait dû remettre au pas, au prix de bains de sang, cette « race diabolique ».

– Rien ni personne ne pourra jamais les domestiquer.

– Sauf si l'on fait appel à leurs instincts militaires... Bien entendu, pacha, ils seront encadrés et « conseillés » par des officiers de notre armée régulière.

Ainsi tenus en main, ces fauteurs de désordre passeraient dans le camp de l'ordre. Pour leur manifester ma confiance, j'avais été jusqu'à leur prêter mon propre nom. Désormais les Hamidiés défendraient ma renommée.

A peine avais-je émis ce vœu que de la terre s'éleva un mugissement terrifiant. Tout se mit à bouger à la fois, les murs oscillèrent, les parquets se soulevèrent, les meubles dansèrent. De partout parvenaient des hurlements : « Mon Dieu ! Mon Dieu ! » L'énorme lustre se balançait au-dessus de moi d'une façon de plus en plus inquiétante, mais paralysé par la surprise, par la peur, que sais-je, j'étais incapable de bouger. Les miroirs et les vitres volèrent en éclats.

Tranquillement, sans se presser, Gazi Osman pacha se dirigea vers la porte. Son exemple me rendit ma liberté de mouvement. Je trouvai dans la cour d'innombrables fonctionnaires du palais, les bras ballants, stupides d'horreur. Je courus au harem. Les eunuques se précipitaient dans toutes les directions, hagards, trop terrifiés pour hurler, la bouche ouverte sans qu'aucun son n'en sortît. Ils dévalaient les escaliers, enfonçaient les portes, se jetaient dehors. Je voulus leur dire de faire sortir les femmes. Heureusement, Djever pacha, mon kislar agha, y avait pensé. Elles étaient là dans le jardin, les jeunes, les vieilles, les enfants, les kalfas, les cadines, criant à qui mieux mieux, preuve qu'elles étaient saines et sauves.

Où était Muchfika ? Je ne la voyais pas. Je me ruai dans le Domaine privé. Des eunuques tentèrent de me retenir, je les repoussai. Des morceaux de bois et de verre, des plâtras tombaient des plafonds en une grêle mortelle. Bien que l'escalier tremblât tellement que je crus qu'il allait se détacher de la paroi, je parvins à atteindre le palier du premier étage. Elle était là, tremblante, ses grands yeux apeurés fixés sur moi, serrant contre elle notre petite Aishé.

– Notre Seigneur, murmura-t-elle.

Elle n'avait pas voulu descendre sans moi. Folle d'inquiétude, elle me cherchait. Je les entraînai vers le jardin. Autour de nous régnait un désordre indescriptible. Je comptais mon troupeau lorsque les secousses s'arrêtèrent tout à coup. Aucune femme ne manquait, aucune n'était blessée. Rassuré, je repartis aussitôt pour le Grand Mabeyn où j'improvisai sur le perron de marbre un conseil des ministres. Des estafettes ne cessaient d'arriver, porteuses des dernières nouvelles. Le Grand Bazar s'était écroulé; en ville, on déplorait beaucoup de victimes et leur nombre augmentait d'heure en heure.

Pour nourrir les nécessiteux, je fis rouvrir les fours du palais et je fis acheter tout le pain disponible chez les boulangers de la ville pour le distribuer gratuitement. J'ordonnai de dresser des tentes dans les rues, de soigner les blessés.

Soudain nous entendîmes, venus des minarets de la capitale, les muezzins qui entonnaient l'émouvante sourate du séisme. Alors, ensemble, sultan, eunuques, vizirs, domestiques, militaires, fonctionnaires, nous nous prosternâmes à même le sol crevassé et nous priâmes.

Pendant dix jours les secousses plus ou moins fortes se succédèrent. Femmes et enfants furent installés sous des tentes de campagne dispersées dans le jardin privé. Kalfas et cadines, leur existence bouleversée, étaient aux cent coups. Les serviteurs n'obéissaient plus à aucun ordre. Ces dames ne cessaient de se plaindre de cet enfer.

Par contre, ma petite Aishé appréciait cette liberté. Les leçons avaient lieu à n'importe quelle heure. Les professeurs, distraits, ne remarquaient pas les sottises qu'elle faisait. Les horaires n'existaient plus, les défenses et les interdits non plus. L'enfant me glissa à l'oreille qu'elle s'amusait comme une folle.

J'avais quant à moi catégoriquement refusé de

loger sous la tente. Un simple séisme ne dérangerait pas mes habitudes. Je continuai à travailler dans le Petit Mabeyn, prétendant ne pas remarquer la terreur des aghas forcés de m'y servir. Mon impassibilité recouvrait néanmoins une angoisse : de toute mon âme, j'espérais que cet avertissement de Dieu ne se révélerait pas mauvais présage.

XX

Au milieu de l'été 1894, trois mille Arméniens entrèrent en insurrection dans la région de Sassoun. Au cours d'attaques parfaitement organisées, ils harcelèrent les tribus kurdes du voisinage. Lors d'un de ces engagements, ils tuèrent dix hommes dont le fils du chef. Alors les choses s'envenimèrent nettement. Les tribus se mirent à répondre coup pour coup. La région entière s'enflamma. Les Arméniens, à leur tour, poursuivis par les Kurdes, se retranchèrent sur les montagnes. Les autorités étant, selon l'usage séculaire de notre État, les dernières à réagir, envoyèrent trop tard la troupe, qui mit huit jours à rétablir l'ordre.

Selon les rapports des consuls, on dénombrait neuf cents tués arméniens. Quant aux victimes musulmanes, les giaours, comme d'habitude, ne s'y intéressaient pas assez pour les compter. Les journaux d'Europe dénoncèrent l'offensive générale lancée contre les Arméniens, qui avait tourné à la boucherie. Femmes, enfants, jeunes, vieux, tous avaient été passés au fil de l'épée, par les soldats du sultan, par les Hamidiés maudits.

Les puissances sautèrent sur ce prétexte comme si elles n'avaient fait que le guetter. Jusqu'en Amérique, où des sénateurs déchaînés exigèrent que l'administration – au nom de la chrétienté ou de la simple humanité – intervînt.

L'ambassadeur d'Angleterre exigea l'envoi incontinent de son consul à Sassoun pour enquêter dans la région. Je tirai de son exil Ismael Kemal bey, le fidèle collaborateur de Midhat, pour servir de tampon. Il répondit de ma part que commission d'enquête il y aurait, mais composée des agents de l'Angleterre, de la France, de la Russie, ainsi que de nos propres représentants.

Les trois puissances me soumirent alors un projet, plutôt un diktat, de réformes qui, dans les provinces arméniennes, remettraient pratiquement toute autorité aux mains des chrétiens.

Une fois de plus, je convoquai Kutchuk Said pour lui offrir le gouvernement, car j'avais besoin de ce libéral pour faire pièce aux puissances.

Il parut dans ses vêtements les plus vieux, les plus sales, marque de sa pingrerie légendaire mais aussi signe infaillible qu'il s'attendait à être nommé grand vizir. Plus il me supplia de ne pas le charger du poids du pouvoir, plus je me persuadai qu'il ne souhaitait que cela. Après un échange de répliques que nous connaissions par cœur pour les avoir si souvent répétées, il voulut bien céder :

– J'accepte, Effendesim, car je n'ai plus la force de vous supplier.

J'avais déjà commandé pour lui chez le maître tailleur du palais plusieurs costumes, et donné instructions au département du mobilier de meubler sa maison d'une façon digne d'un grand vizir. Mes filles aînées, averties, envoyèrent à sa femme et à ses filles rouleaux de tissus, robes et petits bijoux. J'avais si souvent nommé Kutchuk Said grand vizir... après l'avoir disgracié, que ces gâteries étaient entrées dans les mœurs.

C'était dans la pénombre de sa disgrâce et la solitude de son cabinet que ce grand esprit donnait la pleine mesure de ses infinies ressources ; car remis au fait du pouvoir, l'ambition, la ruse paralysaient ses facultés. Cependant, il sut résister pied à pied aux puissances et réussit à limiter les concessions que nous dûmes consentir.

En novembre 1885 des incidents sanglants éclatèrent dans les villes de l'Est : Sivas, Erzeroum, Diyar Bakir, Palu, Mardin, Bitlis, Ayn, Intaba, Birégik, Kayseri. Les rapports qui en parvinrent semblaient tous écrits de la même encre : les révolutionnaires arméniens s'étaient soulevés et avaient attaqué les musulmans, qui avaient riposté. La troupe avait ramené l'ordre et le calme était revenu. Suivaient chiffres, dégâts et victimes. Ici trois cents morts, là-bas cinq cents, ailleurs six cents en une seule journée.

La froideur du style officiel était l'ultime rempart contre la réalité. Le ton des journaux étrangers, français, allemands, anglais, était fort différent. Pendant qu'on me les traduisait, il me semblait qu'un déluge de feu, de sang, de mort tombait du ciel. Dans chaque ville, les muezzins appelaient au massacre du haut des minarets. Les Hamidiés, mes Hamidiés, fonçaient sur les chrétiens désarmés. Derrière eux, les civils musulmans pillaient, tuaient. Les soldats tiraient sur les femmes, les enfants. Les villes flambaient. Dans les campagnes, les Kurdes attaquaient les villages, ne laissant aucun survivant. Non loin de Harpoot, trente-deux femmes se précipitaient dans l'Euphrate où elles se noyaient pour échapper au déshonneur auquel les condamnaient leurs ravisseurs kurdes. La palme de l'horreur revenait à Urfa. Les chrétiens pourchassés – des professeurs, des prêtres, des élèves et leurs parents – s'étaient réfugiés dans la grande église arménienne. Deux mille hommes, femmes et enfants s'y entassaient. Les soldats avaient enfoncé les portes et avec d'autres bouchers avaient commencé à les massacrer. Puis, fatigués, ils avaient mis le feu à l'église, brûlant vif les survivants. Les jours suivants, des sacs entiers de cendres et d'os avaient été jetés par-dessus les remparts.

Des centaines d'Arméniens, après avoir vécu pendant des jours dans des puits, dans des caves, demandaient refuge aux missions. Le massacre, témoignait un missionnaire américain, avait été exécuté systématiquement.

Rivé à mon fauteuil, je me sentais saisi d'une épouvantable fascination. La nuit était déjà bien avancée.

Autour de moi c'était la paix, le silence de Yildiz. Dehors par la fenêtre, les étoiles brillaient dans leur mystérieuse splendeur. Tout dormait au palais; même les aghas qui attendaient dans mon antichambre s'étaient assoupis. Au loin, un chien aboya.

Soudain, venu du jardin me parvint le parfum du jasmin. Il me semblait pourtant que j'étais loin à l'est, à Mardin, à Diyar Bakir, à Urfa, à Intaba. Mes yeux voyaient, mes oreilles entendaient. Je palpitais, je tremblais. Devant moi, des cadavres chrétiens étaient portés en dehors de la ville pour être brûlés, balancés dans de larges puits ou abandonnés aux chiens, aux vautours. Des femmes menées à l'abattoir étaient saignées comme des veaux. Des hommes, ligotés au fond des boutiques, voyaient leurs enfants découpés en tranches sur leurs genoux transformés en billot.

Je détournais la tête pour ne pas regarder les musulmans, mes frères de religion, chargés de butin, de soieries superbes, d'étoffes brochées d'or. Ils continuaient à piller les maisons désertes. Plus loin ils assommaient les victimes à coups de matraque, de barre de fer, ou leur écrasaient la tête contre les pierres. Je voyais mes Hamidiés mener les Arméniens hors de la ville, les déshabiller, les mutiler horriblement avant de les tuer. Des centaines de très jeunes enfants abandonnés au milieu des ruines étaient destinés à mourir de faim si les fauves ne les dévoraient pas auparavant.

Devant moi dans la rue déserte passait un chien portant dans sa gueule un débris humain qu'il était allé déterrer. Les bords de la rivière se couvraient littéralement de cadavres. Plus loin, des soldats jouaient aux boules avec des têtes coupées. Je toussais, je suffoquais, car une effrayante odeur de chair décomposée envahissait la ville. Il n'y avait plus de corps maintenant dans les rues, mais du sang partout qui poissait les pieds, des débris de cervelle, des cheveux collés aux murs.

Je criais, je suppliais qu'on arrêtât, je ne voulais plus sentir cette odeur de mort qui infectait mon esprit, mon corps, mon âme. Les aghas affolés pénétrèrent dans mon bureau. J'avais dû vraiment crier, car ils me demandèrent anxieusement si j'allais bien. Pesamment, je me levai pour rejoindre ma chambre. Je me couchai sans me dévêtir sur mon lit, jumeau de celui de Muchfika. A plusieurs reprises, je me réveillai dans les bras de Muchfika, car dans mon sommeil, poursuivi par la vision, je me débattais en hurlant.

Mon impuissance me torturait. Là-bas, dans les provinces déchirées, un vent de démence secouait les plus mesurés. Les soldats n'obéissaient plus et les officiers se joignaient aux assassins. Je régnais sur l'un des plus grands empires du monde, j'avais à ma disposition les ressources d'un vaste État et j'étais incapable d'arrêter le carnage fratricide.

Vers la mi-décembre, le froid vint, un des plus violents que l'Empire eût connus. La neige, qui ne s'attardait jamais sur Constantinyé, tint presque une semaine. Là-bas à l'est la température paralysa le zèle des assassins. Les massacres s'arrêtèrent aussi vite qu'ils avaient commencé. Suivit un silence étrange, lourd, menaçant, chargé de significations diverses.

Pour la presse internationale, j'étais devenu « le maniaque criminel de Yildiz », « le monstre qui a déjà sacrifié les vies de cent mille innocents », « Abdul le damné ». Sans tomber dans un tel excès, les enquêteurs des puissances n'en conclurent pas moins à ma responsabilité dans les massacres. Le succès récemment remporté avec la visite du Kaiser fut réduit à néant. Nous nous retrouvions au ban de l'univers. Devant cette surabondance de preuves, d'accusations, je me révoltai. Notre Empire n'avait-il pas toujours été le plus tolérant de l'Histoire? Ne rencontrait-on pas chez nous, côte à côte, Grec uniate, Grec orthodoxe, Arménien grégorien, Arménien catholique, Arménien grec, Arménien hassouniste, anti-hassouniste, catholique d'Orient, israélite d'Orient, Syrien catholique, maronite du Liban, musulman de l'Herzégovine, de la Bosnie ou de la Bulgarie, orthodoxe de l'Herzégovine, musulman de Candie, chrétien de Crète, protestant d'Orient? Avions-nous jamais connu des persécutions religieuses comme dans ces pays qui aujourd'hui nous rivaient au banc des accusés? Et si tant de confessions fleurissaient sur nos territoires, n'était-ce pas la preuve éclatante que tout homme, quelle que fût sa foi, quelle que fût sa race, se sentait en sécurité chez nous?

Alors, pourquoi ces cinquante mille morts? Pourquoi la police, l'armée, la gendarmerie avaient-elles trempé dans ces massacres? Sur l'ordre de qui? Il me fallait la vérité, impérativement. Et je ne comptais guère pour cela sur les rapports officiels, dont le langage restait le meilleur instrument pour occulter la réalité.

J'étais toujours demeuré fidèle à la politique, inaugurée au début de mon règne, d'ouvrir ma porte aux journalistes. Je reçus ainsi Gordon Bennett du *New York Herald* venu enquêter sur les « atrocités d'Arménie ». Tout de suite je sympathisai avec l'Américain, et pendant plus d'une heure nous discutâmes des événements, jusqu'à ce qu'il constatât :

– Légitimement ou pas, Votre Majesté semble garder la conviction que les récits concernant la tragédie arménienne contiennent plus de fiction que de réalité.

– En effet, et je suis entièrement d'accord, monsieur Bennett, pour envoyer quelqu'un de confiance enquêter sur place afin de nous départager.

Le correspondant, qui voyait déjà les titres annonçant une enquête exclusive, sauta sur l'occasion. Mais qui envoyer? Je le pressai de me proposer quelqu'un. Je sentis son hésitation jusqu'à ce qu'il avouât la vérité : son collègue Edwin Pears l'avait mis en garde contre mon influence corruptrice sur le choix d'un enquêteur.

Je ne pus m'empêcher de sourire :

– D'après l'honnête Edwin Pears, vous-même, monsieur Bennett, ne seriez pas à l'abri de tout soupçon.

Il baissa la tête.

– Mais qui désigner, monsieur Bennett? Si je suggère un nom, ce sera un tollé contre l'envoyé corrompu par le sultan. C'est à vous de le produire.

– Il y a bien un homme d'une droiture, d'une loyauté que personne n'oserait mettre en doute, mon ami George Hepworth de Boston.

– Faites-le venir immédiatement.
– Je dois cependant prévenir Votre Majesté que c'est un clergyman, qu'il est républicain et qu'il ne cache pas ses sympathies pour les Arméniens.
– Ce ne sont pas pour moi des obstacles, pourvu qu'il soit impartial.
Je ne rencontrai pas le révérend Hepworth lors de son bref séjour à Constantinyé, de peur qu'on ne l'accusât d'avoir été influencé – « contaminé » dirait Edwin Pears – par moi. Je le fis accompagner par un de mes secrétaires traducteurs, deux de mes aides de camp et six sergents de cavalerie. Cet homme seul, cet étranger qui ne connaissait rien à notre pays réussirait-il à dissiper les nuages épais et ténébreux qui m'empêchaient de comprendre, et à alléger la responsabilité qui, malgré mon innocence, m'écrasait? Tel était le désarroi du calife de l'Islam qu'il n'avait trouvé pour être le missionnaire de la vérité qu'un pasteur protestant.

Les massacres d'Arménie avaient engendré dans la capitale une tension qui provoquait des réactions inattendues, variées, bizarres. J'avais une fois de plus démissionné Kutchuk Said, et je le faisais surveiller car je n'appréciais pas ses contacts avec les ambassades. Il s'imagina que les espions qui le suivaient discrètement allaient l'assassiner sur mon ordre. Un beau matin, prenant son fils par le bras, il partit faire des courses; il descendit la Grand-Rue de Péra, entra au Bon Marché, traversa le magasin et, empruntant la sortie arrière, courut les quelques dizaines de mètres qui le séparaient de l'ambassade britannique. Là il demanda l'asile politique, et bientôt un télégramme du Premier ministre lui offrait l'hospitalité de l'Angleterre, preuve de sa connivence avec cette puissance.
J'envoyai émissaire sur émissaire à Kutchuk Said pour le supplier de revenir à la raison et à la maison. Rien n'y fit. Plusieurs jours durant il prépara son départ, prenant toutes les précautions pour ne pas être intercepté par mes sbires. Finalement, un de mes fonctionnaires se présenta à l'ambassade, un Coran à la main, sésame devant lequel Kutchuk Said s'inclina.

– Effendi, le sultan en personne a appuyé sa main sur ce Coran et a dit que si vous retournez chez vous, vous ne serez l'objet d'aucune recherche ni d'aucune poursuite. J'embrasse ce livre et je le remets entre vos mains en signe de la véracité de ce que je vous dis. Le sultan a juré.

Il se laissa fléchir, et quelque peu penaud accepta de revenir chez lui. L'Histoire, qui apprécie l'ironie, glisse toujours au milieu des plus grandes tragédies un petit événement ridicule...

Le Tokatliyan, un des restaurants « européens » les plus prisés de Péra, avait la réputation d'accueillir les intellectuels, les libéraux. On y parlait très haut – et parfois mal – du gouvernement.

Ce soir-là, Nadir bey, directeur de l'école Exemple de Progrès que j'avais fondée, avait invité à dîner Zulflu Ismael pacha, inspecteur général des Écoles militaires. Il commanda les plats les plus chers ainsi que les vins les plus renommés. Beaucoup de vin, d'ailleurs. Du bordeaux, du bourgogne, du tokay dont il faisait une consommation illimitée, frappant son invité par son excitation intense et joyeuse. Lorsque le garçon amena les desserts, les baklavas, les kadaifis, spécialités de la maison, l'inspecteur des Écoles militaires ne put s'empêcher de remarquer :

– Ô Bey, vous semblez bien joyeux ce soir.

– J'ai peut-être trop bu, ô Pacha, mais j'ai vraiment toutes les raisons non seulement d'être joyeux, mais de célébrer l'événement qui va se passer.

– Pour vous rendre si gai, il doit être d'importance.

Nadir bey cherchait à rassembler ses pensées, éparpillées par l'alcool. Il lâcha brusquement :

– J'appartiens au comité de l'Union et du Progrès. Êtes-vous contre, Pacha?

– Je connais en effet l'existence de cette association de patriotes et de libéraux.

– Demain il sera trop tard, et malheur à ceux qui ne seront pas avec nous.

– Croyez que si je n'appartiens pas au comité, je sympathise avec ses aspirations et ses idéaux. D'ailleurs, j'admire le courage de ses membres qui n'hésitent pas à braver le danger et les espions du sultan.

Nadir bey se rengorgea :

– Depuis que nous avons fondé, trois camarades et moi, l'Union et le Progrès, nous nous sommes infiniment étendus. Nous avons maintenant des comités secrets dans les grandes écoles et dans les provinces chrétiennes de l'Empire : en Roumanie, en Bulgarie, en Albanie. Nous sommes désormais des milliers, demain nous serons des millions.

Zulflu Ismael se pencha à travers la table, mit sa main sur celle de son hôte :

– Quel est votre but, Bey?

– Vous ne le répéterez pas, Pacha?...

Puis se redressant, il déclara d'un ton solennel :

– Nous sommes décidés à renverser le tyran.

– De grâce, Bey, plus bas. On pourrait nous entendre. Je veux vous aider.

– Êtes-vous sincère, Pacha? Car vous pourriez nous apporter un soutien précieux.

– Par tout ce que j'ai de plus cher, je vous jure que je suis de cœur et d'esprit avec vous.

– Demain matin il y a Conseil des ministres à la Sublime-Porte. Nous nous emparerons du bâtiment. En même temps nous nous saisirons de Réchad effendi, le frère cadet du tyran et l'héritier du trône. Nous obtiendrons du cheikh Ul Islam une fetva déposant le monstre Abdul Hamid et nous remettrons sur le trône Murad.

Zulflu Ismael pacha se recueillit, puis déclara de son ton le plus professionnel :

– Parfaitement conçu. Mais pourquoi vous saisir de Réchad effendi?

– Au cas où sultan Murad se montrerait incapable d'assumer ses responsabilités, c'est Réchad, le suivant dans la ligne de succession, que nous mettrons sur le trône.

– Et s'il s'y refuse?

– Nous l'avons gagné à notre cause. Réchad effendi appartient à l'ordre soufi des Mevlevis. Le cheikh de cet ordre qui est des nôtres l'a endoctriné.

– Je vois que vous avez pensé à tout.

– Le commandant de la première division de Constantinyé, Casim pacha, nous est acquis, mais nous avons toujours besoin de nouveaux soutiens. Aussi si vous le vouliez, Pacha...

– Demandez-moi ce que vous souhaitez...

Nadir bey commanda encore une bouteille de raki pour boire à la santé de la nouvelle recrue. Après nombre de libations et de toasts, les deux hommes se séparèrent. Le pas incertain et l'esprit fort embrumé, Nadir bey rejoignit son domicile, peu distant du restaurant. Il tomba aussitôt dans le plus lourd des sommeils, traversé de rêves, de cauchemars. Il entendait battre du tambour. Non, c'était à la porte qu'on frappait. Il émergea douloureusement de sa gueule de bois. On tambourinait. Il alluma, regarda sa montre. Quatre heures du matin.

– Police. Ouvrez.

Dans un état de stupeur, il se leva comme un automate, et en trébuchant alla ouvrir. Un inspecteur suivi de quelques policiers se jetèrent sur lui.

– Au nom du padicha, vous êtes arrêté pour complicité contre la sûreté de l'État.

Car Zulflu Ismael, après avoir recueilli ses confidences, n'avait rien eu de plus pressé que de se précipiter à Yildiz pour alerter Izzet bey qui m'avait fait réveiller; et ce fut de sa bouche même qu'en pleine nuit, à peine habillé, j'entendis l'édifiant récit que je viens de rapporter.

Je dictai à la cour martiale extraordinaire les peines à appliquer. Tous les accusés étaient condamnés à l'exil, la plupart en Libye... sauf le général Cazim, organisateur du coup d'État, que je nommai gouverneur de Scutari en Albanie.

Gazi Osman pacha protesta au nom de la discipline militaire. Ma clémence constituait un exemple détestable, une invitation à la récidive. Je n'avouai pas à mon fidèle collaborateur ma lassitude profonde. Je n'avais plus le courage de sévir. Et dans cette réaction je mesurais la distance qui me séparait de mes ancêtres. Eux n'auraient pas reculé devant un bain de sang, dont l'Empire serait sorti lavé et intact. Que mes assassins aillent donc en paix!

Je réservai ma vengeance pour l'âme du complot, Nadir bey. Je le décorai de l'ordre Medjidié de troisième classe, afin que ses complices ne sussent jamais s'il était un imbécile ou un traître.

Quant à mon frère Réchad effendi, je me gardai de toucher à lui. Le frère et l'héritier du sultan n'était pas coupable, ne pouvait pas être coupable. Je me félicitai, cependant, de le tenir à l'écart. Sa faiblesse le mettait à la merci des intrigants, mais sa nullité l'empêchait de devenir un danger.

Mon esprit restait attaché à la mission du pasteur Hepworth en Arménie et vagabondait sur ses pas. Avec lui je traversais les plaines infinies, jaunies par les blés coupés, bordées à l'horizon de collines rondes et grises. J'escaladais les montagnes inaccessibles et bleuâtres, vierges de toute voie. Je m'enfonçais dans les vallées verdoyantes où les villages millénaires se blottissaient au pied des torrents. Je voyais les églises en ruine, les masures noircies par le feu et sur les murs à la chaux les atroces traces, assombries par le temps mais qui dans mon âme restaient toujours rouge sang.

Enfin, au début de l'été, je reçus des nouvelles du pasteur. Il avait parcouru plus de contrées encore que mon imagination. Il avait interrogé des hommes de tout rang, de toute condition, de tout âge, de toute religion, de toute race.

Mes Hamidiés, qu'il assimilait pour la sauvagerie aux Peaux-Rouges de son pays, n'avaient jamais été et ne seraient jamais loyaux. Ils avaient trahi la confiance que j'avais placée en eux, ultime et fragile rempart contre leur nature. L'héroïsme des Arméniens face à ces fauves le bouleversait. Partout, il recueillait des témoignages merveilleux sur leur courage, sur leur indomptable esprit de sacrifice. Pauvres victimes d'une stupide persécution, aussi nobles dans la mort qu'ils avaient été fidèles dans la vie.

Mais il y avait Arméniens et Arméniens. D'un côté les martyrs, de l'autre les révolutionnaires. Au fil de ses rencontres, Hepworth avait senti son exaspération grandir contre ceux qu'il en venait à considérer comme les véritables responsables des massacres. Derrière eux se trouvaient les grandes puissances qui, hypocritement, avaient été les incitateurs – en premier lieu, l'Angleterre. Hepworth était persuadé que les massacres n'auraient pas eu lieu si l'Angleterre n'avait pas promis aux Arméniens une indépendance pour laquelle elle était dès le départ décidée à ne pas lever le petit doigt. En tout cas, le moins responsable, le seul innocent, c'était le sultan, telle était l'absolue certitude de Hepworth. Mal informé, certes, le sultan l'était. Mais un assassin, non. Le pasteur finissait par plaindre « l'homme le moins enviable de la planète », muré dans une solitude infinie, déchirante, impériale...

Son témoignage me fut un baume. Convaincrait-il l'opinion, la presse? Qu'importait! Même s'il devait rester le seul à croire en ses conclusions, un homme au moins avait eu le courage de me comprendre et de me défendre.

Ce 26 août 1896, le soleil de midi écrasait le palais de la Banque impériale ottomane. Ce bâtiment de marbre et de bronze, à peine achevé, dominait de ses hautaines et splendides façades les toits de Péra et de Galata. L'heure du déjeuner avait sonné lorsque soudain des coups de feu partirent devant le bâtiment, créant une commotion dans tout le quartier des affaires. Quatre ou cinq hommes tiraient de la rue sur les portiers et les gardes de l'établissement. Vite rejoints par des complices jaillissant des rues avoisinantes, la petite troupe des assaillants pénétra dans le bâtiment. Au bruit sec des détonations de revolvers se mêlèrent les explosions des bombes, lancées au milieu des clients qui circulaient dans les vastes et luxueux vestibules.

Les assaillants refermèrent sur eux les grandes portes de bronze de la banque. Armés de pistolets et de couteaux, ils se répandirent dans les couloirs, envahirent les sous-sols, montèrent jusqu'à la haute terrasse. Le personnel et les clients encore vivants furent rassemblés dans une pièce et enfermés. D'autres malfaiteurs postés aux fenêtres répondaient au feu nourri de la troupe venue tenter de les déloger. Ils tiraient sur tout ce qui bougeait, abattant nombre de passants et de curieux.

Un groupe d'entre eux dénicha sur le toit où ils s'étaient réfugiés sir Edgar Vincent, le directeur anglais de la banque, et Gaston Auboyneau, le directeur adjoint. Sous la menace des armes, ils les firent descendre dans le bureau du directeur. Auboyneau parvint à dialoguer avec l'un des assaillants, qui à sa surprise s'exprimait plutôt bien en français :

– Nous n'en voulons pas à votre vie ni à votre argent. Nous sommes des patriotes arméniens et nous voulons faire triompher notre cause. Si nous n'obtenons pas satisfaction, nous ferons sauter la banque, et avec la banque tous ceux qui s'y trouvent. De plus, nous exigeons l'impunité et la liberté pour les responsables de cette attaque.

Pour éviter l'exécution des otages et la leur, les deux directeurs cédèrent aux exigences des assaillants. Sir Edgar Vincent accepta de se rendre à Yildiz pour y porter un message. Il prit avec lui le premier drogman de l'ambassade de Russie, Maximov, qui était par hasard à la banque lors de l'attaque. Ils partirent pour le palais pendant que les Arméniens attendaient, la mèche allumée, la réponse du sultan.

Dans la banque et alentour le spectacle du carnage était effroyable. Les halls et les escaliers, les rues avoisinantes étaient jonchés de cadavres. Les assaillants comptaient trois tués et six blessés. Ils n'étaient plus que dix-sept à tenir en respect un régiment entier.

Mon ministre de la Police avait bien fait son travail ; quelques jours plus tôt il m'avait prévenu que les Arméniens préparaient un attentat. Mais nous ignorions la date et l'objectif qu'ils avaient choisis. Ils avaient projeté à l'origine de faire sauter la Sublime-Porte, ce que nous avions réussi à empêcher en triplant la garde. Cependant, les armes et les bombes sur lesquelles nos informateurs avaient mis la main confirmaient nos pires prévisions.

J'avais réitéré au ministre de la Police ma défense

formelle de laisser la police ou la gendarmerie pénétrer dans le quartier arménien en cas de troubles, décidé à éviter à n'importe quel prix un nouveau massacre. Il avait déjà pris des mesures dont je ne devinai pas qu'elles se révéleraient fatales.

– Pour respecter l'interdiction faite par Votre Majesté, j'ai pris sur moi d'armer de gourdins les portefaix du port. Comme vous le savez, Effendesim, ils constituent une corporation nombreuse et organisée. Si les Arméniens créent des troubles, ils sauront les mater. Et au moins on ne pourra en attribuer la responsabilité à Votre Majesté.

Prévenu dès le début de l'attaque, j'avais réuni à Yildiz un conseil de guerre. Je reçus à leur arrivée sir Edgar et Maximov.

A deux heures du matin, ils retournaient à la Banque ottomane avec ma promesse de vie sauve pour les révolutionnaires en échange de la libération des otages. Alors, les grandes portes de bronze s'ouvrirent lentement et les dix-sept Arméniens apparurent sur le seuil. Conduits par sir Edgar et par Maximov, ils traversèrent les cordons de troupes sans que personne ne les touchât, ma parole suffisant. Ils embarquèrent sur une vedette qui les mena sur le yacht du directeur de la banque. Un souper les y attendait, et pendant qu'ils se restauraient ils purent entendre les hurlements de leurs frères de race, massacrés impitoyablement. En effet, depuis le début de l'après-midi, dans les quartiers européens, des portefaix armés de bâtons assommaient à mort les Arméniens. Mes soldats, qui avaient sans succès tenté de reprendre la Banque ottomane et qui avaient essuyé le feu des terroristes, se joignirent à eux. Les rapports les plus contradictoires me parvinrent sur cette tragédie. Elle me parut encore plus difficile à cerner que lorsqu'elle s'était déroulée, non à la porte de mon palais, mais à des milliers de kilomètres. Je reçus un bey albanais – informateur occasionnel de l'ambassade de France –, témoin oculaire précis et apparemment sincère. Parmi les assassins pourchassant les Arméniens, deux de ses frères de race l'avaient reconnu. Ils s'étaient portés garants pour lui et l'avaient même aidé à sauver des chrétiens en disant aux soldats : « Le maître a dit de ne tuer que des Arméniens, et ceux-ci sont des Albanais. »

Quand mon témoin rapporta cette phrase, je fus si frappé que je lui demandai s'il l'avait réellement entendue. Il fut catégorique.

Dans le quartier de Tatavola, les Grecs fermèrent les rues en déclarant qu'ils défendraient à tout prix les Arméniens réfugiés parmi eux. Les assommeurs, déçus et furieux, rebroussèrent chemin et se précipitèrent dans le quartier arménien.

Dès leur apparition c'est l'horreur. Des portes préalablement marquées à la craie sont défoncées. Les Arméniens sont amenés chez deux bouchers, constitués en « Comité du massacre », qui leur tranchent les deux mains sur l'étal, ricanant : « Pieds de cochon à vendre. »

Les massacreurs n'ont comme seule arme que ces bâtons, les sopas, qu'ils affirment bien haut avoir été fabriqués spécialement pour l'occasion dans les ateliers du palais de Yildiz... Bien entraînés, ils jettent leurs victimes à genoux ou à plat ventre et leur tapent sur la tête jusqu'à la réduire en bouillie. Les chiens lèchent les ruisseaux de sang qui coulent dans la rue. La police cerne le quartier et rabat les fuyards.

Je fis remarquer au bey qu'il n'avait pas pu assister personnellement aux atrocités qui s'étaient déroulées en différents lieux. Il me jura tenir les informations sur ce qu'il n'avait pas vu lui-même de plusieurs témoins dignes de foi.

Le lendemain, les massacres se poursuivirent et chaque cadavre m'enfonçait un peu plus dans le sentiment intolérable de mon impuissance. L'humiliation s'ajoutait au poids de ma responsabilité indirecte. J'avais accepté que mon ministre de la Police armât les portefaix pour maintenir l'ordre, sans pressentir ni l'un ni l'autre que nous déchaînerions ainsi le plus barbare désordre. Son initiative me coûta ce qu'il me restait de réputation. J'y gagnai le nouveau sobriquet de « Sultan Rouge ».

XXI

Ce matin-là j'endossai mon grand uniforme brodé d'or et mes compagnons y accrochèrent mes décorations ottomanes. Ma petite Aishé me regarda partir par le fond du jardin pour le pavillon Salé. Elle monta ensuite sur la terrasse pour suivre, jumelles en main, le spectacle, car c'était aujourd'hui le jubilé de mon règne, et j'avais décidé de le fêter avec un éclat particulier.

Au son de la marche Hamidié jouée par deux orchestres, l'un à l'intérieur du pavillon, l'autre dans le jardin, la cérémonie des félicitations commença, qui dura de neuf heures à midi. Je déjeunai seul, rapidement, sur place, puis les maîtres de ma garde-robe m'apportèrent mes décorations étrangères. Car c'était au tour des ambassadeurs d'être reçus. Pour chacun, j'accrochais l'ordre de son pays et les orchestres jouaient son hymne national, soigneusement répété.

Lorsqu'ils regagnèrent la ville en liesse, un spectacle féerique les attendait. Les dômes et les mosquées, les minarets innombrables, les grands palais, les monuments publics et les navires à l'ancre étaient enguirlandés de feu. Sur les deux rives, une chaîne ininterrompue de lumières courait sur vingt kilomètres, tandis que des milliers de coches à vapeur et d'embarcations de tout genre, ornés de lanternes vénitiennes, naviguaient entre une double haie de flammes. L'embrasement général reflété dans les flots du Bosphore, les fusées partant de tous côtés sur les montagnes, les barques rapides laissant après elles de longs serpents de feu dans la splendeur de cette nuit de septembre, s'unissaient pour composer un ensemble d'une grandeur, d'une magnificence, d'un éclat qui ne pouvaient laisser quiconque insensible.

J'entrai dans le grand salon du harem où se pressaient les cadines, les ikbals, les princesses, mes sœurs, mes cousines, les femmes de la famille du khédive d'Égypte, et même deux épouses de mon feu père. Au milieu de ce décor si simple, elles paraissaient des fleurs exotiques et bruissantes dans leurs robes de velours à volants d'or, étincelantes de décorations et de bijoux. Mais je n'avais d'yeux que pour la plus belle, pour ma Muchfika.

Devinant ma fatigue, elle avait pris l'initiative de convaincre les autres dames de me présenter ensemble leurs félicitations, afin de m'épargner un troisième défilé interminable. Au moment donné, selon l'antique coutume, le kislar agha, mon fidèle Djever agha, lança une poignée de pièces d'or en l'air en criant : « De la part du souverain », puis une seconde : « De la part de la validé », suscitant une bousculade frénétique accompagnée de clameurs joyeuses. Kalfas, ikbals et compagnons se jetaient au sol, se bousculaient, riaient.

Ma petite Aishé vint toute fière me montrer les trois pièces d'or qu'elle avait réussi à attraper. Sa joie, leur joie remplaçaient celle que je ne pouvais éprouver. J'emmenai Muchfika au Petit Mabeyn admirer les cadeaux déposés par les ambassadeurs : du tsar de Russie une montagne de néphrite enrichie par Fabergé, du Kaiser d'Allemagne une argenterie colossale, de l'empereur d'Autriche une pingrerie, de la reine d'Angleterre encore un portrait d'elle, du président de la République française encore un vase de Sèvres, jusqu'à l'empereur de Chine qui envoyait un jardin miniature en pierres dures enfermé dans un vase d'or. Aucun État ne manquait à l'appel. Tous avaient compris. Cette fête était destinée à montrer aux puissances que le sultan ne baissait pas la tête et que l'Empire toujours solide déployait ses fastes accoutumés.

Sultan Rouge j'étais, mais les nations du monde se bousculaient pour me féliciter. A force de répéter que j'étais un monstre, elles avaient fini par le croire et par trembler devant moi.

J'avais voulu être aimé des giaours et je n'y étais point parvenu. Qu'ils me détestent donc, pourvu qu'ils me respectent.

La Crète : une île grande et riche, peuplée de Grecs; à côté une Grèce indépendante et remuante et, planant sur notre siècle, l'irréversible nationalisme qui, bien plus puissant que l'impérialisme des puissances, m'avait déjà arraché l'indépendance des États balkaniques. Depuis toujours, je savais que nous en viendrions un jour à la Crète. Depuis toujours j'étais résigné à lâcher du lest, mais avec mesure et sans contrainte.

Lorsque la grande île commença à s'agiter, nous lui accordâmes des droits exorbitants, avec pour seul résultat d'encourager l'insurrection. Nous suspendîmes donc les concessions, mais la violence ne fit que redoubler. Des villageois musulmans furent assassinés, des paysans chrétiens furent massacrés, avec la flambée de pillages et d'atrocités trop connue de moi. La ville de La Canée brûla, l'île entière se mit sous les armes.

Profitant de ce que l'Occident nous jetait les Arméniens à la tête, la Grèce envoya, au vu et au su de tous, des milliers de volontaires et infiltra des bandes armées à l'intérieur de nos frontières pour harceler nos garnisons. Je dus déclarer la guerre.

Dès le début, dotés de l'armement le plus moderne et encadrés par les plus expérimentés des officiers prussiens, nos soldats furent vainqueurs, en Épire, en Thessalie, partout. Les Grecs abandonnèrent Larissa et firent retraite vers Pharsale. Mes réformes et l'aide allemande avaient raison de leur ardeur au combat. Quelques semaines encore, et ce serait leur déroute complète. Ils subirent une nouvelle défaite écrasante à Domokos. Nos armées avaient atteint la porte de l'Attique. Alors, le soutien des puissances qui nous était acquis se refroidit soudainement. Elles voulurent arrêter notre avance et nous imposèrent un armistice. Elles paraissaient si décidées à nous frustrer du fruit de nos victoires, que je les soupçonnai presque d'avoir souhaité notre défaite.

Les négociations de paix s'ouvrirent à Tophané, dans un ancien kiosque que j'avais soigneusement choisi pour être le local le plus torride. Si les diplomates occidentaux ne se pressaient pas pour conclure, au moins transpireraient-ils abondamment.

Dès le début des hostilités, j'avais établi mon quartier général dans mon bureau du Kutchuk Mabeyn que je n'avais pratiquement pas quitté, où j'avais même installé mes secrétaires du Chiffre chargés de coder et décoder les télégrammes. Ma seule distraction était de voler quelques instants pour rendre visite à mes femmes, à mes enfants dans le harem transformé en ouvroir. L'ajout de nombreuses tables surmontées de machines à coudre avait transformé les appartements en ateliers. Et, toute la journée, ces dames y cousaient des chemises en toile pour les blessés.

Il en arrivait en effet des dizaines, des centaines dans les bâtiments du palais convertis en hôpital. Ils furent bientôt si nombreux que je leur cédai même mon atelier d'ébénisterie, où d'ailleurs je n'avais plus le temps de venir travailler.

Pour la vente de charité organisée à leur profit, ma petite Aishé broda à l'aiguille des fuchsias sur un fond de satin bleu, et pour ce joli travail je lui remis la médaille de l'Industrie gravée à son nom. La joie dans ses yeux lorsque je l'épinglai sur sa poitrine fut ma seule consolation durant ces journées.

La paix fut signée en septembre 1897. Les puissances nous forcèrent à rendre pratiquement tous les territoires que nous avions gagnés sur les Grecs, qui en compensation promettaient de nous payer une indemnité de guerre... alors qu'ils étaient au bord de la banqueroute. Nous gardions, cependant, notre victoire et la légitime fierté que nous en tirâmes effaçait bien des avanies, bien des humiliations.

La guerre n'avait pas tari le flot ininterrompu de visiteurs qui se déversait sur notre capitale. Sa beauté – vantée par des peintres, des poètes, des romanciers – les attirait en nombre toujours croissant. Ils arrivaient par l'Orient-Express, train inauguré quelques années plus tôt, dont mes pachas me vantaient le luxe sans égal. Ils descendaient au Pera Palace, l'hôtel le plus moderne et confortable du monde. Ils visitaient le musée des Wakfs, où j'avais réuni des manuscrits sans prix, des tapis de toute beauté ramassés dans les mosquées pour les empêcher d'achever de pourrir; récemment, j'avais inauguré dans l'enceinte même du Vieux Sérail le Musée archéologique où j'avais transporté des sarcophages, des statues, des bas-reliefs héritage de la Grèce, de Rome, de l'Égypte, de l'Assyrie, de Sumer, de Byzance.

Depuis plusieurs années, la ville était entièrement pavée et éclairée au gaz. J'avais fait doubler le Vieux Pont de Galata par le second Pont, en aval sur la Corne d'Or. Cependant, les aménagements que nous apportions ne s'avéraient jamais suffisants, tant la population se multipliait. Bizarrement, plus on arrachait de provinces à mon empire, plus le nombre de mes sujets semblait augmenter.

Les souverains, qui récemment encore me traitaient en paria, se pressèrent pour rendre visite au souverain d'un Empire qui refusait de mourir. Ne réussissant pas à le détruire, ils le flattaient. Le shah de Perse, Muzaffar ed-Din, venu rendre hommage au calife, portait une veste d'uniforme littéralement couverte de très grosses émeraudes, et piqué sur son colback un seul diamant énorme, magnifique, scintillant de loin tel un phare. Les rois de l'Europe alternèrent avec le président français Poincaré, le président américain Grant, avec des princes japonais.

Je reçus même, avec les honneurs dus à un souverain régnant, le roi détrôné de Serbie, ancien vassal de l'Empire qui par deux fois avait violé son serment et nous avait attaqués.

En route pour la Terre Sainte qu'il avait décidé de visiter, le Kaiser Guillaume II s'arrêta à Constantinyé, cette fois-ci accompagné de son épouse l'impératrice Victoria, laquelle n'était pas très au courant de nos usages. Lors de la réception au palais, je lui présentai le kislar agha. D'un air inspiré, elle lui demanda si dans sa famille on était eunuque de père en fils.

Je logeai le Kaiser, comme la première fois, au kiosque Salé dont pour l'occasion j'avais fait doubler la surface. Je lui fis porter toute la production d'une fabrique de tapis qu'il avait visitée, d'innombrables vases sortis de ma manufacture de Yildiz, des rivières de diamants pour l'impératrice, des caisses de poires de Aktcha qu'il avait appréciées, des volières entières de pies que sa femme aimait tout particulièrement.

Il me fit demander un entretien privé, non prévu au programme. A peine entré dans le grand salon du Buyuk Mabeyn, il intima à mon traducteur de nous laisser seuls. Munir pacha me regarda, indécis. Le Kaiser répéta impatiemment son ordre, et sur un signe de ma part, Munir pacha s'exécuta.

Alors Guillaume II se tourna vers moi :

– Il vaut mieux que nous discutions seul à seul pour ce que nous avons à nous dire. Je sais fort bien que nous pouvons nous comprendre sans l'aide de qui que ce soit, car bien que vous le cachiez soigneusement, je n'ignore pas que vous parlez admirablement le français.

Je détestais être poussé dans mes retranchements. Puis l'ironie de la situation m'apparut :

– D'accord, Sire. Mais je vous supplie de ne révéler à nul autre le secret que vous avez si habilement percé.

– Vous pouvez vous tranquilliser sur ce point. Il est beaucoup plus dans mes intérêts que dans les vôtres que le monde croie que vous êtes incapable de débattre de politique directement avec moi.

J'allumai une cigarette et attendis benoîtement la suite, qui ne tarda pas.

Guillaume II se leva, s'approcha, me prit les deux mains et me regarda droit dans les yeux, caressant, suppliant :

– Si une guerre survenait en Europe, vous vous rangeriez de notre côté, n'est-ce pas, Majesté?

Je m'attendais à tout sauf à cela.

– Parce que Votre Majesté prévoit une guerre européenne?

– Elle est inévitable, et je vous veux du côté des vainqueurs, c'est-à-dire du nôtre.

Je me gardai de lui demander plus de détails, car cela m'eût forcé à être plus précis dans ma réponse, qu'il guettait avec anxiété.

– Vous êtes déjà un ami cher, mais je n'ai pas le droit de vous donner ma parole dès maintenant. Ce n'est qu'au moment où les circonstances l'imposeraient que je pourrais y penser.

Il me présentait enfin l'addition que j'attendais depuis notre première entrevue dix ans plus tôt. Il l'avait comptée au prix fort. Les dangers de l'aventure où il voulait m'entraîner m'apparurent aussitôt. Reconnaissance ou pas, il n'était pas question de m'engager.

A mon ébahissement, il se contenta de ma vague promesse. Il me serra sur sa poitrine hérissée d'aiguillettes et de décorations et me donna les assurances les plus solennelles de son amitié, ce qu'il répéta sur le quai de Dolma Batche avant de s'embarquer sur son yacht, le *Hohenzollern*. Je pensais l'avoir assez couvert d'égards et de présents pour adoucir ma dérobade... J'oubliais la susceptibilité de ce vindicatif.

L'Allemand que j'accueillis après le Kaiser ne pouvait offrir plus de contrastes avec celui-ci. Theodor Herzl avait fondé le Mouvement pour la libération de la Palestine, appelé le sionisme. Il était déjà venu à Constantinyé quelques années auparavant, voulant à tout prix être reçu par moi; et convaincu qu'une audience s'obtenait par la corruption, il avait alors approché l'un après l'autre ceux qu'il imaginait pouvoir m'y déterminer: Munir pacha, mon traducteur officiel, mon grand maître des cérémonies qui ne me quittait jamais d'un pas, mon chef scribe, et enfin celui qu'on disait être le plus influent de mes collaborateurs, mon second scribe Izzet bey, qui s'était plu – me raconta-t-il – à renvoyer Herzl avec cette phrase sibylline et inquiétante : « Trop de commissions ont déjà été promises dans cette affaire. »

Déçu, Herzl s'était adressé à un noble polonais désargenté, journaliste de talent que tout le monde utilisait un peu comme espion. Je reçus ce Nevlinski, qui vint de la part de Herzl me proposer de résoudre nos problèmes financiers en lui vendant la Palestine.

L'énormité de l'idée me donna à réfléchir, mais évidemment je déclinai. Je ne pouvais, expliquai-je à l'entremetteur, vendre un seul pied de terre de l'Empire, car il appartenait non pas à moi mais au peuple, qui l'avait conquis et fertilisé de son sang.

Cette fin de non-recevoir n'avait pas découragé Herzl, qui était revenu voir Izzet bey et m'avait renvoyé par deux fois Nevlinski. Admirant sa témérité, j'avais accepté de discuter avec lui.

– Les juifs ont-ils besoin d'avoir la Palestine, à quelque prix que ce soit ? lui avais-je demandé. Est-ce qu'ils ne pourraient pas s'établir dans une autre province ?

– Effendesim, la Palestine est leur berceau. Ils souhaitent y retourner.

– Mais la Palestine est aussi le berceau d'autres religions.

Nevlinski me confia que si les juifs ne pouvaient obtenir la Palestine, ils se tourneraient sans doute vers l'Argentine. Cette solution me parut improbable. La sagesse me dictant de ne pas les avoir contre moi, j'étais de plus en plus décidé à faire quelque chose en faveur des juifs, mais pas à céder la Palestine. Salonique, peut-être. Un jour ou l'autre la Macédoine risquait de nous échapper, comme toutes nos provinces chrétiennes. Et Salonique comptait une minorité juive qui par son volume, par son importance historique et culturelle y justifierait l'implantation d'un État juif.

Quand Theodor Herzl revint à Constantinyé, cette fois, j'acceptai de le recevoir. J'avais de la sympathie pour l'homme, pour son combat. Et puis cette fois-ci, notre ami commun Armenius Vambery s'était entremis.

Après la prière du vendredi, à laquelle Herzl assista

sur mon invitation, je le fis introduire dans la salle d'audiences du Grand Mabeyn. Maigre, le visage étroit prolongé par une barbe hirsute, les sourcils froncés, l'œil sombre et brillant, lourdement cerné, il évoquait un missionnaire pensif et inébranlable.

Il commença par m'exprimer la reconnaissance de son peuple pour la tolérance que je lui avais toujours témoignée. J'avais été, et je resterais toujours, l'ami des juifs, lui répondis-je. Il me proposa alors d'agir sur ses amis des places boursières du monde entier, afin qu'ils se montrent très « généreux » envers l'Empire. A la condition, cela allait sans dire, que je fasse d'abord un geste en faveur des juifs...

Je décidai de traiter sa demande avec une légère moquerie. Il demandait un geste, il allait en avoir un. Je pouvais, par l'entremise de certains des juifs que j'employais à la Cour, faire répandre l'opinion flatteuse que j'avais de leurs frères de race. Ma proposition déconcerta Herzl. Il insista, sans jamais oser mentionner la Palestine. Je sentis qu'il perdait pied.

Le lendemain, je lui envoyai non seulement une décoration, mais une épingle de cravate ornée d'un diamant jaune. Je savais qu'il était déçu, et qu'il n'abandonnerait pas son rêve, mais que pouvait-il? Soulever la Palestine pour obtenir son indépendance? Il faudrait d'abord que les juifs y fussent implantés en plus grand nombre, ce qui n'était pas réalisable sans mon autorisation. Il pouvait se retourner contre moi, participer à quelque entreprise pour m'évincer. Pourquoi s'en prendrait-il à un être faible, point trop intelligent et prisonnier d'une camarilla de cour? Car telle était l'image que j'avais voulu lui donner de moi. Je l'avais aussi prié indirectement de patienter lorsque dans un moment d'amère sincérité j'avais lâché à son messager Nevlinski :

– Dites à votre ami que les juifs peuvent épargner leurs millions. Quand mon empire aura éclaté, peut-être obtiendront-ils la Palestine pour rien. Mais seul notre cadavre pourra être divisé. Je ne consentirai jamais à sa vivisection.

Quelques années auparavant, un récit de voyage publié dans *La Revue des deux mondes* et signé par un jeune Arménien de vingt ans, un certain Gulbenkian, avait attiré mon attention. Il s'agissait, en fait, d'un inventaire des ressources pétrolifères du sud de la Russie. J'avais convoqué l'auteur à Yildiz et je lui avais commandé un rapport semblable sur la Mésopotamie. Les réserves en pétrole y avaient été estimées quasiment inépuisables. La nouvelle s'étant répandue, les agents des compagnies se pressèrent dans les antichambres ministérielles pour obtenir des concessions. Il y avait ce d'Arcy, représentant les intérêts anglais, qui avait si bien réussi à enlever le monopole pétrolier à mon voisin le shah. Il y avait ce Chester, un aventurier de la pire espèce, mandataire du Département d'État américain. Il y avait enfin l'infatigable Gulbenkian, échappé par miracle aux bâtons des portefaix lors des massacres arméniens et revenu à Constantinyé plus riche que jamais. Lui au moins avait l'avantage de connaître nos usages, de savoir quel ministre, quel fonctionnaire corrompre et à quel taux.

Même lui, cependant, se heurta à un mur. A tous il fut répondu que les terrains pétrolifères étaient inaliénables car biens de la Couronne. Je les avais fait acheter, aussitôt découverts, par la bourse privée, afin d'éviter que cette manne nouvelle ne tombât aux mains des étrangers. J'imaginais ma parade assez solide pour décourager leur convoitise.

XXII

Je me réjouissais d'avoir gagné trois manches contre Guillaume II, contre Herzl, contre les prospecteurs de pétrole, lorsqu'un coup inattendu vint me frapper.

Un matin de 1900, mon ministre de la Police m'annonça que mon beau-frère Mahmoud pacha et ses deux fils avaient disparu. Le damad, comme son presque homonyme assassiné avec Midhat pacha, avait épousé ma sœur Séniha sultane et il professait des opinions démocratiques. A cause de son implication imprécise dans l'ancienne affaire d'Ali Souavi, je l'avais mis sous surveillance, certes assez lâche puisque lui et ses fils avaient pu s'envoler littéralement en fumée.

J'avais aussitôt déclenché l'alarme. Tant pis si les trains en partance de Constantinyé étaient retardés, j'exigeai qu'ils fussent fouillés de fond en comble, non seulement à Constantinyé mais dans toutes les gares des environs et jusqu'à Andrinople. Pour ce travail, je mis des troupes à la disposition de la police. Au risque de causer un incident diplomatique, les navires battant pavillon étranger furent perquisitionnés. J'étais en effet persuadé que les fugitifs tenteraient de gagner l'étranger pour rejoindre les rangs de l'opposition. Cette opposition que je connaissais depuis si longtemps. Les Jeunes-Turcs, dont j'avais découvert l'existence depuis le temps lointain du règne de mon oncle Abdul Aziz, subsistaient ici ou là, groupuscules inspirés par Zia, par Nami Kemal, les grands poètes d'autrefois.

L'association Union et Progrès, qui avait fait parler d'elle lors du coup d'État manqué de Nadir bey, se réduisait à des beaux parleurs occupés à m'insulter infatigablement. Or ces mouvements risquaient de prendre une déplorable importance en recevant la caution inouïe, inespérée d'un membre de la famille impériale. Qu'importe que mon beau-frère fût un homme sans caractère, avide, vivant d'expédients. Qu'importe qu'il se fût enfui pour éviter d'être compromis dans une sale affaire de concussion, cette « victime de la tyrannie » deviendrait la bannière des opposants.

Certain que gares et ports seraient intensément surveillés, il ne tenta pas de quitter Constantinyé sur-le-champ. Il se cacha avec ses deux fils chez des amis, attendit quelques jours que la surveillance se relâchât. Alors il sauta dans une simple barque à moteur et rattrapa un navire de transport français descendant le Bosphore, qui sans s'arrêter les fit monter tous les trois à bord. Du fait que le vapeur ne relâcha pas dans un port turc, il ne fut pas fouillé. Il passa sans encombre les Dardanelles et déposa quelques jours plus tard le damad et ses fils à Marseille.

J'avais raison de me méfier de la France, dont le gouvernement recueillait toujours les accusations lancées contre moi, dont un Clemenceau défendait à la barre mes calomniateurs. La presse française ouvrit les bras à mon beau-frère.

Utilisant une recette qui avait fait ses preuves avec les chefs les plus endurcis de l'opposition, j'envoyai Munir pacha user les infinies ressources de sa persuasion pour le convaincre de revenir. Les talents de mon émissaire restèrent sans effets, car en quelques jours le damad avait découvert le plaisir de devenir un héros. Chaque jour il publiait dans les grands quotidiens parisiens des lettres ouvertes à moi adressées, chaque jour il affirmait que dans l'Empire Satan en personne régnait.

Son exemple fit école. Le fils de Midhat pacha, bénéficiant de mystérieuses complicités, s'enfuit de Smyrne et refit surface en Occident. Lui aussi se mit à parler, rencontrant tous les journalistes qui le souhaitaient, écrivant article sur article. Pour la première fois, il était certifié – et par quelle indiscutable autorité – que j'avais bel et bien fait assassiner Midhat pacha. Une preuve entre autres, un paquet était arrivé à Yildiz, portant l'inscription : « Ivoire japonais pour Sa Majesté impériale. » La boîte contenait la tête embaumée de Midhat pacha, devenue le fleuron de mes collections...

A son tour Ismael Kemal bey, pour me remercier de l'avoir nommé gouverneur de Tripolitaine et de lui avoir remis pour sa mission un important viatique en numéraire, se réfugiait sur la canonnière de l'ambassade anglaise, d'où il gagnait un navire battant pavillon britannique qui l'emmena en Europe occidentale. Il avait eu peur de mes véritables intentions à son sujet, expliqua-t-il à Munir pacha, dépêché une fois de plus pour le ramener à la raison. Il n'eut rien de plus pressé que de s'aboucher avec le damad Mahmoud.

Cette concentration de personnes acharnées à ma perte m'inquiéta. Bientôt, des bruits de conspirations, de coups d'État parvinrent à mes oreilles. Avant qu'aucun fait ne vînt appuyer ces rumeurs, le damad Mahmoud pacha mourut brusquement de causes naturelles où je n'eus aucune part. Dieu enlevait l'épée suspendue au-dessus de ma tête, car aussitôt le fils cadet du défunt revenait à Constantinyé sur mon invitation reprendre sa place dans la famille. La gauche acéphale se stérilisait, l'opposition se dissolvait.

Rassuré, je pouvais reporter mon attention sur les problèmes immédiats de l'Empire.

Malgré la mainmise étrangère sur tant de nos ressources, malgré le régime des capitulations, forme déguisée du colonialisme, qui entre autres nous interdisait les barrières douanières, malgré la rareté du crédit, nos réalisations en imposaient. D'une agriculture médiévale, nous étions passés à une agriculture moderne. L'exploitation de nos ressources naturelles s'était considérablement développée. Nous avions réussi à conserver et à entretenir notre patrimoine forestier. Nos exportations avaient augmenté de cent pour cent dans les dernières années. Notre réseau routier avait quadruplé.

Le décret sur la dette ottomane avait porté ses fruits, en encourageant les investissements étrangers et en donnant une incomparable stimulation à l'économie. Les revenus de l'État avaient décuplé, grâce à la modernisation de notre système fiscal.

Dans le domaine de l'éducation, les étudiants pouvaient librement accéder à d'innombrables établissements. Une aile du palais abritait l'institut de formation des hauts fonctionnaires, j'avais ouvert sept écoles militaires, et des écoles de droit à Salonique, à Konya. J'avais créé des écoles de finance, des beaux-arts, de commerce, d'ingénieurs, de vétérinaires, de la police et de la douane, celle enfin du télégraphe qui nous mettait à la pointe de cette technique.

Une génération d'intellectuels remarquables avait su vulgariser l'histoire, la littérature, en un mot la connaissance. Désormais c'était par centaines que nous formions des docteurs, des administrateurs, des officiers, des écrivains. Je pouvais me dire que j'avais mis l'empire sur les rails du développement et du progrès ; et pourtant cela ne suffisait pas, cela ne suffisait jamais.

Avec la nuit tombait le silence sur le parc. Aucune ombre ne poursuivait la solitude en ses allées. Seul l'animait le vol soyeux des hiboux. Faiblement mais distinctement me parvenait de la mosquée Hamidié le chant mélancolique des récitants du Coran.

– Dites-moi, y a-t-il un cœur humain capable de ne pas être ému par la force évocatrice de ces chanteurs ? demandai-je à mon interlocuteur, Armenius Vambery, un « ami » assez intime pour que je puisse le plier aux caprices de mes horaires.

Je savais que la tranquillité ambiante, loin de l'apaiser comme moi, l'angoissait. Il la trouvait presque terrifiante, et les pas lourds des gardes marchant en long et en large en dehors de l'enceinte du Domaine privé ne le rassuraient pas. Il prétendait pourtant apprécier hautement ces entretiens nocturnes ; il profitait surtout de mes bonnes dispositions pour me poser les questions les plus indiscrètes et pour me glisser quelques conseils.

Ce soir-là il attaqua par des critiques qui ne convenaient ni à l'heure ni au lieu. Il s'en prit à la corruption généralisée dans toutes les branches de l'État, avec la ferveur, probablement sincère, de ceux qui parfois ne sont pas insensibles à cette même corruption. Il connaissait trop bien notre pays, lui répliquai-je, pour s'étonner de cette situation. La corruption provenait d'une tradition plus que millénaire, et de ce fait obéissait à une stricte codification :

– Répandre le bakchich, mon cher Vambery, constitue tout un art. Il faut connaître l'état de santé de chaque ministre, sa prédisposition du moment, il faut deviner l'instant le plus propice pour l'approcher. Et lors de la rencontre, il faut ne jamais le regarder en face et garder les genoux collés. Il faut s'incliner bien bas et s'enquérir respectueusement de sa santé. Ensuite et ensuite seulement, faire allusion à l'affaire qui vous amène, lorsque d'un geste négligent le ministre renvoie son secrétaire...

Je ne répugnai pas à me moquer quelque peu de l'illustre journaliste qui s'était laissé acheter par Herzl afin de lui obtenir une audience. Insensible pour une fois à l'ironie, il se lança dans une charge contre l'omniprésence et l'omnipotence de mes espions. Mes informations et mes jugements ne se fondaient plus que sur leurs rapports, ces fameux « djournals » qui chaque soir s'entassaient sur mon bureau ; et il désigna la pile de dossiers en veau blanc frappé de ma tugra. Son réquisitoire me déconcertait. Était-il à ce point naïf ?

– Peut-on imaginer un gouvernement, un État ou un homme d'État sans système de renseignement ? Celui qui est au sommet ne peut pas ignorer ce qui se passe juste à coté de lui. Regardez le destin sanglant de mon oncle Aziz. Ne doit-il pas être une leçon, un exemple pour moi ? Donc, j'ai inventé les djournals. Ils ont leur utilité. Ils m'ont par exemple appris, mon cher Vambery, que vous avez récemment pris contact avec mes opposants les plus virulents.

Le reproche, pourtant suavement amené, renforça son agressivité. Il fit allusion à des accusations sans fondement, à des arrestations arbitraires, pire encore, à des disparitions inexpliquées. Du coup je me rebiffai :

– On croirait que vous ne me connaissez pas ou que vous vous êtes laissé endoctriner par Edwin Pears. Suis-je vraiment un homme cruel ?

Il marqua une hésitation avant de produire un « non » timide. Puis tout de suite il m'accusa de recruter mes espions parfois par le chantage, la pression, la menace. Nous n'avions pas besoin de chercher des espions, l'assurai-je. Les candidats se pressaient, venant de tous bords.

Ce matin même, un militaire de service au palais m'avait supplié de l'engager, un officier d'artillerie que j'avais chargé d'organiser un musée d'armes anciennes. Depuis quelque temps il s'était abouché avec Djever agha, mon kislar agha et mon chef espion. Il prenait ses repas en tête à tête avec lui chaque jour et lui montrait la plus grande amitié. Bref, il le courtisait jusqu'au moment où il lui proposa de rédiger chaque jour à mon intention un djournal sur les faits et gestes de mes collaborateurs. J'avais voulu interroger moi-même l'officier sur ses motifs. Avait-il besoin d'argent ? Non, puisque sa solde militaire lui suffisait amplement. Cherchait-il une promotion ? Alors il se trompait, lui déclarai-je, car l'espionnage ne permettait pas de grimper l'échelle hiérarchique plus vite, bien au contraire. Il savait cela pertinemment.

Cet Arabe me déconcertait, par ses propos comme par son physique : grand, glabre, anguleux, presque squelettique tant il était maigre, le nez osseux et les oreilles proéminentes, et si pâle. Sous des sourcils abondants, le regard sombre et fixe lui donnait un aspect presque sauvage... Pourquoi donc tenait-il tant à s'engager dans mon service secret ? Il voulait simplement servir l'État. Je le félicitai pour son zèle, qui néanmoins suscitait en moi des sentiments mélangés. Il s'appelait Mahmoud Chefket et je ne devais jamais oublier son nom.

Vambery censurait maintenant mon système de gouvernement. Il n'y avait plus de Sublime-Porte, plus d'administration, plus d'état-major. J'avais concentré tous les pouvoirs en mes mains, ne laissant à personne la moindre initiative. Outré par ce réquisitoire, je voulus l'accuser à mon tour. Si je lui marquais tant de bienveillance, c'était parce que depuis des décennies il servait de pont entre l'Angleterre – son employeur – et moi. Or depuis quelque temps, cette puissance, malgré mes efforts, redoublait d'hostilité, comme sourdement montée contre moi. Je sentis cependant l'inutilité d'argumenter avec Vambery.

En écoutant ses critiques, j'avais l'étrange impression qu'il s'exprimait devant un auditoire d'opposants. Il voyait dans mon absolutisme la preuve retentissante de mon assurance. Or il se trompait radicalement. Les événements m'avaient appris à douter de tout et de tous. Je ne pouvais m'en remettre qu'à moi-même; seul je devais constituer le rempart contre les menaces qui entouraient l'Empire. Mon despotisme était le résultat autant de mon désespoir que de ma détermination.

Au loin le chant avait cessé, et je n'entendais plus le pas des gardes de l'autre côté du portail. Peut-être s'étaient-ils endormis. J'avais laissé Vambery repartir et j'étais retourné à cette solitude qu'il croyait un fardeau pour moi, alors qu'elle était devenue une seconde nature.

Mon bonheur je le trouvais à Yildiz, dans ce domaine qui m'enchantait chaque jour davantage. Et pourtant, là aussi les chagrins pénétraient, la mort régulièrement venait réclamer son dû. Tante Adilé s'éteignit. La dernière à m'avoir connu depuis ma petite enfance, elle emportait avec elle une époque révolue. Je tirai de ma poche la bourse en or que je portais toujours sur moi, contenant la bague en rubis qu'elle m'avait donnée le jour de mon avènement, et je la rangeai pour toujours dans une petite armoire clouée au mur au-dessus de mon lit où je serrais mes souvenirs les plus précieux, souvent les plus modestes.

La mort de la kalfa Raksidil, la nounou d'Aishé, m'attrista plus encore car je ne fus qu'un témoin impuissant devant la douleur de mon enfant. Depuis des semaines on l'abusait, justifiant l'absence de la kalfa par un voyage. Au lieu de la voir revenir, ce furent des compagnons qui, entrant un matin chez elle, y déposèrent les effets de Raksidil. Malgré son jeune âge, Aishé devina aussitôt. Sa réaction me poignarda. Je tâchai de la distraire avec les facéties de Petite Nounou, mon perroquet, qui l'avait prise en affection et l'appelait sans cesse « Petite Aishé sultane chérie ». Je la fis jouer avec Pamouk, le chat blanc qu'elle m'avait offert. Je sortis du chenil Chéri, mon épagneul favori.

Je l'emmenai en promenade dans mon canot à moteur sur le lac artificiel du jardin Privé... déplorable initiative. Arrivé dans l'îlot au milieu de l'eau, je me fis servir mon café dans le petit kiosque de bois pendant qu'Aishé retrouvait ses amis : les paons, les faisans, les perroquets, les tourterelles, les canards envoyés par l'empereur du Japon dont elle ne cessait d'admirer le coloris des plumes. Elle s'approcha de ses échassiers préférés, les grues grises à longues pattes et à longs becs, tellement habituées aux enfants qu'elles venaient manger dans sa main. Alors qu'elle se penchait, l'une d'elles, affolée on ne sait par quoi, frappa du bec la petite fille et la mordit. Le sang se mit à couler sur son cou. Je crus que mon cœur s'arrêtait de battre. Je ne savais que faire et serrais Aishé contre moi, répétant d'une voix blanche :

– Ne pleure pas, ne pleure pas.

Aishé ne pleura pas car elle n'éprouvait aucune souffrance. Je la jetai dans le canot à moteur, et je la conduisis le plus vite possible jusqu'à la salle des médecins de garde du palais en bas de l'arsenal. La plaie était superficielle et le chirurgien me promit que dès le lendemain il n'y paraîtrait plus. Aishé avait déjà oublié l'incident que j'en étais encore bouleversé.

Pour récompenser Aishé de son courage, je lui permis pour la première fois d'assister au spectacle dans le théâtre privé de Yildiz.

Ce soir-là, la grande surprise était le cinématographe, tout nouvellement arrivé à Constantinyé. L'écran, mouillé pour éviter les risques d'incendie, présentait de grandes bosses qui déformaient l'image. Les films d'un certain Méliès ne duraient que quelques minutes et me paraissaient bien sombres, mais les dames du harem, la petite Aishé, muettes de saisissement, palpitaient d'émotion devant cette intrigante découverte !

J'étais à la fois proche et lointain de mes enfants. Mes fils affichaient les dons les plus divers. Abdul Kadir se révélait un violoniste d'un immense talent et Nureddin un compositeur d'envergure. Cependant j'avais peur, non pas d'eux, comme m'en accusaient mes adversaires, mais pour eux. Je les surveillais étroitement, voulant leur inculquer l'exigence et la rigueur que je jugeais nécessaires chez des princes.

Étais-je un bon père ? Je n'aimais pas que les enfants parlent trop fort ou fassent des gestes désordonnés. Je tenais à ce qu'ils marquent du respect à tous, particulièrement aux plus humbles. Je ne me départais pas avec eux du protocole. Pour recevoir mes fils, jamais il me serait venu à l'idée de ne pas endosser ma redingote de cour. Avec mes filles, je me montrais moins strict et ma sévérité n'allait pas jusqu'à les effrayer.

Parmi mes fils on m'accusait de favoriser Bura Eddin, un bel adolescent, une âme d'artiste, le plus intelligent de mes enfants, un esprit véritablement universel, un prince moderne. Néanmoins, il me mécontentait en poursuivant une liaison secrète avec la fille de l'ambassadeur américain. Muchfika, toujours prête à voler au secours des autres, me supplia de lui pardonner. Malgré mon irritation, je ne pus m'empêcher de sourire :

– Savez-vous comment il rejoint sa belle ? Tous les jours il sort à cheval de Yildiz et il parvient à distancer chaque fois ses gardes, un peu comme moi dans ma prime jeunesse lorsque je m'échappais de Dolma Batche pour aller explorer les quartiers les plus reculés de la capitale.

– Il paraît, Notre Seigneur, que le père de celle-ci, l'ambassadeur américain, vient de demander son rappel.

– C'est inexact. C'est moi qui ai demandé son rappel. Il a eu l'audace, ce glaour, de venir me trouver pour me dire : « Votre fils et ma fille s'aiment. Pourquoi ne pas les laisser se marier? Pour chaque million que vous lui donnerez en dot, j'en mettrai un autre. »

– Mais Bura Eddin, Effendi, va se désespérer s'il est séparé de son aimée.

– N'ayez crainte, ma Cadine, il s'en remettra.

Muchfika. A la seule évocation de son nom, l'émotion m'envahit. Sans autre effort que celui – d'ailleurs infini – du cœur, elle était devenue ma confidente, mon amie, la seule. Elle remplaçait l'expérience et les connaissances qui pouvaient lui faire défaut par un inébranlable bon sens et une générosité inépuisable. Elle savait écouter comme personne ne m'avait jamais écouté. Près d'elle, j'appris à exprimer mes idées, à manifester mes sentiments. Si Yildiz, comme on l'affirme, signifie l'étoile, Muchfika était la bonne étoile de mon domaine, de ma vie.

Ma confiance en elle m'invita à aborder, pour la première fois, le sujet de Murad. J'exhumai pour la lui montrer une partition de musique, une petite symphonie que mon frère avait composée et qui portait cette dédicace en français : « Pour Hamid, avec toute l'affection de Murad. » Muchfika me fit imaginer l'existence du reclus dans ce palais de Tchiringam somptueux et pourtant mal tenu par des serviteurs négligents, ses femmes et ses enfants condamnés à végéter, lui-même entraîné dans le cycle infernal de précaires améliorations de sa santé et de rechutes qui le réduisaient au désespoir.

« Mon fils, je ne peux vous voir aujourd'hui car je suis en dérangement », avait-il récemment écrit à l'un de mes neveux.

Avec cette pureté d'âme qui me la rendait si précieuse, Muchfika me pria d'alléger sa détention.

Le danger qu'il incarnait avait été ces dernières années ravivé par les complots contre moi, mais ma lassitude avait grandi. S'il devait être l'instrument de mon destin, qu'il le soit donc! Je promis de réfléchir, mais Muchfika m'avait déjà convaincu.

XXIII

– Le feu! Le feu!

L'agha de service, tremblant, bredouillait à mon chevet pour me réveiller. Je me dressai et sautai à bas de mon lit. Suffoqué par l'odeur âpre et terrifiante du bois brûlant, je m'habillai à la hâte et je trouvai l'antichambre envahie par la fumée, parcourue par des aghas affolés et inefficaces. Dans la pénombre étouffante et angoissante, j'entendais des appels au secours qui redoublaient mon angoisse pour mes bien-aimés. Le sinistre, heureusement, paraissait circonscrit au Domaine privé. Je donnai ordre néanmoins d'amener femmes et enfants au petit appartement du rez-de-chaussée. Je les vis arriver défaillants, en larmes.

Comme j'avais eu la précaution de faire installer des pompes dans tout le palais, l'incendie put être rapidement maîtrisé. Chacun regagna son logis. Le sinistre avait manqué réduire en cendres ma chambre et les pièces voisines. Muchfika s'étonnait qu'avec la multitude de kalfas et de compagnons montant la garde dans le palais, le feu ait pu prendre sans qu'on s'en aperçût. Il s'était déclenché dans un réduit où l'on entreposait le matériel de mon atelier d'ébénisterie, juste en dessous de mes appartements. Heureusement, il avait éclaté sans avoir couvé, ce qui avait réduit sa puissance. Les premiers résultats de l'enquête prouvèrent que des morceaux de bois et des planches du magasin avaient été disposés dans une intention criminelle. Or il est impossible de l'extérieur d'escalader le mur. Même un singe ne l'aurait pu. Donc, le feu avait dû être obligatoirement allumé de l'intérieur du palais.

Je chargeai Izzet bey, mon second secrétaire – et selon certains, mon âme damnée –, de fouiller, de questionner, de soupçonner.

Les jours passèrent, l'enquête piétinait. Ce mystère et les interrogatoires d'Izzet finissaient par mettre tout le monde mal à l'aise. Cette atmosphère de méfiance devenait pour tous intolérable. Déjeunant avec Muchfika, servi comme d'habitude par deux kalfas, plusieurs dames du palais debout contre la porte, je pris le pain et le baisai :

– Par le droit sacré de ce pain, je ne punirai personne, quel que soit le coupable. Il sera libéré de son engagement au palais. Mais je veux savoir qui il est.

– Mon cher Seigneur, murmura Muchfika, si Dieu le veut le coupable avouera.

– Qu'il en soit ainsi, répondirent d'une seule voix les dames d'honneur et les deux kalfas.

Le lendemain matin, Izzet bey, à l'heure de son rapport, sembla fouiller sa mémoire.

– Avez-vous un soupçon, Bey?

Il prit son temps pour répondre :

– Notre Seigneur, vous avez dit à votre humble serviteur que récemment, alors que vous étiez en train de travailler dans votre ébénisterie, une kalfa vous y avait enfermé à clé. Surprise, elle vous avait répondu qu'il s'agissait d'une erreur et qu'elle ignorait votre présence.

– En effet, maintenant je me rappelle. C'était Feleksou, une des deux kalfas qui nous servaient hier à déjeuner.

– A-t-elle été interrogée?

Je secouai la tête :

– C'est étrange. Je n'avais pas fait le rapprochement. Un geste semblable est absolument impossible de sa part. Vous devez vous tromper, Bey.

– En ce cas, Notre Seigneur, il est facile de vérifier.

Nous convoquâmes Feleksou dans le magasin où avait éclaté le feu. Je la questionnai sans élever la voix, sans prendre de mine sévère, tâchant de persuader plus que d'imposer. Il me fallut un certain temps pour franchir le barrage de ses dénégations et de ses protestations. Soudain, elle se jeta à mes pieds :

– Oui, Notre Seigneur. C'est moi qui ai mis le feu.

Je détestai en cet instant Izzet pour le sourire de triomphe qu'il ébaucha.

– Feleksou, est-ce vraiment toi, Feleksou ? répétai-je, accablé. Pour quel motif as-tu pu faire une chose pareille ?

– Je voulais être libérée de mon engagement au palais.

– Mais tu sais très bien que si tu me l'avais demandé je te l'aurais aussitôt accordé.

Feleksou éclata en sanglots. Elle hoquetait, elle haletait, elle serrait mes jambes si fort que j'avais du mal à me dégager. Je lui ordonnai de se retirer. Je ne parvenais pas à comprendre. Était-il possible qu'une des femmes attachées au service de ma table, qui me côtoyait quotidiennement, ait pu vouloir ma mort et risquer celle de tant d'êtres chers ? Elle ne manquait de rien. Elle savait que je n'avais jamais fait de difficultés à celles qui avaient souhaité quitter le palais. D'ailleurs, la plupart de ces filles n'y restaient que trois ans, pour abandonner le service au bout de ce délai... Feleksou, pourvue en argent et en bijoux, n'avait aucun besoin. Elle vivait fort agréablement, autant que j'en pus juger. Cependant, elle n'était pas jolie et ne pouvait espérer un beau mariage...

Izzet bey ne m'était d'aucune aide. La psychologie d'un coupable ne l'intéressait pas outre mesure, du moment qu'il l'avait débusqué. Il attendait mes ordres.

– J'ai donné ma parole, Bey. Elle sera libérée de son engagement. Faites-la partir pour La Mecque avec une dot afin qu'elle s'y marie.

En cette fin d'année 1904, Tahsin, mon premier secrétaire, vint un jour m'informer de la mort subite de Murad. J'avais dépêché les meilleurs spécialistes pour soigner son diabète et me tenais régulièrement informé de son état. Rien ne laissait prévoir cette brusque fin.

J'envoyai aussitôt mes aghas exprimer mes condoléances à ses enfants et je priai mes propres enfants d'en faire autant. Je décrétai un deuil de cour de quinze jours. Puis je reçus son fils aîné. Désormais les enfants de mon frère auraient entière liberté de sortir de Tchiringam et de se déplacer selon leur bon plaisir. Ils seraient considérés comme mes enfants et jouiraient des mêmes privilèges.

Devant la seule Perestou, qui avait vécu depuis l'origine le drame de nos relations, je donnai libre cours à mes larmes. Toutes les intrigues, tous les complots qui avaient entouré Murad, les anxiétés, les craintes que son existence avait multipliées, s'évanouissaient. Seule demeurait sa personnalité attachante, généreuse, malheureuse. Par deux fois j'avais été tenté d'ouvrir les portes de sa cage. La première, l'attentat d'Ali Souavi m'avait retenu. La seconde, la mort me prenait de court.

Si Perestou ne doutait pas de mon chagrin, elle était la seule à deviner l'autre sentiment qui m'envahissait et que j'aurais voulu repousser. Pourtant, comment ne pas penser que la disparition de Murad levait l'hypothèque qui pesait sur mon règne? Après vingt-huit années sur le trône, j'étais enfin pleinement, exclusivement, le sultan.

Ce vendredi 21 juillet 1905, le temps s'était mis de la partie. Au premier plan, la mosquée Hamidié étincelait. Derrière, les eaux bleus du Bosphore pâlissaient dans la chaleur; au loin, les îles baignaient dans une brume bleuâtre. Tout au long de l'interminable avenue bordée de grands arbres qui menait à Yildiz, les troupes lentement prenaient place. Les voitures de la cour suivaient les victorias des ambassades entre lesquelles circulaient de nombreux cavaliers.

Un grand nombre de touristes étrangers étaient mêlés à mes sujets. C'était par centaines, par milliers, que ces visiteurs, attirés par Constantinyé, voulaient en voir l'attraction principale, le « Sultan Rouge », « Abdul le damné », le « Grand Saigneur ». Cette triste curiosité me rappelait que les foules préfèrent le spectacle d'un monstre à celui d'un héros.

Arrivés sur le grand espace nu face au palais, les spectateurs trouvaient les régiments déjà alignés. Cliquetis de milliers de fusils manipulés, rang après rang, masses de bleu, de rouge, de blanc. Éclat des poitrines d'or ou d'argent des officiers. Bataillons d'infanterie, hommes robustes, musclés, pleins d'énergie, plus durs, plus solides que l'acier. Cavalerie aux guidons rouges flottant dans la brise. Zouaves avec leurs turbans verts et rouges. Pachas en uniforme surbrodé. Pieux croyants vêtus de brillantes couleurs qui remplissaient progressivement la cour de la mosquée.

Brusquement s'éleva une musique exquise. Le muezzin du haut du minaret appelait à la prière. De notoriété publique, il avait la plus belle voix de Constantinyé. Il était midi moins une, et de notoriété publique aussi j'étais la personne la plus exacte de l'Empire. Dans le silence qui s'était fait, un joueur de trompette, un seul, leva son instrument et, les yeux fixés sur la porte du palais, se mit à jouer.

Aussitôt les troupes se redressèrent, et sur un ordre de leurs officiers, présentèrent les armes. Tous les yeux se tournèrent vers le portail du palais dont lentement les grilles dorées s'ouvrirent pour déverser une succession d'élégants coupés transportant le gouvernement. Suivirent trois voitures hermétiquement closes, aux rideaux tirés, pleines de dames du harem. Dans l'une d'elles, une adolescente aux yeux bleus, un nuage de satin rose, souleva un coin du rideau et sourit à la foule : c'était mon Aishé, la seule de mes filles à être présente ce jour-là.

Puis une double ligne de fonctionnaires de la cour descendit la colline à pied. Ensuite apparut l'homme le plus important du palais, le chef eunuque, Son Altesse noire, le fidèle Djever agha, son énorme personne installée gauchement sur un superbe étalon arabe noir. Après le passage de mes fils, des grooms en livrée menaient cinq ou six des plus beaux chevaux de selle du monde, tous de race arabe, mes montures préférées.

Il y eut une brève pause, quelques secondes, un silence qui sembla beaucoup plus long, puis un seul cri jaillissant de milliers de poitrines :

– Longue vie au sultan!

L'ovation assourdissante ébranla l'air.

Enfin apparut ma voiture, un landau à demi fermé, entouré de gardes et d'officiers à cheval. J'étais assis au fond, avec en face de moi Gazi Osman pacha, le chef de service du palais. En passant, je me tournai vers les fenêtres du Pavillon des Hôtes où s'étaient agglutinés ambassadeurs, journalistes, étrangers de distinction, tous si habiles à me déchiqueter, et je les saluai de la main.

Ma voiture franchit les grilles de la cour et s'arrêta à l'angle gauche de la mosquée. De nouvelles acclamations m'accueillirent lorsque j'en descendis. Arrivé sur le perron, je me retournai et saluai avant de disparaître dans le sanctuaire. Dans la cour, les croyants déroulèrent leurs tapis de prières et s'y agenouillèrent sous le soleil impitoyable. Le service devait durer vingt minutes.

La voiture de ma fille Aishé s'était rangée, avec celles des dames du harem, dans la cour de la mosquée et les chevaux avaient été dételés. Un de mes aides de camp se tenait debout sur le marchepied. Une sonnerie de trompette annonça que la prière était terminée.

Alors que Aishé s'attendait à me voir paraître à la porte de la mosquée pour rentrer au palais, soudain, provenant de la tour de l'horloge, elle entendit une explosion terrifiante, une détonation plus effrayante que celle d'un canon. Sa voiture sauta violemment en l'air comme soulevée par une force incontrôlable. La kalfa assise en face d'elle et son abba se mirent à hurler avec elle : « Mon Dieu! Mon Dieu! » sans comprendre ce qui se passait. Dans un nuage de fumée et de poussière, des objets pleuvaient en tous sens, des pierres, des morceaux de métal comme s'ils tombaient du haut de la tour de l'horloge. Des planches volèrent en frôlant la tête de l'aide de camp toujours debout sur le marchepied.

Aishé hurlait :

– Papa! Papa!

Debout à côté de la voiture, le directeur des sorties et les compagnons gémissaient :

– Ma lionne, récitez une prière. Quelque chose est tombé du ciel.

A ce moment, elle m'aperçut debout sur la troisième marche de l'escalier de la mosquée. Je ne portais aucune blessure et mon visage était parfaitement calme et impassible. Un instant encore elle éprouva une peur terrible : si la tour de l'horloge allait s'écrouler sur moi... Elle me vit ouvrir les bras et m'entendit crier par deux fois :

– N'ayez pas peur.

A cet appel, les courtisans, les officiers, les soldats qui s'étaient dispersés, revinrent en courant reprendre leur place. Je montai dans ma voiture, recommandant de ne pas s'inquiéter et d'éviter la bousculade.

Je pris les rênes en main, comme j'en avais l'habitude au retour de la prière. Je veillai à conduire encore plus lentement qu'à l'accoutumée. Au passage je remarquai, à la fenêtre du pavillon des ambassadeurs, l'ambassadeur d'Autriche qui s'oublia au point de crier de toutes ses forces :

– Vive le sultan! Vive le sultan!

Pendant que je regagnais le palais, Aishé, toujours dans sa voiture, découvrait le spectacle dans toute son horreur. Autour d'elle, la place de la mosquée semblait un champ de bataille après un bombardement. Les grilles avaient été arrachées. Des gendarmes gisaient à terre. Les blessés gémissant, hurlant, se mêlaient aux cadavres. On devait dénombrer plus de quatre-vingts victimes, pour la plupart des soldats et des gens du peuple. Aishé reconnut parmi les morts deux précepteurs de ses frères. Un morceau de ferraille, traversant le fez de l'un d'eux, était allé se loger dans le crâne d'un pauvre vieillard debout derrière lui, le tuant sur le coup. Le cheval de son frère Abdul Kadir avait été blessé, mais il réussit à le ramener, saignant de dix plaies, vers le palais. Son troisième frère Ahmed avait reçu dans la poitrine nombre d'éclats de fer que les plaques de ses décorations avaient arrêtés. Un soldat, pris sous le cadavre de son officier, ne parvenait pas à s'en dégager. Plus loin, un ambassadeur rejeta avec dégoût une jambe arrachée à un cheval et tombée sur ses genoux.

Aishé et les deux femmes enfermées dans sa voiture étaient au bord de la crise de nerfs. Enfin les palefreniers amenèrent ses chevaux, les attelèrent et le coupé s'ébranla. Sur la courte distance qui la séparait du portail de Yildiz, elle ferma les yeux.

Ce fut une Aishé repue d'horreur, incapable de se contrôler qui descendit de la voiture à la porte du harem. Tous les compagnons, toutes les kalfas, les cadines, les ikbals, tout le monde l'attendait, pleurant et criant, la pressant de questions. Muchfika, pâle comme la mort, décomposée par l'inquiétude, arrivait à peine à parler :

– Avez-vous vu Notre Seigneur?

Aishé se jeta dans les bras de sa mère.

– Ne vous inquiétez pas. J'ai vu Notre Seigneur de mes propres yeux. Il est entré dans la chancellerie.

Alors Muchfika laissa couler ses larmes et remercia Dieu. Le calme relatif ne revint au harem que lorsque j'y parus. Tous voulaient savoir ce qui s'était passé, et oubliant le protocole m'interrogeaient directement.

– Nous avons été sauvés par la miséricorde de Dieu. C'est d'autant plus vrai que je dois la vie à l'imam de la mosquée. Vous savez qu'avec ma manie de l'exactitude, l'horaire de la prière demeure invariable, à la seconde près. C'était, j'imagine, ce sur quoi avaient compté mes assassins. Or au moment où je sortais de la mosquée, l'imam m'a retenu pour me demander de contribuer un peu plus à ses charités. Il m'a ce faisant légèrement retardé – d'une minute quarante-deux secondes, je l'ai vérifié. Ces cent deux secondes m'ont sauvé la vie : la bombe fixée sous ma voiture a explosé avant que j'y aie pris place.

Pendant que les télégrammes de félicitations arrivaient du monde entier, je recevais les premiers résultats de l'enquête menée par mon ministre de la Police, surnommé par ses adversaires le « chef des mouchards ». L'attentat avait été monté par des Arméniens qui avaient déclaré la guerre au « Hibou de Yildiz ». Mesurant leur insuffisance, ils s'étaient adjoint un remarquable conseiller technique, un certain Jauris, un Belge qui faisait profession d'anarchisme.

Attiré par l'appât du gain, ce Jauris était donc arrivé à Constantinyé. Il avait mis son domicile de Galata à la disposition des Arméniens afin qu'ils puissent dépister plus sûrement nos informateurs. Il servit d'intermédiaire entre les Arméniens et leurs amis du dehors, c'est-à-dire leurs bailleurs de fonds, car mettre sur pied un tel attentat nécessitait beaucoup d'argent. Jauris organisa leurs correspondances *via* les postes étrangères que nous n'avions pas le droit de contrôler. Il fit venir de Vienne la mélinite par petits paquets pour fabriquer finalement une bombe de cent kilos.

De son côté, une Arménienne avait pendant des mois chronométré la cérémonie de la prière du vendredi. Elle avait calculé qu'il me fallait seize secondes pour aller de la porte de la mosquée à la grille.

La date de mon exécution fut fixée au 7 juillet, puis reculée au 21. La possibilité de ramifications n'était pas à exclure. Les enquêteurs avaient découvert tout un arsenal de bombes dans des clubs comme le Cercle de l'Orient, dans des hôtels, dans des églises même. Les assassins arméniens avaient pu s'enfuir sur un navire russe, où le régime des capitulations nous interdisait de les appréhender.

Jauris avait été arrêté, jugé et condamné à mort. Je n'allais cependant pas laisser anéantir un si beau talent. Je lui offris sa liberté, cinq cents pièces d'or et un poste d'espion à mon service, proposition qu'il accepta d'enthousiasme.

XXIV

Le fait que j'eusse échappé à la mort exaspéra l'opposition. Les revues les plus sérieuses, les rédacteurs les plus renommés de Paris, de Londres, de Leipzig, publièrent des litanies de calomnies sur mon compte. J'étais rancunier, lâche, voleur, corrupteur, sadique, avare, ingrat et assassin... Ces gracieusetés paraissaient sous la plume d'autorités indiscutables, comme cet abbé Fech, longtemps journaliste à *La Croix* puis au *Monde,* comme ce docteur Paul Réglat, très proche de feu mon beau-frère le damad Mahmoud, comme ce fils du prince de Samos, frotté depuis son enfance à la cour.

Qui mettrait en doute les paroles de Son Altesse royale la princesse Musbah Haidar? Qui mettrait en doute celles d'un ami intime de feu Murad qui publiait sous le nom d'emprunt de Djemaleddin Bey? Mon frère, selon lui, s'était complètement rétabli... ce qui avait signé son arrêt de mort. Car de peur de le revoir sur le trône, je l'avais fait empoisonner.

Paradoxalement, Edwin Pears préférait les injures les plus bénignes. Je n'étais à ses yeux que vaniteux et creux, dénué de la moindre qualité d'homme d'État. S'il traitait mon règne de « la plus stupide des tyrannies », au moins se montrait-il conséquent avec lui-même puisqu'il le répétait depuis trente ans.

Par contre, les ignominies débitées par Vambery sur mon compte m'affectèrent. Qu'il déblatérât contre moi avec les ambassadeurs qui le stipendiaient et avec les journalistes qui l'enviaient, je l'avais accepté depuis longtemps. Mais que dans un ouvrage à grand tirage il racontât que dès mon adolescence j'espionnais pour le seul plaisir de faire punir, que j'étais toujours demeuré ignorant, incapable d'écrire correctement sans l'éducation nécessaire à un prince, voilà qui me blessait. Moins, cependant, que cette accusation qui me frappa droit au cœur; il affirma m'avoir entendu dire que j'avais ordonné personnellement les massacres des Arméniens pour les empêcher d'arracher leur province à l'Empire. Ainsi s'expliquait son attitude insolite lors de notre dernière rencontre : il se préparait à se retourner contre moi.

Loin de tenir compte de l'avertissement que je lui avais indirectement donné, il avait mis en contact mes opposants avec le gouvernement britannique. Ayant appris ses louches tractations, j'avais refusé sa dernière demande d'audience. Il s'en était vengé, ce qui ne l'avait pas empêché de m'envoyer un télégramme de félicitation après l'attentat manqué. Je le savais corrompu, je ne le croyais pas un traître.

Après s'être dispersées pendant des années, les attaques avaient fini par se concentrer sur ma seule personne. Les ennemis de l'Empire avaient admis qu'on ne pouvait le détruire sans préalablement détruire le sultan. Être considéré comme le seul obstacle à sa dissolution me flattait... mais les sons de l'hallali se rapprochaient, la trahison de Vambery me le signifiait clairement.

Je tombai malade, atteint de la gravelle. Les médecins unanimes m'interdirent de paraître à la mosquée le vendredi. J'eus beau protester, Muchfika se joignit à leurs prières, au point que je fus bien forcé de me rendre à la raison. Du coup, on dut rendre publique ma maladie jusqu'alors tenue secrète, ce qui suscita le déluge prévisible de rumeurs et de commentaires. Toute ma parenté demanda à me visiter et je fus forcé de me faire voir pour la première fois au lit et en chemise de nuit.

La fièvre baissa et mes forces me revinrent assez vite pour que le vendredi suivant, je puisse assister à la prière devant des observateurs avides de lire sur mon visage les ravages de la maladie, et pressés de m'enterrer. Malgré l'effort que je fournis pour recevoir, comme si de rien n'était, plusieurs ambassadeurs après la cérémonie, la liste de mes maux circula en ville. J'avais la tuberculose comme mes père et mère, mais aussi de l'urémie, une angine, une cystite purulente, un catarrhe à la vessie, une hypertrophie de la prostate, un cancer de la moelle épinière et du rein, une néphrite chronique et un abcès au bas-ventre. Au cas où je survivrais à ces étourdissants diagnostics, Armenius Vambery était là pour certifier qu'un ramollissement général attaquait mes facultés : en un mot, que j'étais devenu gâteux.

Si tout cela était quelque peu exagéré, la maladie cependant avait posé un poids sur mon existence. Après le déjeuner, j'étais désormais forcé de m'allonger sur une chaise longue pour un court repos. L'après-midi, il m'arrivait de me sentir fatigué. Je m'attardais moins qu'auparavant à ma table de travail, je coulais au harem de longues heures tranquilles. Le soir, plutôt que d'assister à quelque spectacle, je me retirais de bonne heure dans mes appartements avec Muchfika.

Ce changement était reflété par mon entourage. Lorsque je me reposais, les femmes faisaient taire les pianos et les gramophones, et chacun parlait bas de peur de me fatiguer. Preuve que je vieillissais, je ne m'apercevais plus que les autres aussi prenaient de l'âge.

Depuis des années nous avions, Perestou Hanoum et moi, une sorte de jeu secret. Chaque vendredi après la prière, elle s'échappait pour retourner dans sa maison de Maslak. Et chaque fois j'envoyais des aides de camp pour la ramener déjeuner et passer l'après-midi avec moi. Ce vendredi-là, mes émissaires revinrent sans elle : elle était morte. Elle avait attendu que je fusse rétabli et avait souhaité mourir loin de moi afin de me causer moins de chagrin.

Jamais l'Empire n'avait trouvé plus belle illustration que dans cette femme noble, généreuse, majestueuse et humaine. Pour moi, jamais je n'avais trouvé un soutien plus solide, un défenseur plus fidèle. Elle avait brisé le carcan de solitude qui entourait ma vie. Avant Muchfika, elle avait été ma conscience. Ma seule consolation à la douleur de sa disparition vint plus tard, lorsque je compris que Dieu avait voulu lui épargner les tristes événements qui allaient suivre.

– Dites-moi, Pacha, quelle est donc cette société secrète nommée Vatan, constituée à l'intérieur de l'École de guerre et dont je viens d'apprendre l'existence?

En face de moi, Ismael Haki pacha, inspecteur général de l'Instruction militaire, n'en menait pas large. Je l'avais suffisamment laissé piétiner dans le salon d'attente pour qu'il se maudît de n'avoir pas agi plus vite et plus énergiquement. Il préféra ne pas jouer au plus bête et avoua tout ce qu'il savait.

– Ces officiers s'attaquent aux aspects traditionnels de notre existence. Ils s'engagent sous la foi du serment à renverser un régime qu'ils taxent d'absolutisme et à le remplacer par un gouvernement constitutionnel. Ils veulent délivrer le peuple de l'emprise du clergé et émanciper les femmes en supprimant l'obligation du port du voile.

– Comment! Des idées libérales dans mon armée que je croyais conservatrice... et sûre.

– Il ne s'agit que de quelques jeunes gens turbulents et irréfléchis, Effendesim.

– Il n'y en a pas moins conspiration contre l'État.

– Ils se contentent de pérorer.

– Et d'écrire! Avez-vous lu leur littérature, Pacha?

Et j'exhibai un exemplaire du journal qu'ils faisaient circuler sous le manteau:

Le sultan et ses sicaires sont en train de saigner notre pays à blanc. La Turquie ne tardera pas à mourir si l'on n'infuse pas dans ses veines le sang généreux des idées nouvelles.

– Moi aussi je l'ai lu, Effendesim. Mais je n'ai pas jugé ce follicule assez important pour le signaler à Votre Majesté.

– Et de qui est cet article, Pacha?

– D'un jeune capitaine appelé Mustafa Kemal.

Je n'eus pas besoin d'indiquer à mon vis-à-vis ce qu'il devait faire... Par une soirée obscure et glaciale, la police entoura une maison sordide au fond d'une ruelle étroite. Les portes enfoncées, la chambrette minuscule envahie avant qu'ils n'eussent le temps de réagir, ils furent tous arrêtés, les jeunes « turbulents et irréfléchis » de la société Vatan.

Leur chef eut droit à un régime spécial. Enfermé à la prison Rouge, on le laissa au secret quelques semaines, le temps pour lui de méditer sur les inconvénients de m'accuser de « saigner à blanc le pays ». Il fut tiré de son cachot pour être traîné devant Ismael Haki pacha, qui lui signifia que j'avais décidé d'user de clémence à son égard. M'en avait-il quelque reconnaissance alors qu'il voguait vers la Syrie où je l'avais fait affecter? J'en doutais. Tant pis! Ce Mustafa Kemal demeurerait un cas isolé qui pouvait aller se faire pendre où bon lui semblerait. L'armée, j'en étais certain, me restait fidèle.

Le cheikh Abdul Huda avait un fils, Hassan, un Don Juan irresponsable qui causait le désespoir de son père. S'étant abouché avec le fils de mon frère Rechad, ils couraient ensemble les filles de la façon la plus tapageuse. Je ne pouvais admettre ces débordements de la part des membres de mon entourage proche, car inévitablement leur mauvaise conduite rejaillissait sur moi. Aussi méditais-je pour le coupable une leçon exemplaire.

Justement, le Yémen venait une fois de plus de se soulever. Cette province, la plus éloignée, la plus arriérée de l'Empire connaissait un état de révolte chronique dont plus personne ne semblait se soucier. Y être envoyé était considéré comme la pire des disgrâces. Le potentat local, l'imam de Sanaa, venait tout simplement d'annoncer qu'il faisait sécession, insolence que je ne pouvais laisser impunie. Hassan irait le ramener dans le droit chemin. Je comptais sur cette mission au cœur de ce désert pierreux et calciné pour mettre un peu de plomb dans sa cervelle. Le cheikh Abdul Huda, père du coupable, m'en remercia presque, et le jeune prétentieux partit pour le Yémen... de l'avis général, pour n'en plus revenir avant longtemps et en tout cas maté. A la stupéfaction de tous, la mienne au premier chef, il était de retour quelques semaines plus tard, non seulement sain et sauf, mais ayant pacifié la province.

La curiosité me poussa à recevoir ce faiseur de miracles. Je vis entrer un grand garçon, la peau claire, les cheveux blonds, les yeux bleus, indiscutablement portant beau. Il avait commencé par envoyer un message pacifique à l'imam au lieu des menaces et injonctions auxquelles celui-ci s'attendait. Étonné, le vieux forban l'avait convoqué. Hassan fut donc un des premiers étrangers à pénétrer dans ce palais de boue séchée, perché au sommet de la capitale yéménite, où pas un seul de nos représentants n'avait jamais pu mettre les pieds.

Hassan, arabe comme l'imam, descendait de plus du Prophète, ce qui l'avait fait recevoir avec respect. Vaurien, peut-être, mais aussi subtil qu'intelligent. Il avait su parler le langage de la raison et se faire entendre. L'imam avait baissé les armes et la province rentrait sans coup férir dans le giron de l'Empire.

Hassan, sans y avoir été invité, m'informa qu'au Yémen officiers et soldats n'avaient pas été payés depuis des mois, qu'il en était ainsi dans la plupart des garnisons de l'Empire. Son ardeur, sa franchise excusaient son insolence et me retinrent de le chasser incontinent. Il profita de ma patience et se lança en imprécations contre mes officiers supérieurs. L'état de l'armée était honteux. Les soldats y étaient traités comme aucun paysan n'oserait traiter son bétail. Hassan avait vu de ses yeux du pain plein de vers distribué quotidiennement à la troupe. Comment espérer maintenir ainsi la discipline ? Comment empêcher la révolte dans les rangs ?

Je l'interrogeai sur l'état d'esprit des officiers. Il n'était pas meilleur que celui des soldats, car eux aussi vivaient misérablement, leur solde étant rarement versée. Ils déblatéraient à qui mieux mieux contre un gouvernement vil et corrompu, accusaient la cour de dévorer le pays entier, dénonçaient les autorités qui ne faisaient que les taxer et les voler, me reprochaient de vendre nos provinces aux giaours et de brader l'Empire.

Jamais je n'avais entendu des vérités exprimées aussi crûment. Les vizirs étaient faits pour mentir, j'y étais habitué. Cette expérience nouvelle m'accablait mais aussi me stimulait. Hassan m'apparut soudain comme le messager du destin. Le nom du capitaine Mustafa Kemal me revint en mémoire. C'est à tort que j'avais cru son cas isolé. Pendant toutes ces années j'avais scruté l'horizon dans l'attente de l'ennemi. Je n'avais pas accordé suffisamment d'attention à ceux près de moi que je considérais les soutiens naturels du trône. Je me réveillai au bord du gouffre. Il fallait agir vite avec des hommes jeunes, déterminés, énergiques comme Hassan. Il fallait d'urgence changer mes méthodes. Mais comment vaincre ma lassitude ?

Hassan avait lu sur mon visage les pensées qui m'agitaient. Son assurance s'en était allée. Je le voyais désemparé. Il reçut avec soulagement le congé que je lui accordai, claqua des talons et sortit de mon existence. Il était venu trop tard.

Les événements ne me laissèrent pas le temps d'étendre mes réflexions, encore moins d'entamer une quelconque action, car un nouveau foyer d'agitation se déclara. Bien avant d'être une province de l'Empire, la Macédoine avait été ce qu'elle serait toujours : une poudrière. Tant de races, tant d'ethnies, tant de religions y voisinaient et s'y mêlaient que la cohabitation était souvent malaisée. En ce début de XXe siècle, l'idée de nationalisme exacerba la situation. Cela commença par des rivalités de clans, de comités, de sociétés éducatives, religieuses ou patriotiques. On se regardait férocement, on s'insultait, on se tapait dessus.

De là, on se regroupa en comités révolutionnaires. On se tirait dessus entre Grecs, Bulgares, Serbes, Albanais, entre chrétiens et musulmans. Les trains et les voitures de poste furent arrêtés et cambriolés, des étrangers riches et des nationaux fortunés enlevés, des bombes faisaient sauter les églises, des bandes armées attaquaient les villages.

Comme toujours les puissances s'en mêlèrent, en profitèrent pour présenter une nouvelle liste d'exigences, demandant à cor et à cri des réformes, des contrôles dans nos affaires. Les Anglais se révélèrent les plus âpres. Curieusement, leur intérêt pour les chrétiens de Macédoine se manifestait après un nouveau refus de ma part d'accorder les concessions pétrolières aux compagnies britanniques... Une flotte internationale apparut devant une de nos îles. Dans les bureaux de presse occidentaux, on parlait ouvertement de la désagrégation de mes États, mais surtout de ma mort, que l'on disait imminente. « L'homme malade », ce n'était plus l'Empire ottoman, c'était moi désormais.

Ma méfiance rivée sur la Macédoine, mes soupçons me conduisirent à Salonique, sur laquelle je lâchai mes limiers. Depuis des siècles, cette métropole abritait une illustre colonie juive qui, par sa richesse et plus encore par son savoir, y tenait le haut du pavé et lui donnait son caractère international. Or, des indications m'étaient parvenues sur de récents et importants transferts de fonds des grandes fortunes juives. Cet argent servirait à alimenter des loges maçonniques. Celles-ci avaient récemment pris un nouvel essor : leurs membres, italiens ou détenteurs de passeports italiens, restaient à l'abri des arrestations et jouissaient d'une large impunité. Ces loges servaient de lieu de rendez-vous à des officiers qui utiliseraient leurs techniques éprouvées. Les juifs, les maçons, les militaires : trois familles sans aucun lien entre elles, dont je cherchais à savoir ce qui pouvait les rapprocher.

Un incident renforça l'idée d'un réseau organisé. Mes informateurs m'ayant communiqué le nom de deux officiers aux idées subversives, ordre fut télégraphié de les arrêter incontinent. Lorsque la police se présenta chez eux, ce fut pour apprendre qu'ils s'étaient enfuis à l'étranger, à Paris. Qui donc les avait prévenus, aidés ?

On soupçonna l'existence d'un comité qui aurait des ramifications dans toute la Macédoine et l'Albanie, à Scutari, à Monastir, à Yaninna et même dans certaines villes de la Turquie asiatique. Le nom d'Union et Progrès revint sur le tapis. Ce groupuscule d'opposition, végétant depuis tant d'années, était une vieille connaissance. Mais désormais il se développait et enrôlait à tour de bras les militaires. Les délateurs citèrent plusieurs fois le nom d'un officier : Fehti le Macédonien. Il aurait eu partie liée avec le capitaine Mustafa Kemal, que j'avais envoyé en garnison à Damas. Il n'y était plus, s'étant fait muter, sans que personne y prêtât attention, à Salonique.

La surveillance étroite qui s'établit autour de l'un et de l'autre ne nous apprit rien. En revanche, la police mit la main sur plusieurs membres d'Union et Progrès. Ils ne firent aucune difficulté pour fournir des renseignements instructifs. Ils s'enorgueillissaient de compter quinze mille adhérents pour la seule région de Salonique, ce que je tins pour une grossière exagération.

Ni la persuasion ni la corruption ne convainquirent aucun des leurs de travailler pour nous. Ils avouèrent que leur association avait prévu des fonds pour entretenir les familles de ceux qui avaient été arrêtés. Ils laissèrent entendre qu'ils me battaient sur mon propre terrain, n'étant pas exclu que plusieurs espions se fussent infiltrés jusque dans le palais.

Union et Progrès révélait une organisation et une efficacité surprenantes. Je chargeai Nazim bey, le commandant de la garnison de Salonique, de conduire l'enquête la plus approfondie. Il m'annonça bientôt par télégramme qu'il avait réuni des informations, trop importantes pour être confiées à la poste. Son dossier constitué, il s'apprêtait à venir à Constantinyé afin de me le remettre en main propre.

Le matin de son départ il fut atteint par plusieurs balles et grièvement blessé, sans que les assassins pussent être trouvés. Aussitôt partit pour Salonique une commission spéciale, sous prétexte d'inspecter les magasins militaires, en vérité pour mettre fin aux activités du comité Union et Progrès. A sa tête j'avais nommé Ismael Maier pacha, le personnage clé de mes services secrets.

Sur ces entrefaites fut annoncée une rencontre entre le roi Édouard VII et son neveu le tsar Nicolas II dans le petit port baltique de Reval. Jamais on n'avait vu revirement politique plus spectaculaire. L'Angleterre avait été en féroce compétition avec la Russie durant des décennies de méfiance, de jalousie, de haine, de coups fourrés, de guerres ouvertes, de conflits secrets. Le monde entier assista avec stupéfaction au rapprochement entre les deux puissances. Je le suivis avec accablement. L'union des anciens rivaux signifiait la fin de ma politique de division, que pendant tant d'années et lors de tant de crises j'avais pratiquée avec succès. Une certitude : nous en ferions les frais.

Pour me confirmer dans mon pessimisme, je n'avais qu'à lire les titres de la presse britannique : « Reval représente le premier pas vers le démembrement de l'Empire ottoman. »

Étions-nous arrivés, la nation et moi, à l'échéance fatale que depuis longtemps j'avais prévue et que j'étais parvenu jusque-là à reculer? Des séditions éclataient un peu partout, en Asie Mineure, à Kastamuni, à Van, à Erzeroum, où les civils déposèrent le gouverneur; à Trapezunt, à Karput, à Bitlis, où les habitants refusèrent d'accepter les nouvelles lois. L'armée ne fit que de faibles tentatives pour ramener la population à l'obéissance. Le Yémen une fois de plus se révolta. Voici que même à Constantinyé une caserne se mutina. L'exemple fut suivi à Scutari et dans d'autres garnisons des environs. La simultanéité des incidents me rendit perplexe. L'effervescence gagna Beirut, le Liban et même la Syrie. Il y eut des troubles à Damas, à Smyrne, à Andrinople. Puis les explosions en chaîne cessèrent d'un coup et un silence bien plus inquiétant s'installa.

XXV

A l'aube du 3 juillet 1908 à Resan, petite ville de garnison au nord de Salonique, un certain commandant Niazi pénétra dans la caserne à la tête de cent cinquante de ses fedais [1]. Il trouva les lieux à peu près vides, car la presque totalité des soldats était partie combattre un groupe de terroristes bulgares qui s'approchait de la ville – et dont la présence avait été signalée par les complices de Niazi, les membres du comité Union et Progrès... Trouvant le nid abandonné mais bien garni, les fedais brisèrent les serrures des armoires, s'emparèrent des fusils, des munitions. Niazi, lui, se chargea du coffre-fort où il mit la main sur cinq cents livres turques. Puis, dans un ordre parfait et pleins d'enthousiasme, ils quittèrent la caserne, en compagnie de neuf soldats qui s'étaient joints à eux, et s'enfoncèrent dans les collines. La troupe disparut vers une destination inconnue, dans la chaleur incandescente et aveuglante d'une journée d'été.

« Cette aventure est folle. Dans quarante-huit heures on n'en parlera plus. » Tel fut mon verdict lorsque le télégraphe m'annonça la nouvelle. Toutefois, j'envoyai sur place un des plus sûrs d'entre mes hommes de confiance, le général Shemschi pacha. Très vite celui-ci s'aperçut de la disparition d'un autre officier sur lequel la police avait l'œil, le commandant Enver, dont le nom m'était plusieurs fois revenu aux oreilles.

1. Guerriers fidèles.

Personne ne savait ce qu'il était advenu de lui, et les spéculations allaient bon train. Selon certaines rumeurs, il était tombé victime d'Union et Progrès. Shemschi pacha ne tarda pas à découvrir qu'en fait c'était au nom de ce même comité qu'il avait pris le maquis.

Cependant, Niazi bey, à la tête d'une troupe qui ne cessait de grossir, poursuivait sa marche triomphale dans la romantique campagne macédonienne. Ses hommes entraient dans les villages en criant :

– Dieu est grand, et il n'y a de Dieu que Dieu!

Par sa faconde, par ses promesses, par ses mensonges, Niazi réussit à se gagner les paysans, les propriétaires terriens, jusqu'à des membres de l'administration, ce qui renforça l'espoir et la détermination de ses fedais. De son côté, Enver continuait sa « croisade ». Le 6 juillet, il gagnait le lac d'Okrida où il établissait son quartier général. A son appel, les habitants apportèrent de la nourriture et d'autres dons aux « patriotes », dont les rangs ne cessaient de grossir.

Le général Shemschi ne voulait pas croire à la gravité de la rébellion. Selon lui, elle se dégonflerait aussi vite qu'elle s'était enflée. D'ailleurs, il talonna les rebelles et atteignit Monastir, à peu de distance de leur quartier général. Le 7 juillet, il se rendit à la poste pour me télégraphier ses progrès. Remontant en voiture, il se dirigea vers la caserne d'où, à la tête de deux bataillons, il avait l'intention de partir encercler les hommes de Niazi bey. En chemin, il croisa un jeune officier qui tira sur lui un coup de revolver, le tuant sur le coup. Mille cinq cents spectacteurs assistèrent à l'attentat; aucun ne fit le moindre geste pour arrêter l'assassin, qui, sans hâte, s'éloigna impunément du lieu de son crime.

Le général Osman Nezi, un héros de la guerre qui n'avait pas froid aux yeux, accepta de succéder à Shemschi pacha. Il partit, décidé à utiliser aussi bien la fermeté que la douceur, gardant une main pleine de promotions, de décorations, de cadeaux pour les rebelles repentis. Sur ses conseils, j'empruntai de grosses sommes que j'envoyai d'urgence à Salonique pour payer les arriérés des troupes. Je fis tenir des messages au major Enver, que je soupçonnais être le pivot sinon l'âme de la révolte. Je lui offris le pardon, le rang de général et un poste des plus honorifiques à Constantinyé. Il refusa.

Je télégraphiai au général Osman Nezi de déloger Niazi bey de la ville d'Okrida dont il venait de s'emparer. Il fut décidé d'envoyer en Macédoine les troupes d'Anatolie, quarante-huit bataillons, mais l'armée changeait de camp plus vite que mes ordres ne l'atteignaient. Le 2e corps d'armée à Andrinople, le 4e à Smyrne et même le 1er corps à Constantinyé ne pouvaient plus être tenus en confiance.

Le 10 juillet, trente-huit officiers du 3e corps d'armée de Salonique furent arrêtés et expédiés à Constantinyé. En réponse, quatre jours plus tard un général de division à la tête de ses mille hommes rejoignait Enver et son maquis. Les petites garnisons éparpillées dans la région se soulevaient, l'une après l'autre. Les soldats brisaient les verrous des dépôts et distribuaient les armes à la population. Castoria suivit le mouvement, bientôt rejoint par Serres. Puis Tikvesh, puis Vodena. Des affiches subversives furent placardées à Monastir sous le nez des autorités avant d'être déchirées par la police. Quatre-vingt-dix officiers me télégraphièrent, demandant la satisfaction immédiate de leurs revendications. Les Albanais, dont le malheureux Shemschi pacha était si sûr, commençaient à bouger, se déclarant unis de corps et d'âme avec les révoltés.

Le 16 juillet, je proclamai une amnistie pour tous les officiers membres du comité Union et Progrès; en même temps, deux divisions déplacées de Smyrne se dirigeaient vers Monastir. Si les rebelles ne faisaient pas leur soumission à leur seule vue, l'affrontement ne pourrait être évité. J'avais décidé de rétablir l'ordre à tout prix. Ce furent nos soldats qui, refusant de tirer, changèrent de camp ainsi que leurs officiers. Pour parer aux défections, je signai la promotion de cinq cent cinquante nouveaux officiers, j'empruntai quatre-vingt mille livres à la Banque ottomane pour faire des cadeaux à ma fidèle armée de Salonique, je relâchai les trente-huit officiers amenés à Constantinyé. N'étant plus en mesure de battre, il me restait le pouvoir de caresser.

Chaque jour, chaque heure des noms tombaient des télégrammes, ceux d'officiers qui désertaient, ceux de localités qui entraient en insurrection. Nous n'avions même pas le temps de réagir, et à peine celui de réfléchir. Que voulaient-ils, les rebelles? Contre qui se soulevaient-ils? Contre moi? En ce cas, qu'ils le disent. Cette désintégration incontrôlable me déroutait plus que les trahisons. En quelques semaines, plus d'autorité, plus de hiérarchie, plus d'administration, plus d'État. A croire que l'Empire entier était pourri.

Dans mon désarroi je tirai Kutchuk Said pacha de sa énième disgrâce. Comme d'habitude, il se fit prier, arguant de la faiblesse de sa santé. Cette comédie, dont je connaissais chaque réplique, me rassura presque au milieu de la tempête que j'essuyais. Il m'en coûta une écritoire de nacre avec son nécessaire en or, diamants et émeraudes pour qu'il acceptât de reprendre du service.

« Encore cet oiseau de malheur? Pourquoi donc Notre Seigneur l'a-t-il rappelé? » Tel fut le commentaire de Muchfika, apprenant la venue de Kutchuk Said à Yildiz, car il était fort impopulaire au harem.

Le soir du 21 juillet, Niazi atteignit, à la tête de ses hommes, un village voisin de Monastir, quartier général de mes troupes. Il ordonna une halte afin que les soldats puissent manger et se reposer. Puis, prenant avec lui huit cents hommes, il les divisa en plusieurs bataillons. Chacun utilisa une route différente, conduit par des habitants de la ville gagnés à la « cause ». A onze heures du soir, par des rues presque désertes, les hommes s'approchèrent silencieusement des bâtiments officiels et les cernèrent. Ayant atteint la poste, ils coupèrent les lignes télégraphiques afin d'empêcher les autorités de communiquer avec Yildiz. Puis ils attaquèrent le palais du gouvernement, le quartier général et la résidence officielle du général Osman Nezi.

Les sentinelles furent rapidement désarmées. Deux officiers et quelques-uns des hommes de Niazi bey firent irruption dans la chambre du général qui, furieux d'être réveillé brutalement, lança une bordée d'injures avant de remarquer le revolver pointé sur son front. Ses ravisseurs l'assurèrent que sa vie n'était pas en danger, le traitèrent avec tous les égards dus à son rang, et l'emmenèrent à Resna, le quartier général de Niazi bey dont désormais il était le prisonnier.

Un membre de la commission d'enquête que j'avais dépêchée quelques semaines plus tôt fut blessé de plusieurs coups de feu. Le président de la commission échappa de peu à un autre attentat. A Monastir, on mitrailla un général alors que celui-ci lisait devant deux mille hommes de troupe un de mes ordres du jour. Généraux, officiers supérieurs étaient tirés à bout portant dans les rues devant des centaines de témoins. Mes rares fidèles n'osaient plus quitter leur résidence. Mes envoyés, retranchés dans leur chambre d'hôtel, ne pouvaient plus remplir leur mission.

L'adversaire s'était donc dévoilé, le succès avait arraché son masque au comité Union et Progrès. Mais qui donc en étaient les dirigeants? Niazi, Enver... mais encore? Et surtout qu'attendaient-ils, que voulaient-ils?

Le matin du 24 juillet, mes plus proches collaborateurs étaient réunis dans le bureau d'Izzet bey au Petit Mabeyn. Il y avait avec lui mon premier scribe Tahsin pacha, Djever agha et quelques fonctionnaires de la cour. Tous fixaient, posé sur la table, un morceau de papier bleu comme s'il était de la dynamite. Aucun d'eux ne se décidait à me porter le télégramme arrivé à l'aube, et chacun trouvait les meilleures excuses pour se décharger sur un autre. Comme bien souvent dans des cas semblables, ce fut le moins important de tous, le plus effacé, qui manifesta la plus grande vaillance. Galli pacha, un des maîtres de cérémonie de service ce jour-là, annonça qu'il se chargeait de la commission.

Il réprimait pourtant un tremblement en pénétrant dans ma pièce de travail, et après le temps d'usage me tendit sans un mot le papier. Je le pris, je le lus lentement, posément. Le comité Union et Progrès de Salonique exigeait de moi le rétablissement immédiat de la

Constitution de 1876. Si je n'avais pas obtempéré dans les vingt-quatre heures, les troupes du 2e et du 3e corps d'armée marcheraient sur Constantinyé.

Je regardai presque avec amusement Galli pacha, qui, dans l'attente d'une colère terrifiante, avait instinctivement rentré la tête dans ses épaules.

– Au fond, remarquai-je, la Constitution est une excellente idée. En fait, j'y travaillais depuis quelque temps et j'espérais la restaurer.

Galli pacha crut avoir mal entendu. Et de le stupéfier encore un peu plus :

– Après tout, Pacha, la Constitution existe toujours. Naguère je l'ai simplement suspendue pour un temps déterminé.

Je le priai de réunir le Grand Conseil sans hâte excessive, cependant, afin de ne pas donner l'impression que nous réagissions sous la seule pression des circonstances.

Le Conseil s'ouvrit le soir, au milieu des dorures du Boyuk Mabeyn, sous la présidence du grand vizir Kutchuk Said pacha...

Pendant que ministres, hauts fonctionnaires, généraux et ulémas délibéraient, je m'étais enfermé dans mon bureau. J'avais été sincère avec Galli. Cette Constitution qu'on m'imposait répondait parfaitement à mon infinie lassitude. Les événements m'avaient giflé si rudement que j'étais prêt à tenter une nouvelle expérience et à laisser d'autres gouverner. Aussi étais-je le seul au palais à ne pas être accablé.

La sérénité était loin de régner dans la grande salle du Buyuk Mabeyn où mes notables se jetaient les uns les autres à la tête la responsabilité de la situation. Enfin le grand vizir lâcha la question fatale :

– Acceptons-nous ou n'acceptons-nous pas la Constitution ?

Silence général. Personne n'osait même prononcer le mot maudit de « constitution » dont j'étais – chacun le savait – le pire ennemi.

Kutchuk Said en profita. Qui ne disait mot consentait. Le silence des participants équivalait à une ratification, leur annonça-t-il. Venant de l'homme qui m'avait tant encouragé naguère à suspendre la Constitution, cette hâte à la rétablir devenait significative. Kutchuk Said se dépêchait de plaire aux maîtres de demain.

La nuit était tombée et la rédaction du procès-verbal n'en finissait plus, l'un objectant sur un terme, l'autre souhaitant rajouter un article. On achoppait sur des virgules, lorsque Kutchuk Said s'impatienta. Alors les membres du Conseil, oubliant leur terreur viscérale de ma réaction, signèrent unanimement le procès-verbal proposant le rétablissement de la Constitution. Kutchuk Said le remit à Izzet pacha, qui se dépêcha de me le porter.

Il me trouva en compagnie du cheikh Abdul Huda et du commandant de la garde impériale. Même si ma décision était prise, je tournai et je retournai une dernière fois la question dans mon esprit. Pour masquer mes hésitations de dernière heure, je posai de multiples questions à Izzet. Il s'y trompa et crut que j'allais refuser de signer. Dans un moment de faiblesse, il prit peur. Il me montra les derniers télégrammes de Macédoine.

Dix à quinze mille Albanais – mes fidèles Albanais, les tribus sur lesquelles je comptais le plus –, qui s'étaient réunis à Ferizovitch, venaient de passer à la rébellion. Dans la petite ville d'Usbuk, la Constitution avait déjà été proclamée par le gouverneur même du villayet; ce loyal fonctionnaire n'étant autre que Mahmoud Chefket, officier longtemps employé à Yildiz qui avait offert ses services à Djever agha et qui avait rédigé de si abondants djournals.

Je n'allais pas m'en laisser imposer par ces rats qui abandonnaient le navire. Me tournant vers Abdul Huda, je lui demandai son avis. Gardant les yeux fixés droit devant lui, sans un regard pour moi, le cheikh ne laissa tomber qu'un seul mot :

– Constitution.

Izzet bey, confus et allégé, retourna dans le salon où ministres et généraux attendaient, tremblants d'anxiété.

– Notre Sultan le Magnifique a confirmé votre décision. Il a dit : « Ils sont tous fatigués. Ils peuvent retourner chez eux. »

Il était en effet très tard et les émotions avaient épuisé tout le monde. Izzet bey n'était plus maître de lui. Soudain il éclata en sanglots, et dut quitter la pièce. Tahsin était à ce point troublé qu'il en oublia les formes pour me reprocher ma décision.

– Tout de même, Effendesim, se rendre à une poignée de jeunes officiers rebelles...

– Écoutez-moi, Pacha. Je préfère me rendre à une nouvelle Turquie jeune et vibrante que de périr dans les ruines de l'Empire... L'entrevue de Reval entre le tsar et le roi d'Angleterre aurait immanquablement précipité un désastre. La révolution en Macédoine l'a arrêté. Aussi, loin de la condamner je l'accueille de grand cœur; et ces jeunes patriotes je les serre dans mes bras, car nous poursuivons les mêmes buts.

Tarsin ne s'avoua pas battu. Voir tout ce en quoi il avait cru s'envoler comme un fétu de paille le désespérait.

– Il n'empêche qu'en une nuit le régime qui pendant des siècles avait fait la grandeur de l'Empire s'est brisé en mille morceaux et que pas une main ne s'est levée pour le défendre.

Le premier vendredi suivant la proclamation de la Constitution, lors de ma visite hebdomadaire à la mosquée Hamidié toute la ville était massée sur mon passage, dans l'espoir de lire mes pensées sur mon visage. J'étais décidé à faire bonne figure, afin de proclamer ma sincérité. Aussi priai-je les dames du harem de paraître en nombre. Cette requête ne fit que renforcer la sourde angoisse que je devinais chez elles. Qu'allait-il se passer au cours de la cérémonie? Des manifestations hostiles, une attaque?

Comme lors de l'attentat de 1905, Aishé fut ce jour-là mes yeux et mes oreilles.

Maîtrisant leur frayeur, ces dames montèrent bravement dans leur voiture. A la tête du cortège s'avançait celle de la première cadine, devenue depuis la mort de Perestou Hanoum la première dame du harem. A l'instant où le portail de Yildiz s'ouvrit, du fond de sa voiture Aishé eut un mouvement de recul. Toute la colline était couverte d'une foule si nombreuse qu'elle ne put la comparer qu'au rassemblement du Jugement dernier. La voiture progressait centimètre après centimètre, à travers cette masse compacte. Des milliers de spectateurs étaient accrochés aux arbres, aux murs, aux becs de gaz, sur les grilles. Le désordre, l'indiscipline de la population terrifièrent ma fille, d'autant plus qu'elle ne voyait nulle part l'habituel régiment si bien rangé, si protecteur. Seuls quelques bataillons de chasseurs venus de Salonique occupaient la place autrefois tenue par la marine. Nulle autre troupe. Combien de temps leur fallut-il pour atteindre la mosquée? Il sembla à Aishé que le trajet ne finirait jamais.

Finalement, au prix de mille difficultés, sa voiture se rangea dans la cour de la mosquée. Aishé étouffait et elle aurait voulu bondir au-dehors. Elle baissa la vitre, sortit sa tête voilée. Au loin, elle aperçut les battants de la porte impériale du palais s'ouvrant lentement tandis que retentissait la marche Hamidié. Mais bientôt les sons de l'orchestre furent couverts par les cris, les hurlements sauvages de la foule. Ma calèche apparut, en un instant assiégée de toutes parts. Impossible d'avancer. Alors je fis ce que je n'avais jamais fait. Je me levai et je restai debout, offrant le spectacle d'un vieillard courbé par les soucis, aux traits creusés et dont le fez trop large était retenu par des oreilles décollées.

– Vive le Padicha! Vive le Padicha!

Les acclamations tonitruantes me renversèrent presque. Finalement, la calèche put repartir, et au milieu des cris, du désordre, d'un vacarme d'enfer, j'atteignis l'escalier de la mosquée. Lorsque la prière terminée je ressortis, le tumulte s'était un peu calmé. Contrevenant à mes habitudes, je ne pris pas les rênes des chevaux. Je fis baisser la capote davantage que de coutume, afin qu'on me vît mieux, et j'ordonnai au cocher de conduire le plus lentement possible.

Je retrouvai avec soulagement mes appartements.

J'enlevai ma tenue de cérémonie pour endosser mon vieux costume brun de tous les jours, puis m'allongeai sur ma chaise longue. Je bus à petites gorgées mon café, fumai une cigarette, et fis venir Aishé, car je désirais la rassurer :

– Nous sommes emportés par un courant et nous le suivons. Si Dieu le veut, tout cela finira bien.

A son expression, je vis qu'elle ne me croyait qu'à moitié. A ce moment précis je compris que mon enfant n'en était plus une. Le temps était venu de tenir à cette adulte un langage d'adulte :

– J'ai maintenant dépassé soixante ans. Mon plus grand désir pour la fin de ma vie est de remplir mon dernier devoir et d'accomplir le désir de la Nation. Quels que soient ses souhaits, ils seront réalisés. Et je demande à Dieu de réussir.

– Que Dieu exauce votre prière, Notre Seigneur, répondit Aishé.

– Il ne faut pas se chagriner, ma Sultane. Nous verrons encore des jours de désordre comme aujourd'hui, mais avec de la patience et de la résignation, mon pays et ma nation parviendront à leur salut. Qu'Allah ne fasse pas décliner l'Empire.

Je devais avoir les larmes aux yeux, car Aishé, qui me regardait avec stupéfaction, se mit à pleurer silencieusement. Nous étions fatigués et il valait mieux aller nous coucher. Lorsqu'elle se baissa pour me baiser la main, je l'attirai à moi et je la serrai dans mes bras.

XXVI

Pour les touristes, les spectateurs étrangers, l'euphorie régnait à Constantinyé. Des cortèges parcouraient les artères, musique en tête. Des orateurs jaillissaient à chaque coin de rue. Des vendeurs ambulants offraient des insignes rouges portant en lettres d'or les mots jusqu'alors proscrits : Liberté, Justice, Égalité, Fraternité. Chaque jour, le vieux vapeur des messageries maritimes déchargeait une fournée d'anciens exilés. Accueillis par une foule délirante qui avait envahi les fenêtres, les balcons, les toits, les navires voisins, ils étaient emportés dans un tourbillon de drapeaux, de musique, de vivats, de sifflements.

Les journalistes occidentaux, accourus pour renifler le cadavre de la tyrannie, n'en revenaient pas. Ils découvraient des gens pleins de vie qui bavardaient sans contrainte. Ils lisaient sur des milliers de visages la joie, là où il y avait autrefois la tristesse, la confiance là où il y avait la méfiance.

Le programme du nouveau régime les enthousiasmait. On y annonçait des réformes dans tous les domaines : l'égalité des races, l'abolition des honteuses capitulations, le laminage des privilèges, l'indépendance des partis politiques et la liberté de la presse.

L'euphorie s'arrêtait aux portes de Yildiz. Des gens de service, quelques aghas, certains courtisans avaient abandonné leur déférence pour prendre un petit air d'arrogance et faire des commentaires auxquels ils ne se seraient jamais hasardés quelques semaines plus tôt. Les délégations d'étudiants, de gens du peuple se succédaient sans interruption, dérangeant avec leurs cris la quiétude nécessaire à mon travail.

– Nous voulons voir le Souverain!

Je les faisais attendre dans le vain espoir de les lasser – car j'avais horreur de ces démonstrations –, mais chaque fois j'étais forcé de m'exécuter. Je paraissais à une fenêtre du pavillon des Hôtes comme si je cherchais les applaudissements, les vivats qui montaient des manifestants.

Un jour Tahsin pacha, mon premier secrétaire, fut emmené de force, sans même la permission de me faire ses adieux. Izzet bey, le second secrétaire, prévoyant le même sort, eut l'astuce de se cacher et de courir par des chemins détournés jusqu'à ma pièce de travail pour me prévenir. De nombreux habitants du palais disparaissaient : secrétaires, traducteurs, maîtres des cérémonies. Le corps des chambellans fut dissous, ma liste civile coupée de moitié. Mes gardes, naguère des soldats d'élite, furent remplacés par des geôliers choisis soigneusement. Le nouveau régime truffait Yildiz d'espions à sa solde.

Un cuirassé jeta l'ancre en face de Yildiz, canon pointé sur nous. Le commandant du navire, un excité du nom d'Ali Kabouli, menaçait sans cesse de nous mitrailler et montait son équipage contre le « Renard rouge ».

Je ne pouvais protester auprès des véritables détenteurs du pouvoir car j'ignorais leur identité. Un Comité des sept, émanation suprême d'Union et Progrès, gouvernait dans l'ombre, se gardant bien de se faire connaître et laissant l'avant-scène aux vieux routiers de la politique, ceux que je recevais à Yildiz, comme si rien n'avait changé.

Un beau jour, sans même me prévenir, « on » chassa mon grand vizir Kutchuk Said pacha. Il n'était pas assez libéral, c'est-à-dire pas assez docile. Et pourtant, dans son zèle à plaire aux dirigeants, lorsqu'il avait relâché les prisonniers politiques, il avait dans le même élan ouvert toutes grandes les portes des prisons à des milliers de criminels de droit commun, voleurs, brigands, assassins.

Ce furent les ulémas qui protestèrent contre le traitement de quantité négligeable qui m'était réservé. Ils menacèrent publiquement le cheikh Ul Islam d'une déchéance s'il ne publiait pas immédiatement une fetva rappelant le respect dû au sultan.

Réduit au rôle de spectateur impuissant, je demeurais extérieurement impassible, subissant sans broncher avanies et mesquineries. Pour ne pas compromettre les chances d'avenir, s'il en restait, je donnais le change, au point de serrer chaleureusement la main aux membres étrangers du Comité des Balkans, composé surtout de politiciens anglais qui pendant des années m'avaient comparé aux Borgia ou à l'empereur Commode.

Les nouveaux dirigeants prenaient un visible plaisir à tout bouleverser. Brouillons, désordonnés, autoritaires, cupides, ils avaient déjà désorganisé entièrement la gendarmerie ottomane, et maintenant ils s'en prenaient à l'armée, cassant les plus braves de nos chefs militaires et les remplaçant par des éphèbes ignorants. Sous leur férule, la vaillante armée ottomane se désarticulait. Nos « amis » ne perdirent pas de temps pour en profiter.

En ce soir du 12 septembre 1908, le grand vizir imposé par Union et Progrès, Kiamil pacha, donnait au palais des Affaires étrangères une grande réception à l'occasion de mon anniversaire officiel. Tous les ambassadeurs, ministres et diplomates en poste dans la capitale se trouvaient là. Cependant, les représentants d'États inféodés à l'Empire n'avaient pas été inclus dans l'invitation. Guechoff, le représentant de la Bulgarie, qui malgré son autonomie demeurait légalement notre vassale, n'était pas convié.

Le lendemain, sans rien demander à personne, la Bulgarie proclamait son indépendance et son accession au rang de royaume. Le jour suivant, la Sublime-Porte recevait une note la prévenant que l'Autriche mettait la main sur la Bosnie et l'Herzégovine, jusqu'alors nos dépendances.

– Nous avons le droit parce que nous avons la force, commenta l'ambassadeur austro-hongrois.

Encouragée par cet exemple, la Crète, autonome mais toujours province d'Empire, annonça son rattachement à la Grèce. Alors que les dirigeants restaient impavides, il me semblait chaque fois qu'on m'arrachait une partie du corps. En quelques mois le nouveau régime lâchait plus de territoires que je n'avais été forcé d'en céder en vingt-cinq ans.

Le jeudi 17 décembre 1908, le soleil se leva, caressant malgré l'air froid, heureux contraste avec les jours sombres et pluvieux qui avaient précédé. Un symbole pour moi, pour tous, car aujourd'hui avait lieu la cérémonie d'ouverture du nouveau Parlement. J'avais attendu les élections comme le dernier espoir d'un retour à la légalité, seuls les députés forts de la caution populaire pouvant mettre au pas les membres d'Union et Progrès. Dans mon soulagement, dans ma hâte de voir le Parlement commencer au plus vite ses travaux, j'avais veillé aux plus petits détails de la cérémonie. J'avais même choisi les nouveaux uniformes, dolman vert pétrole et colback noir, de ma garde personnelle dont les soldats étaient tous originaires du village natal de la dynastie.

La ville entière semblait s'être donné rendez-vous dans la rue. Mais au lieu de la masse avide de sensations fortes du vendredi qui avait suivi la proclamation de la Constitution, c'était une foule bon enfant. Partout des mines réjouies, partout des drapeaux rouges ornés du croissant et de l'étoile.

A onze heures, les députés et hautes personnalités commencèrent à arriver au Parlement. Soudain le cortège officiel s'arrêta pour laisser passer un troupeau de moutons mené par un gamin ! Sans qu'aucun policier ne le pressât ni le rudoyât, il vérifia que la dernière de ses bêtes avait bien traversé avant que les lanciers encadrant les voitures des ambassadeurs ne se remettent en mouvement.

Je quittai Yildiz à midi exactement, prenant dans ma voiture le grand vizir et mon fils Bura Eddin. Sur le passage de ma Daumont vernissée et scintillante, attelée de six chevaux arabes blancs, entourée des cavaliers de ma garde, les acclamations unanimes montaient au-dessus des rues et des toits.

– Padicha him, tchok yasha! Longue vie au Padicha!

Le cri dix mille, cent mille fois répété était ma réponse à ce qu'Union et Progrès m'avait fait subir. Jamais la communion entre le souverain et le peuple n'avait été si étroite, si évidente.

Ma voiture s'arrêta devant le perron à colonnes du Parlement sur la place Aghia Sofia. A une heure exactement, députés et officiels se levèrent dans un silence de mort. Je fis mon entrée... et je la ratai. Je pénétrai, en effet, dans la loge voisine de la mienne, celle réservée à mon frère, le prince héritier Rechad Effendi. Galli pacha, mon maître de cérémonie, me signala mon erreur et me conduisit à ma place. Pendant que Djevad pacha, mon nouveau secrétaire, lisait le discours du trône, j'eus le loisir d'observer autour de moi. Parmi les députés d'Albanie, je reconnus Ismael Kemal bey revenu de son exil dès la proclamation de la Constitution. Signe heureux, pas un membre d'Union et Progrès n'était présent.

Lorsque mon secrétaire lança presque comme un défi la phrase de mon discours : « En dépit de ceux qui avaient une opinion contraire, nous avons proclamé la remise en vigueur de la Constitution et nous avons ordonné de nouvelles élections », tous les députés rompirent le silence pour manifester un accord solennel.

Le discours terminé, un uléma de vert vêtu commença à prier d'une voix forte. J'étendis mes mains, paumes vers le ciel, pour recevoir la bénédiction d'Allah, imité par tous les musulmans. Au même moment, les canons sur la place Sainte-Sophie tonnèrent, auxquels répondirent les batteries du Bosphore. Cent un coups de canon, le nombre prescrit pour la naissance d'un souverain, saluèrent la renaissance de la Constitution.

Le soir, la ville entière fut illuminée. Au loin se détachait, sur la masse sombre des collines boisées, une masse de lumière et de feu. C'était Yildiz éclairé par des milliers d'ampoules. Perestou Hanoum m'avait reproché de ne pas avoir illuminé lors de l'ouverture du premier Parlement à l'aube de mon règne. Je n'avais pas oublié, et je voulais qu'aujourd'hui Yildiz fût à l'unisson, afin de témoigner de la joie du sultan.

Dès le lendemain, des journaux à la solde d'Union et Progrès critiquaient violemment mon discours. Du coup les députés, néophytes inexpérimentés et influençables, produisirent une réponse qui constituait un monument d'insolence. Alors je pris une initiative sans précédent : je les invitai à un banquet solennel à Yildiz.

Je veillai en personne à chaque détail de son organisation et au choix du menu : bouillon aux œufs, bourreks au fromage, bar mayonnaise, filet de bœuf aux légumes, mousse de foie de veau, dinde et perdrix rôties, riz pilaf au poulet sauce blanche, crèmes et sorbets. Comme dessert je commandai le « gâteau des sept frères », symbole des sept principales ethnies de l'Empire.

Je cédai aux prières de mes femmes et de mes filles et les emmenai voir les préparatifs au kiosque Salé. Je leur montrai les trois grandes tables rectangulaires en forme de fer à cheval, ainsi que la place que j'occuperais entre le grand vizir et le président de la Chambre.

– Dieu veuille que cela apporte le bonheur, me glissa mon Aishé.

Le soir de la fête arriva. Mes invités entrèrent au son de la marche Hamidié. Je m'attachai par mon abord à faire fondre d'emblée leur réticence, leur timidité. Je m'occupai tout particulièrement de mon voisin de gauche, le président de la Chambre Ahmed Riza, depuis tant d'années le chef de l'opposition.

– Jamais de ma vie je n'ai été aussi heureux qu'en ce moment, lui dis-je assez fort pour être entendu alentour.

Ahmed Riza fut rapide à répondre :

– Jamais depuis les jours lointains du Prophète et de ses successeurs immédiats, un calife n'a été aussi proche de son peuple.

J'avais voulu une soirée harmonieuse et je l'eus. Tant

mieux si à la fin du petit discours de circonstance que lut mon secrétaire Djevad pacha, les députés, oubliant tout protocole, applaudirent à tout rompre. Tant mieux si aux yeux des vétérans de la cour ils se conduisirent en goujats, riant bruyamment et cassant des verres. J'avais si bien gagné mon pari qu'au moment du départ, les députés les plus extrémistes, les plus opposés à la « tyrannie », retrouvèrent l'instinct immémorial pour prendre ma main et la baiser, les élus arabes se jetant à terre et me baisant les pieds.

Ce fut aux sons de l'acclamation joyeuse, unanime et paradoxale de : « Vive notre Calife constitutionnel ! » que je me retirai.

Le Parlement, à peine né, se déchira. La fraternité raciale et confessionnelle ne se pouvait maintenir. Les minorités se querellèrent. Encouragés par cet échec, les matamores d'Union et Progrès donnèrent libre cours à leur brutal autoritarisme. Le grand vizir, ce Kiamil pacha qu'eux-mêmes avaient installé à la Sublime-Porte, tenta un grand coup contre eux en renvoyant deux de leurs créatures placées à des postes ministériels. La réaction d'Union et Progrès fut immédiate. Enver bey surgit, revolver au poing, à la tête de ses camarades, en plein Parlement pour forcer les députés à voter la déchéance du grand vizir.

A l'aube, je fus tiré de mon sommeil par des coups frappés à la porte. L'agha de service me prévenait que deux membres du Comité des sept, l'organe le plus secret et le plus puissant d'Union et Progrès, demandaient à me voir incontinent. Lorsque je les fis introduire dans le salon de réception du Petit Mabeyn, ils avaient perdu beaucoup de leur assurance. Ils esquissèrent gauchement un salut militaire. Je laissai le silence s'éterniser avant de m'informer de ce qu'ils désiraient. Du coup, ils reprirent leur aplomb pour exiger la déposition sur l'heure de Kiamil pacha. Agissaient-ils au nom du Comité, leur demandai-je, car je n'avais pas entendu que celui-ci se fût réuni pour discuter de la question. Sans sourciller, ils affirmèrent que leurs camarades endosseraient leur décision. Alors je plaidais en faveur du grand vizir et de ses droits constitutionnels. Je les sentais impatients, sautillant d'un pied sur l'autre, n'osant se regarder mais pressés de partir. Ils m'assurèrent qu'ils transmettraient mes avis à leurs camarades.

Au soir de ce même 13 février 1908, le président du Parlement, Ahmed Riza, vint à Yildiz me supplier de sanctionner le renvoi du grand vizir. La peur le propulsait, d'autant plus que ses « amis » d'Union et Progrès l'avaient fait accompagner par un important déploiement de troupes qui entouraient ma résidence. Je n'eus pas à céder à la force, mais à appliquer la Constitution. Le Parlement, en effet, vota la déchéance de Kiamil pacha.

Ainsi, les élections n'avaient servi à rien et le Parlement languissait dans une impuissance égale à la mienne. J'étais pourtant décidé à aller jusqu'au bout de l'expérience. La plante nouvelle de la démocratie parlementaire, enfoncée dans notre terre, prendrait du temps pour pousser et s'épanouir.

Soudain une voix s'éleva, puis dix, cent, mille, dix mille. Les inconditionnels de l'islam, qui jusqu'alors ne s'étaient jamais fait entendre, exigeaient bruyamment l'application stricte de la Cheriat, la loi sacrée. Ils se dressaient contre la laïcité de la Constitution, contre l'apparition des femmes non voilées dans les rues, contre l'égalité reconnue avec les non-musulmans. Ils voulaient rendre à l'Empire les fondements islamiques pour restaurer sa grandeur.

Des sympathisants brusquement apparurent et se multiplièrent dans tout le pays – des ulémas, bien sûr, mais aussi des fonctionnaires, des officiers, des paysans, des ouvriers et un petit peuple innombrable ; des marchands, des artisans, des propriétaires de cafés, de hamams ; des porteurs, des pêcheurs et des réfugiés arrivés des provinces récemment perdues : Bulgarie, Bosnie, Herzégovine, Crète. Une société se fonda pour l'Union islamique, avec l'intention déclarée de remplacer la Constitution par la Cheriat. Parmi les noms de ses membres qui circulèrent, ceux de mon fils Bura Eddin, de Nadir agha, un de mes compagnons favoris, et même celui du kislar agha, Djeved agha. De là à dire que je la finançais...

J'avais cru le mouvement spontané. Or il était organisé de main de maître et bénéficiait de crédits énormes. La campagne d'opinion gagnait chaque jour en importance et en agitation. Quotidiennement, les étudiants en théologie manifestaient. Dans les casernes les soldats grognaient, ouvertement soutenus par leurs officiers. Les artisans, les paysans parlaient de plus en plus du danger de la domination chrétienne. Le bazar lui-même bougeait.

Le 3 avril 1909, à l'occasion des fêtes célébrant l'anniversaire du Prophète, la société pour l'Union islamique organisa une imposante manifestation près d'Aghia Sofia. Hafiz Vahdeti, son fondateur soufi, harangua les foules. Il fallait répandre la lumière de l'unité divine à travers l'Empire et libérer les musulmans à travers le monde de l'oppression des non-musulmans.

Le message se répandit comme l'éclair à travers l'Empire. Des chapitres de la Société pour l'Unité islamique s'ouvrirent dans toutes les villes, des pétitions populaires furent signées en nombre pour demander la restauration de la Cheriat. Le mouvement gagna les soldats et les officiers de la Ire armée, qui contrôlait Constantinyé...

Le *Serbesti* était un obscur journal à scandale, amateur de nouvelles sensationnelles et d'attaques vicieuses. Il tirait contre moi mais aussi contre les dirigeants d'Union et Progrès, dénonçant mes trafics mais aussi leur tyrannie. Son directeur, Hassan Femi, n'avait pas bonne réputation : chantage, concussion, murmurait-on à propos de lui. Vers minuit, alors que revenant d'un dîner avec un ami il traversait le pont de Galata – où de nombreux passants circulaient malgré l'heure tardive –, un homme en uniforme militaire s'approcha de lui et d'un coup de revolver l'abattit à bout portant. D'un second, il blessa son ami. Puis il s'enfuit, sans que les gardes postés aux deux extrémités du pont ne fissent le moindre geste pour l'arrêter. Il n'avait pris aucune précaution pour cacher ses traits, comme s'il ne devait pas craindre les poursuites.

La Société pour l'Unité islamique ne perdit pas de temps. Elle dénonça à grand renfort de vociférations le comité d'Union et Progrès, et Hassan Femi devint le « premier martyr de la liberté ». Une multitude immense, parmi laquelle des centaines d'ulémas et de hadjs, suivit son cercueil jusqu'au cimetière voisin du turbeh de mon grand-père le sultan Mahmoud. Foule houleuse, haineuse, excitée par les orateurs spontanés. Lorsque la voiture du grand vizir voulut couper le cortège, des cris de mort s'élevèrent contre lui. Il fut sur le point d'être écharpé et ne fut sauvé que par Ismael Kemal bey, présent par hasard sur les lieux.

L'obscur directeur d'un obscur journal ne pouvait susciter des regrets aussi universels et violents. Cet enterrement n'était qu'un prétexte. A cette provocation, Union et Progrès, réagissant avec sa brutalité habituelle, allait certainement répondre en renforçant sa tyrannie, peut-être même en proclamant une sorte de dictature.

XXVII

A l'aube du 13 avril 1909, je fus brusquement tiré de mon sommeil par des salves de fusils, irrégulières mais nourries, venant des casernes voisines du palais. Je m'habillai à la hâte et trouvai au harem aghas, femmes et enfants déjà debout.

Personne ne savait ce qui se passait. Djevad agha, mon secrétaire, ne fut d'aucune aide. Les rumeurs les plus alarmantes étaient propagées par ces dames qui les avaient recueillies Dieu sait où et qui s'en affolaient mutuellement. L'armée était en mouvement, les troupes exigeaient l'application de la Cheriat...

La veille au soir, pourtant, mes quotidiennes informations, télégraphiées par le ministre de l'Intérieur, faisaient état d'un calme parfait dans la capitale.

Je tâchai de contacter le général Muktar, commandant de la garnison de Constantinyé, pour avoir des nouvelles. On me répondit qu'il se trouvait en villégiature sur le Bosphore.

Je montai, armé de jumelles, sur la terrasse du Domaine privé avec Aishé, mais je ne distinguai rien d'anormal. Je revins vers le harem, passai au Petit Mabeyn pour m'entretenir avec mes secrétaires. Mes chambellans ne pouvaient obtenir le moindre renseignement car le télégraphe et le téléphone venaient d'être coupés. Chacun tâchait d'analyser une situation qui nous échappait. J'avais beau harceler mes collaborateurs, renouveler mes interrogations toutes les minutes, personne ne se révélait en mesure d'y répondre.

J'avais d'ailleurs, hélas, mon idée. Ce que je craignais depuis tant d'années se produisait. J'avais prédit que ce serait une dispute de chiffonniers. Voilà qu'elle commençait.

De nouvelles salves nous firent sursauter, provenant cette fois de la caserne de Tashkishla où étaient cantonnés les bataillons de chasseurs. J'envoyai Djevad agha s'informer sur les lieux. Pendant l'heure où il demeura absent, l'angoisse ne cessa de croître, en particulier chez les femmes et les enfants. Fumant cigarette sur cigarette, marchant de long en large, guettant le moindre bruit de pas, je ne parvenais point moi-même à cacher mon accablement.

Soudain les tirs s'arrêtèrent et dans le silence s'éleva le chant des oiseaux. Puis Djevad agha réapparut. Les soldats s'étaient rebellés et avaient massacré leurs officiers. Il avait néanmoins réussi à s'en faire entendre, et mes exhortations qu'il avait transmises les avaient momentanément calmés. Il ramenait aussi les effarantes nouvelles qu'il avait pu glaner.

Les coups de fusil qui nous avaient réveillés à l'aube étaient ceux de soldats qui, par milliers, s'étaient mis en marche et avaient convergé vers Aghia Sofia, vers le Parlement. En tête, les chasseurs de Salonique, regardés par Union et Progrès comme le régiment le plus sûr. Lorsque le soleil s'était levé, l'immense place At Meidan, le point de ralliement historique, était couverte de militaires mêlés à un grand nombre de softas et de hodjas qui, enturbannés et dans leurs robes flottantes, les haranguaient. Devant Aghia Sofia flottait l'étendard vert et rouge de la Cheriat. Quelques officiers qui intimèrent à leurs hommes de regagner les casernes furent étendus raides de plusieurs coups de revolver. La place voisine de la mosquée de Bajazet s'emplissait de civils qui se pressaient de plus en plus fortement contre les grilles du seraskierat. Certains pénétrèrent même dans son enceinte. Muktar, qui avait enfin regagné son poste, ordonna d'ouvrir le feu contre les assaillants; mais les soldats hésitèrent et, lorsqu'ils tirèrent, visèrent en l'air. Alors le général n'en demanda pas plus. Il disparut.

Des rumeurs alarmantes circulaient : les régiments passaient les uns après les autres à la révolte, des foules de civils envahissaient les casernes pour gagner les soldats à la cause de la Cheriat. Les rideaux de fer furent baissés et le bazar ferma. Dans les rues, ni voitures, ni carrosses, ni tramways, ni porteurs, ni chariots. De temps à autre, des poignées de soldats hurlants se précipitaient vers la place At Meidan. La Sublime-Porte fut assiégée par les révoltés. Des échanges de coups de feu furent entendus dans plusieurs districts de la Vieille Ville et les quartiers chrétiens de Péra et Galata. La troupe se rendait maîtresse de Constantinyé.

Muchfika et moi déjeunâmes comme d'habitude dans le salon de notre appartement. L'un comme l'autre, nous touchâmes à peine à la nourriture et nous n'échangeâmes que quelques mots, chacun craignant de communiquer à l'autre ses sentiments. Cette attente imprécise laissait présager le pire.

Le repas n'était pas fini que le compagnon de service m'annonça que les communications télégraphiques et téléphoniques étaient rétablies. Le premier appel vint d'Ismael Kemal bey. Il avait dû s'emparer du central téléphonique du Parlement, car le bâtiment se trouvait aux mains de la troupe. Il pouvait bien y avoir vingt-cinq mille soldats dehors, tandis que le hall et les galeries de la Chambre des députés étaient bondés d'hommes en armes, sans un seul officier visible. Les ministres, les représentants du comité Union et Progrès et Ahmed Riza, le président du Parlement, avaient été les premiers à s'enfuir. Il n'y avait plus de gouvernement, plus de Parlement, plus de hiérarchie militaire. Seuls soixante députés sur trois cents étaient présents. Ismael Kemal exigea des soldats qu'ils évacuent la salle, ce qu'ils refusèrent. Un jeune uléma monta à la tribune et prononça un violent discours contre Union et Progrès. Plusieurs députés le suivirent dans une confusion grandissante.

Le débat s'éternisait, les soldats s'énervaient. Finalement il fut décidé qu'une députation se rendrait à Yildiz me demander de démettre le gouvernement et d'amnistier les rebelles.

Ismael Kemal bey en prit la tête, mais non loin de la Sublime-Porte il fut arrêté par un cordon de troupes. Ordre était donné de ne laisser passer personne, et les fusils de se lever et de se pointer vers les voitures des députés. Ismael Kemal bey descendit de la sienne et tenta de parlementer sans succès. La commission s'en retournait donc vers le Parlement lorsque éclata une violente fusillade qui créa une panique générale.

Dans l'incapacité de me rejoindre à Yildiz, Ismael Kemal me supplia par téléphone de nommer un nouveau grand vizir. La démission généralisée des hommes jusqu'alors au pouvoir imposait une solution urgente pour éviter l'anarchie, pour neutraliser la soldatesque qui hurlait sur la place At Meidan.

Cependant, la nomination d'un grand vizir m'aurait compromis avec la révolte au moment où je doutais de sa spontanéité. Je répugnais à la cautionner du moment que je n'y avais eu aucune part. Tout, néanmoins, me désignait comme l'auteur de cette réaction conservatrice dirigée contre Union et Progrès.

Je m'étais étendu sur ma chaise longue, hésitant devant la décision à prendre, lorsque, à quatre heures de l'après-midi, Ismael Kemal bey me rappela du Parlement, où il se trouvait encore. Il me décrivit le spectacle de la place At Meidan, qu'il voyait par la fenêtre. Les soldats toujours plus nombreux hurlaient toujours plus fort.

– Mort au Comité ! Mort à Union et Progrès !

Je pouvais entendre dans l'appareil un assourdissant tintamarre de détonations, de sonneries de trompette, de roulements de tambour. Je distinguais des cris en faveur de la Cheriat et, ce que je redoutais par-dessus tout, en ma faveur :

– Longue vie au Padicha !

D'une voix hachée, Ismael Kemal me supplia une fois de plus de désigner un nouveau grand vizir. Il n'y avait plus une minute à perdre, nous étions au bord du chaos, du bain de sang.

Le spectre de la guerre civile eut raison de mes tergiversations. Mon choix s'arrêta sur Tewfik pacha, longtemps fonctionnaire au ministère des Affaires étrangères, et réputé pour son honnêteté. Je lui offris le gouvernement par téléphone. Il accepta. J'appelai Ismael Kemal pour lui en faire part. Je captai dans l'écouteur son soupir de soulagement. Il me félicita de ma décision, qui arrivait à point nommé car l'excitation des troupes ne cessait de grandir.

Je lui adressai un télégramme officiel au Parlement, confirmant la nomination du grand vizir et accordant une amnistie pour tous les rebelles. Pour demeurer dans les règles, je dépêchai Djevad pacha avec le hatti scherif désignant le nouveau gouvernement. Il réussit à franchir les lignes. Dès qu'il fut arrivé, la Chambre se réunit. Aux soixante députés du matin s'étaient joints une dizaine d'autres. Ils élirent unanimement à la présidence Ismael Kemal bey, qui me pria de désigner au plus vite un ministre de la Guerre. Je pensai aussitôt à Edem pacha, l'homme des situations difficiles, extrêmement populaire parmi la troupe.

Au moment où je voulus informer Ismael Kemal bey de mon choix, les communications furent de nouveau coupées. J'envoyai un chambellan au domicile d'Edem pacha le prier de se rendre au plus vite au Parlement afin de porter assistance à la légalité. Je ne parvins à contacter Ismael Kemal bey que vers minuit. Les soldats avaient recommencé à s'agiter, le bruit ayant couru que des canons et des mitraillettes avaient été requis contre eux au ministère de la Guerre.

Sur ces entrefaites, les anciens ministres de la Marine et de la Justice du gouvernement démissionnaire furent pris à partie sur la place At Meidan par les soldats, rendus furieux à la vue de ces deux représentants du régime honni. Voyant leur voiture cernée, le ministre de la Marine sortit son revolver et tira sur les assaillants. Une salve nourrie lui répondit, qui le tua ainsi que son collègue. Les révoltés portèrent les deux cadavres à Ismael Kemal bey, dans une vague de fureur que l'odeur du sang avait soulevée. L'arrivée opportune d'Edem pacha fut accueillie avec un enthousiasme sincère. Le nouveau ministre, souffrant, surmonta un malaise pour exhorter les soldats à regagner leurs casernes. Sa présence, sa force, sans doute aussi la fatigue qui commençait à peser sur les hommes, lui permirent de les convaincre. Les tirs en l'air qu'ils exécutèrent pour manifester leur consentement ébranlèrent le vieux Constantinyé et leur déflagration s'entendit jusqu'à Yildiz.

J'étais resté jusque-là dans le Petit Mabeyn, tenu au courant des événements minute par minute. Vers trois heures du matin j'allai retrouver Muchfika. Elle ne dormait pas, m'attendant anxieusement. Je la rassurai en lui annonçant que le calme était revenu dans la capitale. Que se passerait-il ensuite ? Ni l'un ni l'autre nous n'osâmes poser la question.

Le lendemain matin, une foule rageuse, hurlante, menée par un hodja, assiégea les bureaux d'Union et Progrès. Brisant les vitres avec des pierres elle envahit le bâtiment et le mit à sac. Elle applaudit frénétiquement un jeune homme qui coupa la ligne de téléphone directe entre le Comité et la Sublime-Porte. Puis, enhardie, elle s'attaqua aux locaux des journaux à la solde d'Union et Progrès, pour s'en prendre enfin au Club des dames musulmanes, symbole de la « blasphématoire » évolution de la condition des femmes.

Dans le hall du Péra Palace envahi d'étrangers affolés surgit un jeune officier de cavalerie, pâle comme un mort, la respiration haletante, revêtu d'un uniforme à moitié déchiré. Il parvint à raconter à un groupe anxieux que tous ses camarades avaient été massacrés la nuit précédente par leurs soldats et que lui seul avait pu s'échapper.

Tous ceux qui, de près ou de loin, avaient été associés au régime d'Union et Progrès tentaient de s'enfuir. Des ministres, des pachas, des généraux se réfugiaient dans les ambassades, dans les consulats. Le prince Aziz, cousin du khédive d'Égypte, jeune homme connu pour ses idées libérales, réussit à atteindre son yacht déguisé en mécanicien, et la figure barbouillée de cambouis. Une des plus spectaculaires évasions fut celle du général Muktar. Bien curieuse avait été son absence de réaction au début de la révolte, plus encore sa disparition, alors qu'il avait des troupes à sa disposition. Ce pilier d'Union et Progrès avait été un des grands fauteurs de sa chute. Qui avait-il voulu aider et pourquoi? S'étant enfui du seraskierat, il emprunta un caïque pour traverser le Bosphore jusqu'à la petite station d'été de Moda. Là il escalada le mur du jardin d'un citoyen anglais de ses amis auquel il avait demandé asile, jusqu'à ce qu'un vapeur battant pavillon allemand remonte le Bosphore et le recueille, puis, faisant demi-tour, l'emporte vers les Détroits et le salut.

Soudain, de mon bureau du Petit Mabeyn, j'entendis les hurlements d'une foule déchaînée. Mon cœur s'arrêta. Le palais allait-il être attaqué et ses habitants massacrés?

– Nous voulons le souverain! Nous voulons le souverain!

Le peuple me réclamait. Malgré les supplications de Muchfika, qui s'accrochait à mes vêtements, je me rendis au pavillon des Hôtes. En approchant de la fenêtre ouverte, j'esquissai un mouvement de recul devant les visages haineux, les gestes frénétiques, les bâtons menaçants, cette violence incontrôlée que je découvrais. Des hommes à l'allure de repris de justice malmenaient un officier, couvert de blessures, qui pouvait à peine se tenir debout. C'était Ali Kabouli bey, le capitaine du cuirassé dont les canons menaçaient Yildiz du temps d'Union et Progrès. Son équipage, mutiné, s'était saisi de lui, l'avait ficelé et amené à Yildiz en voiture découverte.

Horrifié par la vision de ce malheureux entre les mains de ces brutes, je tâchai de me faire entendre:

– Mes enfants, laissez-le. Pour l'amour de Dieu, accordez-moi la grâce de cet homme.

Un hurlement poussé par des centaines de poitrines me répondit, et les baïonnettes s'abaissèrent, transperçant le corps de l'officier. Je cachai mes yeux de mes mains, afin d'éviter l'atroce spectacle. Un de mes aghas, qui avait bien connu Ali Kabouli avant qu'il ne tournât au libéral, sauta par la fenêtre et courut vers le mourant pour l'assister. Les bourreaux l'en empêchèrent. C'en était trop. Je reculai.

Je m'enfuis vers le harem, où l'on ignorait toujours la cause du tumulte.

– Nous n'avons plus les moyens d'en sortir. Nous sommes revenus au temps des janissaires. Quel gâchis, quel échec! bredouillai-je.

Devant mon aspect égaré, mon visage défait et la perte de contrôle de moi-même qu'on ne m'avait jamais vue, Muchfika n'osa pas s'approcher pour me réconforter.

J'entendis la voix émue de ma petite Aishé :

– Regardez, mère. La tristesse lui coule sur le visage.

Je regagnai péniblement le Grand Mabeyn, où des télégrammes m'apportèrent la nouvelle de l'horreur d'Adana.

La veille au soir, dans cette ville du Sud, un jeune Arménien avait tué dans la rue deux musulmans. Ce matin, la population musulmane avait commencé par piller les armureries, puis s'était jetée sur les Arméniens. En quelques heures, toute la province était à feu et à sang. L'apparition des soldats n'avait fait qu'amplifier les massacres, car ils avaient fait cause commune avec les assassins. Tous les quartiers arméniens d'Adana étaient en flammes. On tirait sur les trains qui quittaient la ville, bondés de réfugiés. Pour l'instant, on avait dénombré vingt et un mille morts... dont quatre-vingt-dix pour cent étaient des Arméniens. Le vieux cauchemar revenait. « Abdul le Damné », le massacreur des Arméniens, allait renaître de ses cendres pour être à nouveau cloué au pilori.

Je n'avais pas le droit de me laisser aller. Il me fallait sauver ce qui pouvait être sauvé. J'endossai mon uniforme, j'accrochai mes décorations pour recevoir le nouveau grand vizir Tewfik pacha, les ministres, le cheikh Ul Islam et les grands personnages de l'État venus prêter serment; cérémonie peut-être dérisoire, mais en ces circonstances plus que jamais il convenait de respecter les formes.

Je retins après leur départ Ismael Kemal bey, le nouveau président du Parlement, que je n'avais pas revu depuis neuf ans, époque où il avait fui à l'étranger. Nous nous retrouvions aujourd'hui, non plus adversaires, mais alliés, occupés à défendre la légalité et à préserver l'Empire.

Je tins d'abord à le convaincre de ma sincérité.

– Je jure sur le Prophète et sur le Coran que si l'on se jetait à mes pieds, me suppliant de rétablir l'absolutisme pour préserver le trône, je n'accepterais pas.

– La première chose, Effendesim, est de restaurer l'ordre et la discipline dans l'armée.

– Et comment donc, Bey?

Il baissa la tête. Il ne pouvait avancer aucune solution. Lorsqu'il sortit, les affaires n'avaient en rien progressé, mais j'eus la conviction d'avoir gagné un ami. Cette minuscule victoire me rendit une ombre de confiance.

A dix heures passées, l'agha de service frappa à ma porte. Mon secrétaire voulait me remettre un télégramme arrivé de Salonique. Le commandant en chef des troupes de Macédoine avait annoncé par télégramme à tout l'Empire qu'il ne reconnaissait pas le gouvernement nommé la veille, qu'il allait marcher sur la capitale à la tête de la IIIe armée pour renverser le despotisme et rétablir le régime constitutionnel. Son nom : Mahmoud Chefket, l'ancien espion de Djevad agha.

Alors, brusquement mes yeux se dessillèrent, comme si un autre message, écrit à l'encre sympathique, était apparu sur le morceau de papier bleu froissé que je contemplais. Lorsque j'avais accepté la Constitution, j'avais sans le vouloir déjoué les calculs des rebelles. En fait, ils comptaient prendre prétexte de mon refus pour me déposer. Furieux d'avoir vu leur plan déjoué, ils avaient inventé cette contre-révolution qui me ternissait définitivement et me coupait à tout jamais de la Constitution.

Un plan aussi subtil ne pouvait être le fait des militaires. Pour le concevoir, il fallait des intelligences supérieures, rompues aux intrigues. Le piège avait parfaitement fonctionné, et je constatais sans illusions qu'il ne me restait plus la moindre marge de manœuvre.

Revenu dans ma chambre, je restai longtemps éveillé,

les yeux au plafond. Que de souvenirs me revenaient des événements, des fantômes, des moments heureux, des drames. Que d'espoirs m'avaient habité, que de rêves j'avais caressés. Fallait-il vraiment que ce bagage d'une vie, d'un règne, d'un combat disparût dans l'égout d'une révolution ?

Les jours suivants, une demi-anarchie régna en ville. Le gouvernement envoyait des étudiants et des professeurs de théologie dans les casernes exhorter la troupe au respect de la loi. Des patrouilles circulaient chargées de désarmer soldats et marins, ce qui ne se faisait pas sans heurts.

En Macédoine, Mahmoud Chefket accélérait ses préparatifs, réquisitionnant tout ce qui lui tombait sous la main, même l'Orient-Express pour transporter ses troupes. Des volontaires arrivèrent de partout pour s'enrôler sous sa bannière : les Albanais de Monastir, d'Okrida, de Resna ; les jeunes étudiants des écoles d'Andrinople ; les Grecs de Serrès ou de Drama.

Le 17 avril, son avant-garde, mille hommes et cent officiers, atteignait Tchatladjia à cinquante kilomètres de Constantinyé. Voulant à tout prix éviter une lutte fratricide, je lui envoyai une commission conduite par le grand maître de l'artillerie.

Mahmoud Chefket accepta de suspendre sa progression... pour mieux la poursuivre. Afin d'éviter toute résistance, il lança une proclamation à la population de Constantinyé dont ses troupes approchaient inexorablement. Curieuses troupes d'ailleurs, où se retrouvaient sous l'uniforme des bandes de terroristes bulgares qui pendant des années avaient ensanglanté la Macédoine.

Repos et calme avaient déserté Yildiz. Les femmes du harem, serrées les unes contre les autres, pleuraient dans l'effroi de ce qui était arrivé, de ce qui arriverait. Elles étaient épuisées. Elles ne pouvaient plus dormir. Elles n'avaient plus de lits et presque plus de nourriture, car les domestiques – suivant l'exemple des courtisans – désertaient. Et puis, elles avaient peur pour moi. Elles se tenaient constamment à la porte de ma chambre dans le Domaine privé, frappant les murs avec leur tête et laissant couler leurs larmes.

Seule Muchfika gardait calme et dignité. Quelles que fussent ses craintes, son désespoir, elle ne les montrait pas. Lorsqu'elle vint me rapporter que notre petite Aishé ne m'avait pas vu rire ni plaisanter une seule fois depuis le 13 avril, c'était une façon détournée de me demander ce que je comptais faire. « Rien », avais-je envie de lui répondre. Allais-je lancer mes troupes – s'il m'en restait encore – contre les rebelles de Mahmoud Chefket, déchaîner les soldats en rupture de ban contre leurs frères? Muchfika s'étonnait de mon inertie pendant ces journées, que je laissais couler dans une attente vague.

Mon Aishé passait et repassait devant ma porte, triste, misérable, n'osant entrer de peur de me déranger. Elle aurait voulu me consoler, elle se contentait de me regarder de loin. Elle n'ignorait pas que nos vies, comme celles de tous ici, étaient en danger. Elle était résignée, car elle avait remis son sort entre les mains de Dieu.

Le vendredi 23 avril 1909 arriva, jour de prière. La cérémonie devait avoir lieu, même si, pendant la nuit, les troupes de Mahmoud Chefket avaient encerclé Constantinyé.

Peu avant midi, mon fils Bura Eddin dans son rutilant uniforme d'amiral partit le premier, selon sa volonté, en éclaireur. Suivirent Edem pacha, mon ministre de la Guerre, et les voitures transportant mes femmes, mes enfants, qui avaient voulu m'accompagner. Enfin, le directeur du cortège impérial fit un signe. La sombre silhouette du muezzin apparut sur la galerie du minaret. Une pause de quelques instants, un appel de trompette. L'orchestre militaire entonna avec vivacité la marche Hamidié. Je franchis dans ma Daumont les portes du palais, les valets de pied abyssins en livrée rouge et or conduisant les chevaux par le mors, et ma garde privée trottant autour de moi. Il y avait autant de troupes que d'habitude. Seule différence, le public était tenu à plus grande distance. Mêlés aux civils je notai de nombreux soldats en armes.

Je levai les yeux vers les fenêtres du pavillon des Hôtes. Pas un ambassadeur n'était présent.

– « Padicha chok yacha! » Longue vie au Padicha!

Jamais les soldats n'avaient crié avec plus d'enthousiasme et de force. Ils m'acclamaient et ils ne savaient pas qu'ils me poignardaient. Plus ils criaient leur fidélité, plus ils m'exposaient. J'eus tout le loisir, ce jour-là, de méditer la prière récitée par l'imam : « Ne sois pas fier, ô Padicha, car Dieu est plus grand que toi. »

A peine étais-je revenu dans le Petit Mabeyn que le téléphone se mit à sonner. Une fusillade nourrie venait d'éclater au nord du vieux Constantinyé. Trois bataillons de l'armée de Mahmoud Chefket attaquaient les casernes de Daoud pacha, profitant de ce que le régiment le plus conservateur – celui d'Ertogrul – était retenu par la cérémonie de la prière.

Les cavaliers restés dans la caserne offrirent peu de résistance et hissèrent bientôt le drapeau blanc. C'est alors que le régiment d'Ertogrul, de retour de Yildiz, essaya de déloger des casernes les rebelles de l'armée macédonienne. Je dépêchai Edem pacha sur les lieux pour arrêter à tout prix l'affrontement. Il réussit à convaincre les soldats loyaux de ne rien tenter. La nuit s'annonçait sans incident.

XXVIII

Un bruit sourd me tira violemment de mon sommeil. Une lumière grisâtre éclairait ma chambre. Je consultai ma montre-oignon posée sur la table de nuit à côté de mon lit. Cinq heures du matin. Un meuble, une lourde armoire avait dû tomber à l'étage supérieur; ou alors, l'ascenseur du Petit Mabeyn s'était décroché. Soudain les murs se mirent à vibrer dans un fracas assourdissant, les portes battirent. J'entendis les aghas courir dans les couloirs. Muchfika se réveilla en sursaut. J'étais si épuisé que je ne bougeai pas, engourdi par la lassitude et un demi-sommeil. Une nouvelle déflagration me secoua. Je distinguai parfaitement un crépitement bizarre. L'agha de service entra dans ma chambre, blafard :

– C'est le canon, Effendesim. On se bat à Taxim. L'armée rebelle est entrée cette nuit.

Je passai au harem pour tâcher d'enrayer la panique. Les violents coups de canon faisaient trembler les vitres. Les femmes sanglotaient, gémissaient. Certaines hurlaient. Dans un coin mon Aishé se bouchait les oreilles et criait de toutes ses forces :

– Mon Dieu, ayez pitié de Papa. Accordez-lui la vie.

J'appris qu'on se battait furieusement dans les casernes de Taxim et de Tachkichla, entre soldats loyaux et rebelles. L'affrontement entre frères, que j'avais tout fait pour éviter, avait lieu.

Vers huit heures, la canonnade baissa d'intensité et

les détonations s'espacèrent. Deux casernes ne résistaient plus, les rebelles occupaient les hauteurs de Péra. Je me tenais à la fenêtre du Jardin privé. Les feuilles des platanes bougeaient à peine, caressées par la plus légère des brises. Les pigeons gonflaient leur col de soie grise. Les lilas en fleur formaient d'énormes bouquets violets et blancs. Un instant je rêvai que j'allais descendre me promener dans le jardin au début d'une paisible journée de printemps. Mais non, c'était la révolution, c'était la guerre, c'était la fin.

Ismael Kemal bey m'appela du Parlement. Les ponts sur la Corne d'Or étaient barrés, nul ne pouvait pénétrer dans Constantinyé. Des soldats loyaux tenaient encore les casernes voisines de la mosquée de Mahomet le Conquérant. Trois compagnies des chasseurs de Plevna, régiment d'élite, qui défendaient la Sublime-Porte et le Club des officiers voisin avaient accueilli les rebelles par un feu nourri. La Sublime-Porte ne fut pas respectée. Dans les murs, des trous de bombes; tous les arbres de l'avenue déchiquetés; pas une vitre intacte. Une bombe jetée du Club tomba sur un chariot de grenades, provoquant une explosion terrible et tuant vingt-cinq rebelles. Cependant, le combat était trop inégal et bientôt il ne resta plus que quelques soldats loyaux cachés dans l'École de droit, rapidement réduite au silence par l'artillerie des rebelles. En début d'après-midi, ceux-ci parvenaient à la place At Meidan.

L'ambassadeur de Russie se fit annoncer au Grand Mabeyn. Djevad pacha le reçut et m'apporta son message :

Je vous apporte le salut de Sa Majesté le tsar. On lui a dit que Sa Majesté le sultan est malade. Quels que soient ses désirs, qu'il me les fasse savoir. Ils seront exécutés sans qu'il soit touché à l'un de ses cheveux. Nous attendons ses ordres.

Je bondis de rage. Ils aimeraient bien, ces Russes, faire office de croque-morts pour l'Empire.

J'accepte tous les malheurs qui peuvent me survenir. Où sont les tombes de mes aïeux, la mienne doit être aussi. Allez dire à l'ambassadeur que je remercie de son salut Sa Majesté le tsar, mais que contrairement à ce qu'il a entendu dire, ma santé est excellente.

Dans le Petit Mabeyn, j'étais entouré des rares fidèles qui me restaient, Djevad mon secrétaire et Djever agha mon grand eunuque, ainsi que quelques aides de camp. L'un deux, je ne me rappelle pas lequel, proposa d'appeler la garde toujours loyale et d'attendre les rebelles, les armes à la main. Je haussai les épaules :

– On ne doit pas sacrifier mille personnes pour en sauver une seule. Ramassez les armes de la garde. Que personne ne tire. Je ne veux pas de blessés, pas même une égratignure.

Les guetteurs m'annoncèrent que Yildiz était entièrement cerné. Tout contact avec l'extérieur était coupé. Je commandai de hisser le drapeau blanc. Chacun se récusa, personne n'acceptait d'exécuter mon ordre et de se faire le héraut de la reddition. Je dus me fâcher, tempêter jusqu'à ce qu'un aide de camp, un Circassien, obtempérât.

J'étouffais, j'avais besoin d'air. Dehors, je trouvai les allées désertes. Le portail du Domaine privé était grand ouvert. Dans la première cour, je croisai quelques soldats qui me regardèrent avec ébahissement, sans songer à se mettre au garde-à-vous. Le soleil se couchait. Une lumière orange baignait les grandes aires, aujourd'hui abandonnées. Seules les hirondelles volant bas au-dessus de moi faisaient quelque bruit. Je remarquai qu'il n'y avait même plus de sentinelles à l'entrée du palais. Je pénétrai dans le pavillon des Hôtes et, par les fenêtres, essayai d'apercevoir les troupes rebelles qui nous assiégeaient. Je ne vis rien, si ce n'est deux ou trois groupes de civils, humblement vêtus, qui quittaient subrepticement Yildiz, ployant sous des balluchons. Je reconnus nombre de mes compagnons parmi ces déserteurs. Sur le terrain d'exercice voisin, un officier solitaire montait à cheval, aidé par un soldat désarmé. La longue allée bordée d'arbres descendant vers le Bosphore restait désespérément vide. L'ennemi, la menace étaient invisibles. Personne. Le silence.

A ce moment, le soleil ayant achevé de se coucher, le grand étendard vert frappé de ma tugra fut amené sur le pavillon d'entrée. Alors j'entendis distinctement, venu de l'intérieur des communs, poussé par des hommes invisibles, le cri traditionnel : « Longue vie au sultan ! » indice que je régnais toujours.

Ma pensée me ramenait sans cesse à Mahmoud Chefket, le maître de Constantinyé, le maître de l'Empire, un opportuniste, un ambitieux, un traître certainement, mais avec quelque chose de plus que cela. Je me rappelais l'échalas blafard au regard fixe que j'avais fait venir le soir où je l'avais engagé comme espion. Il m'avait déconcerté et il continuait à le faire.

Il venait de proclamer l'état de siège. Nos lignes de communications coupées, nous étions plus isolés que jamais. Mon fidèle Djever agha, privé de ses informateurs, demeurait muet. Un ou deux compagnons, envoyés aux nouvelles, rapportaient des récits horrifiants. Déclenchées sur l'ordre de Mahmoud Chefket, les arrestations avaient pris une ampleur inconcevable. Les exécutions sommaires se succédaient sans interruption. Il y aurait eu des centaines de fusillés autour de la mosquée de Mahomet le Conquérant et jusque dans la cour du Lieu Saint.

Même les champions du libéralisme se voyaient menacés : Kiamil pacha, l'ancien grand vizir imposé par le comité Union et Progrès, fut mis aux arrêts dans sa résidence. Ismael Kemal bey, craignant pour sa vie, se réfugia à l'ambassade d'Angleterre, comme il le faisait du temps de ma « tyrannie ». Ce qu'on put trouver de députés fut convoqué à San Stefano par Mahmoud Chefket pacha, qui fit élire comme président du Parlement... Kutchuk Said pacha, lequel ne se le fit pas dire deux fois.

A Yildiz, nos assiégeants demeuraient invisibles. Autour de moi, la plus grande épouvante régnait ainsi que, la nuit étant tombée, l'obscurité quasi totale. L'électricité, le gaz et l'eau avaient été coupés. Les gardiens de nuit, les portiers albanais dont nous garantissions la fidélité, les anciens domestiques, les jardiniers, les officiers de la bouche, même les aghas du harem s'étaient envolés.

Dans ce palais devenu soudain immense, il ne restait plus que les femmes. Elles claquaient des dents lorsque des balles, tirées par d'invisibles fantassins, tombaient dans leur jardin.

Assis à ma table du petit salon, je m'occupais comme a l'accoutumée, compulsant livres et papiers, affectant la fermeté, n'entendant ni les rafales ni les pleurs. De temps en temps je me levais pour me promener de long en large, souriant, égrenant lentement mon tespish de jade. Je ne me nourrissais pratiquement plus, me contentant de café et de cigarettes. Lorsque je m'enquis du menu des enfants et des femmes, Mushfika m'apprit qu'il ne restait pour tout aliment que des biscuits. J'enrageai. Quelle faute avaient commise ces malheureuses pour être condamnées à mourir de faim? Je convoquai Djevad pacha afin de lui faire des remontrances.

Ce fut d'un ton manquant nettement d'aménité que mon premier secrétaire me répondit :

– Que puis-je faire? Nous ne sommes pas en état de penser aux femmes. Qu'elles mangent ce qu'elles trouvent. Où puis-je trouver de la nourriture? Les cuisiniers sont partis. Il ne reste personne au palais. Je vais essayer de faire venir un peu de pain.

La conviction d'être abandonné de tous noya subitement mon courage : les sentiments humains avaient-ils diparu?

Peu après arriva au harem un sac de pain que cadines et princesses distribuèrent aux enfants et aux kalfas, ne mangeant elles-mêmes que quelques morceaux de biscuits trempés dans du café.

Mes quatre fils aînés avaient cherché refuge chez les sultanes leurs sœurs. Personne n'osait me dire que Bura Eddin s'était enfui. Je laissai mon dernier-né, Nurredin effendi, âgé de sept ans, à sa mère et je me fis amener Abdur Rahim.

Je le serrai dans mes bras pour lui faire mes adieux et lui recommandai de rejoindre ses aînés chez ses sœurs.

Alors ce garçon de quatorze ans, retenant ses larmes, se redressa et me regarda droit dans les yeux :

– Non, papa. Je ne peux pas vous laisser et partir. Je ne crains pas le danger. Je ne me séparerai pas de vous. Quoi qu'il vous arrive, je veux partager votre sort.

Cette crâne détermination me tira un sourire. Pour éviter que l'adolescent ne restât seul dans le quartier désert des princes impériaux, je lui permis de dormir sur un canapé dans une des chambres du Petit Mabeyn. Je souhaitais mettre à l'abri Aishé. Muchfika me répondit que c'était inutile, la petite ayant juré que jamais elle ne m'abandonnerait, même si je le lui ordonnais.

Le lendemain matin 24 avril, nous n'avions plus que deux eunuques pour nous servir et la provision de café était épuisée. Dans le Jardin privé des soldats, doigt sur la gâchette, avaient pris place au coin des parterres fleuris. Ils portaient l'uniforme de l'armée macédonienne, culotte blanche et coiffure de feutre marquée d'un croissant.

Nous achevions un bien maigre déjeuner lorsque soudain nous entendîmes, venu de la Vieille Ville, un fracas sourd. Je reconnus la voix désormais familière du canon. Un instant j'imaginai que la bataille recommençait. Cependant, les détonations se suivaient régulièrement. Je les comptais. A la sixième, plus de doute : c'était une salve d'honneur. Elle annonçait le nouveau règne. Mon frère Rechad devenait sultan à ma place.

Je fis venir mes femmes en pleurs dans le grand salon du premier étage du Petit Mabeyn. Le soulagement d'être enfin sorti de l'incertitude me rendait de la fermeté. La décision de la Providence se réalisait et Dieu décidait, leur rappelai-je. Elle redoublèrent de sanglots. Je ne regrettais rien, bien au contraire, leur expliquai-je.

A ce moment, mon premier secrétaire m'informa qu'une délégation du Parlement désirait me voir. Je fis passer les femmes dans le petit salon voisin, laissant la porte grande ouverte.

Je reçus les quatre députés, debout au milieu de la

vaste pièce. Ils me saluèrent avec respect et je leur répondis d'un geste de la main. L'un d'eux fit deux pas en avant, et d'une voix qui se voulait ferme :

– Il y a une fetva. La nation t'a révoqué, mais ta vie est en sûreté.

Je sursautai, m'attendant à une plus grande courtoisie.

– Je pense que vous voulez dire « détrôné ». Parfait. Quelle raison donne-t-on ?

Un deuxième député se mit à lire une copie de la fetva permettant de me détrôner :

Vu et attendu que le chef des Croyants a tenté d'exclure certaines questions légales importantes des recueils de lois coraniques et a tenté de faire déchirer et brûler les livres susdits...

Je l'interrompis :

– Pour l'amour de Dieu, quel livre de loi coranique ai-je brûlé ?

Silence. Je m'enquis de savoir quelle autorité avait rendu la décision de me déposer.

– L'Assemblée nationale.

Et bien entendu, Kutchuk Said présidait la séance. Je n'allais pas protester contre un arrêt auquel j'avais eu tout le loisir de me préparer et de me résigner. Le kismet l'avait voulu. Ma conscience ne me reprochait rien et je tenais à remettre les clés d'une maison en ordre à mes successeurs.

– J'ai travaillé trente-trois ans pour ma nation et pour l'État, pour le salut du pays. J'ai servi autant que je l'ai pu. Mon juge est Dieu. Celui qui m'examinera est le Prophète de Dieu. Quel dommage que mes ennemis aient voulu jeter un voile noir sur tous les services que j'ai rendus et les résultats que j'ai atteints. Que Dieu écrase mes ennemis.

– Amen, répondirent d'une seule voix mes filles et mes cadines serrées dans l'encadrement de la porte.

– Amen, reprirent à ma stupéfaction les quatre députés.

Avant qu'ils ne prennent congé, je leur adressai une

demande, une seule, celle de pouvoir me retirer avec les miens au palais de Tchiringam, où j'avais tenu enfermé pendant des années mon frère Murad. Loin des affaires de l'État, je m'y consacrerais à la prière.

Je n'eus pas le temps de méditer sur la ruine de mon règne que Djevad pacha, la mine décomposée, m'annonça que trois officiers voulaient me voir. À peine introduits, l'un d'eux m'avisa de but en blanc que l'Assemblée nationale avait décidé de me déporter à Salonique. L'indignation m'empourpra contre cette ignominie de Mahmoud Chefket. Mes sentiments durent se lire sur mon visage, car l'officier osa insister :

– Une immense et glorieuse armée protège votre vie. Il n'est pas possible de changer cette décision, prise après mûre réflexion. Si vous insistez pour rester à Constantinyé, nous déclinons toute responsabilité.

Le sultan à Salonique ! Où avait-on pris une idée pareille ? Plusieurs de mes ancêtres avaient été détrônés, mais ils avaient vécu à Constantinyé, ils étaient morts à Constantinyé, certains même y avaient été assassinés. De mémoire d'ottoman, aucun n'avait jamais été déporté dans une ville de province.

Le choc fut trop violent. Je ne savais plus très bien ce que je faisais. À grandes enjambées je gagnai la porte.

– Je ne partirai pas. Je ne partirai jamais ! « Ils » peuvent me faire ce qu'ils veulent !

Djevad agha insista :

– Ne vous obstinez pas. Plaignez vos enfants. Mon devoir prend fin. Moi aussi je partirai. « Ils » attendent une réponse rapide de votre part.

Je revins me planter devant les militaires qui n'avaient pas bougé :

– Je mourrai sur place, mais je refuse de vous suivre Si vous tentiez de m'emmener, je vous rappelle que ce serait contraire à la Constitution.

Un colonel s'impatienta :

– Vous semblez ignorer les événements qui se déroulent en ville. La troupe est en état d'ébullition. En tant que calife et en qualité de sultan, n'êtes-vous pas apparu le représentant des valeurs morales établies, devant le capitaine Ali Kabouli, tombé en martyr il y a quelques jours sous vos propres yeux? Des officiers, des députés, des ministres, des professeurs ont été assassinés. Nous protégerons votre vie impériale, mais évitez de causer un nouveau déchirement dans le pays qui désolerait ses amis et réjouirait ses ennemis.

L'insolence du ton, les allusions blessantes, la menace voilée renforcèrent ma détermination. Ce n'était pas l'intimidation ni la peur qui me ferait céder.

Un autre officier s'avança, me salua militairement et d'une voix respectueuse parla :

– Majesté, votre serviteur Fehti se présente à vous en tant qu'officier chargé d'assurer la vie, la sûreté et le repos de Votre Personne impériale. Votre vie et votre dignité sont sous la garantie de l'armée impériale. C'est son devoir sacré. Tout désir que vous exprimerez sera pour votre serviteur un ordre.

Fehti... J'avais déjà entendu ce nom. Salonique, 1908, franc-maçonnerie, conspiration, un ami du capitaine Mustafa Kemal, autre comploteur. Les égards qu'il me marquait eurent sur moi plus de portée que la brutalité de son camarade. Me fallait-il céder? Ils me disaient que les puissances étrangères avaient fait mouiller leurs flottes de guerre à Tchanakalé pour occuper le pays en cas de désordre intérieur. Ils me répétaient que j'en serais responsable devant l'Histoire... Alors, Salonique? Peut-être, mais à une condition :

– Si vous acceptez d'envoyer avec moi mes enfants et ma famille, je pars.

Ils se retirèrent précipitamment pour aller communiquer ma requête à Mahmoud Chefket. Dans le petit salon voisin, un chœur de lamentations m'accueillit :

– Ils vont emmener Notre Seigneur!

Je croisai le regard attentif, anxieux de mon Aishé. « Ai-je bien fait? Viendrez-vous avec moi? »

Djevad agha fit irruption dans la pièce sans souci de la présence des femmes, le visage fermé.

– L'autorisation d'emmener votre famille est accordée, mais à condition que vous partiez immédiatement.

Muchfika se tourna vers moi, suppliante et pratique à la fois :

– Mon cher Seigneur, nous prendrons au moins un peu de linge, quelques effets, n'est-ce pas?

Djevad agha l'interrompit, criant presque :

– Non, c'est impossible. Le temps presse. Vous trouverez là-bas le nécessaire. Les canons vont tirer sur vous. Partez tout de suite, il le faut.

Et sur cette injonction, il claqua la porte.

Muchfika avait pâli. Je crus que j'allais m'évanouir. Je suppliai une kalfa de m'apporter un verre d'eau, que je bus d'un trait.

Djevad pacha revint très vite, son arrogance évanouie. Sur son visage ruisselaient des larmes qu'il essuyait gauchement avec sa manche. Il nous prévint en bredouillant que les voitures étaient avancées. Femmes et filles se serrèrent les unes contre les autres, petit troupeau fragile qui avait peur maintenant d'être oublié ici, à Yildiz, qui avait été pourtant leur paradis.

– Venez, mes enfants. Sortons en invoquant Dieu.

Et je pris la tête du pitoyable cortège. Muchfika attrapa sur la table du Petit Salon le sac contenant mon saint Coran qui ne me quittait jamais. Nous traversâmes le grand salon, descendîmes l'escalier et sortîmes sur le perron de marbre. Je distinguais dans la demi-obscurité des hommes en uniforme, des inconnus, des voitures. Sur la scène planait un silence que rompait seulement le sabot d'un cheval impatient.

Au bas du perron, je me retournai vers Djevad agha :

– Je suis satisfait de vous. Vous avez accompli votre devoir avec fidélité. Que Dieu soit aussi satisfait de vous. Au revoir.

Je montai dans la voiture où avait déjà pris place Muchfika avec mes deux plus jeunes fils, dont le dernier dormait dans les bras de sa mère, ma seconde cadine. Lorsque femmes, enfants, aghas et kalfas se furent entassées dans les cinq autres voitures, Fehti s'approcha de moi.

– Notre Seigneur, nous partons. Votre Majesté a-t-elle un ordre?

Ces derniers temps m'avaient déshabitué d'une telle courtoisie. Je rencontrai le regard chaleureux, je remarquai le sourire bienveillant et soupirai de soulagement.

– Que Dieu soit notre aide dans notre route, ô Bey.

Au moment où ma voiture franchissait le portail de Yildiz, la lumière d'un réverbère tomba sur le maître des tapis de prière qui agitait son mouchoir et nous saluait. Le cortège roula bientôt à une allure si rapide que la voiture semblait ne plus toucher le sol.

Nous dévalâmes la longue avenue entre deux haies de soldats en armes. Puis nous empruntâmes les rues de la capitale, vidées de leurs habitants. Muchfika regardait obstinément par la fenêtre pour m'éviter le spectacle de ses larmes. Elle ne lâcha pas ma main.

Nous arrivâmes à la gare d'Andrinople. Aishé bondit hors de sa voiture pour m'aider à descendre de la mienne, car dans la précipitation du départ je n'avais même pas pris ma canne. Entourés d'innombrables officiers et de soldats, nous gagnâmes le train spécial qui attendait sous pression. Lorsque nous fûmes tous réunis dans le wagon-salon, je pus enfin compter ceux qui avaient été autorisés à m'accompagner : Muchfika et deux autres de mes cadines, trois de mes filles et trois de mes fils, quelques dames du palais, trois eunuques et une demi-douzaine de serviteurs.

Les portes des wagons furent verrouillées de l'extérieur car nous étions des prisonniers, gardés d'ailleurs par quarante gendarmes répartis dans les voitures de tête et de queue. Lorsque le train lentement s'ébranla, je consultai ma montre. Il était une heure du matin.

Femmes et enfants au comble de l'épuisement s'installèrent au hasard dans le salon. Comme il n'y avait pas assez de sièges, certaines furent obligées de s'asseoir par terre. De temps à autre, le train faisait halte sans raison apparente dans une gare et aussitôt leur inquiétude s'exprimait :

– Où sommes-nous ? Où nous conduit-on ? Que va-t-on nous faire ?

Alors que le convoi ralentissait pour la traversée de petites villes, des manifestants hurlant des slogans qui m'étaient hostiles jetèrent des pierres contre les wagons. Je baissai les rideaux, et le train poursuivit sa course nocturne, s'éloignant de Constantinyé, ma capitale, mon trône, de Yildiz, mon domaine enchanté que je ne reverrais jamais.

Notre expédition dura vingt-trois heures. A minuit le lendemain notre train s'arrêta non pas à Salonique mais à Kilkis, un lieu désert en pleine campagne. Il fallait descendre, mais la distance entre le marchepied du wagon et le sol étant trop grande, j'hésitai à sauter. Heureusement, Maurice vint à mon aide.

Maurice était un mécanicien français, employé des chemins de fer ottomans, qui pendant tout le voyage nous avait manifesté sa sollicitude. Nous marchâmes dans les ténèbres jusqu'aux voitures qui attendaient à quelque distance.

Parti de Yildiz sans ma boîte à cigarettes, je n'avais pas fumé depuis mon départ et j'en ressentais cruellement le manque. Je baissai ma vitre et j'interpellai l'un des gendarmes à cheval qui encadraient la voiture. Je lui demandai une cigarette, et fus trop content d'allumer celle qu'il m'offrit.

Il nous fallut une heure pour atteindre la banlieue de Salonique. Nous traversâmes un grand jardin entouré d'un haut mur. Les becs de gaz allumés répandaient une vive lumière. Je découvris une grande villa, tarabiscotée et laide, aux murs de crépi, aux fenêtres encadrées de briques rouges. On m'apprit qu'elle avait été construite par un commerçant en farine nommé Giorgio Alatini.

Sur le perron m'attendaient les autorités militaires et le maire de Salonique. Fehti prit délicatement de mes bras mon dernier-né, Abid effendi, pour le porter lui-même. Alors que je gravissais les marches du perron, l'appel du muezzin pour la prière de la nuit se fit entendre, et ce fut en récitant la sourate « Dieu vénéré, Seigneur suprême... » que je pénétrai dans ma prison.

XXIX

Les portes furent immédiatement et hermétiquement closes derrière moi. D'épais volets de bois obstruaient les fenêtres. Dans le jardin patrouillaient les gardes, et nous avions interdiction de mettre le nez dehors. Dans la villa, il n'y avait personne d'autre que nous car Fehti, par égard, avait fait déménager les gardes que le gouverneur de Salonique voulait installer au sous-sol. Nous comprîmes alors, sans nous le dire, que nous étions absolument coupés du monde. N'aurais-je pas dû empêcher de me suivre les êtres innocents qui m'entouraient? Je lisais l'épuisement et le chagrin sur leurs visages barbouillés du noir de fumée du train. Leur présence pourtant me réconfortait et je n'aurais pu supporter d'être privé d'eux. Mes femmes, mes enfants, mes serviteurs entouraient le fauteuil où je m'étais affalé, ils me conseillaient de me reposer, ils me suppliaient de choisir une chambre. Personne ne nous avait guidés dans la vaste maison inconnue.

Je me levai, entrai dans la première pièce à gauche. Je déclarai qu'elle me convenait parfaitement, bien qu'entièrement vide de meubles. Alors mes femmes, réunissant leurs dernières forces, y tirèrent deux fauteuils trouvés dans le vestibule et les ajustèrent l'un à l'autre de façon à me permettre de m'y étendre.

Le rez-de-chaussée ne contenait aucun autre meuble,

aucun objet utilitaire. Soudain, une des filles de service eut une idée lumineuse :

– Peut-être y a-t-il quelque chose dans les étages.

Mais comment y monter? L'escalier et le palier baignaient dans la plus totale obscurité et nous ne possédions aucune bougie. Les femmes réveillèrent les compagnons endormis, qui prévinrent Fehti de notre triste situation. Aussitôt il nous fit porter des seaux d'eau et du savon pour nous laver, des bougies, de la nourriture aussi, car depuis notre départ nous n'avions pratiquement rien avalé, sinon des sandwiches que ce même Fehti bey avait fait acheter à Andrinople pendant l'arrêt du train. Les femmes et surtout les enfants, réduits à la portion congrue depuis une semaine, se jetèrent sur le pain, la viande froide, les glaces. Privés de couverts, ils saisirent la nourriture de leurs doigts et la dévorèrent entièrement, jusqu'à la glace.

Malgré la tension et la tristesse, les enfants riaient de se voir si gauches et si sales. Ils se débarbouillèrent, en utilisant comme serviette une chemise d'Aishé.

La nourriture et l'eau froide les revigorèrent. Prenant leur courage à deux mains, mes filles et les kalfas partirent par groupes de trois ou quatre explorer les étages. Dans une des chambres, elles trouvèrent un lit de fer qu'elles démontèrent pour le transporter chez moi. Les compagnons apportèrent des couvertures et des oreillers, d'une saleté indescriptible, que Fehti avait réquisitionnés dans un hôtel du voisinage. Mes filles s'y enroulèrent et se couchèrent à même le plancher devant chaque fenêtre, devant chaque porte. Plus tard, je constatai qu'elles s'étaient relevées pour s'installer, serrées les unes contre les autres. Et je les contemplai longuement, dormant enlacées. Ainsi se passa notre première nuit à Salonique.

Peu à peu, des familiers furent autorisés à nous rejoindre. La première, une des dames du palais, Dilbesté, m'apporta Pamouk, mon chat blanc chéri. Comme nous étions privés de journaux et que nos gardes avaient interdiction de nous communiquer les nouvelles, nous l'assaillîmes de questions.

Sous couleur d'inventaire, un vol éhonté avait été

organisé à Yildiz. Nuit après nuit, on avait fait sortir des caisses et des effets. Des trésors avaient disparu pour être revendus à bas prix. En ce qui me concernait, les richesses que je regrettais le plus étaient mes fleurs, mes animaux, mes oiseaux. Personne ne s'occupait plus d'eux, ils étaient condamnés à périr.

Sur ordre personnel de Mahmoud Chefket, trois cents caisses avaient été transportées au ministère de la Guerre et leur contenu brûlé... Il n'avait pas envie de voir un jour publié mes djournals, surtout ceux qu'il avait rédigés du temps où il servait dans mon réseau d'espionnage.

Mon domaine privé, mon intimité, étaient violés. On faisait visiter Yildiz à des journalistes, à des partisans d'Union et Progrès, à des étrangers. On leur montrait ma chambre, celle de mes cadines. On ouvrait nos armoires. On photographiait nos salles de bains.

Un incident qu'on me rapporta me divertit. Alors que les députés d'une commission d'enquête procédaient au Petit Mabeyn à ce qu'ils appelaient un inventaire, ils entendirent soudain, poussé par cent voix, un cri qui les pétrifia :

– Longue vie au Padicha! Longue vie au Padicha!

Ils se jetèrent sur la porte d'où provenaient les voix, brisèrent les scellés, trouvèrent un petit escalier à demi dissimulé, atteignirent le Jardin d'hiver, où ils furent accueillis... par mes cent perroquets clamant à l'unisson : « Longue vie au Padicha! Longue vie au Padicha! » J'osai espérer que les malheureux volatiles n'avaient pas payé de leur vie leur fidélité.

Les progressistes du nouveau régime décidèrent de libérer les femmes esclaves du « tyran ». Ainsi les ikbals, les kalfas restées à Yildiz en furent chassées. Certaines rejoignirent leurs familles, mais en ayant été séparées depuis tant d'années, et habituées au confort du palais, elles se désespéraient. Les autres, qui se retrouvaient seules, abandonnées, ne savaient où aller ni que faire. Les servantes avaient été dépossédées de leurs avoirs par une fouille des plus sévères avant d'être renvoyées.

La vieille abbas d'Aishé avait énergiquement lutté pour sauver les vêtements de sa pupille :

– Je mourrai mais je ne donnerai pas les effets de ma sultane, criait-elle aux vautours.

Deux semaines s'écoulèrent, et un jour la porte s'ouvrit sur plusieurs dames du palais et kalfas échappées de Yildiz. Ce furent des embrassades, des cris de joie, des étreintes affectueuses. Les nouvelles venues nous apportaient malheureusement les plus tristes nouvelles. Arrestations et exécutions sommaires avaient pris sous la houlette de Mahmoud Chefket une ampleur jamais atteinte. Vengeance et violence étaient à l'ordre du jour. Partout c'était la chasse à mes partisans, dans les rues, dans les maisons, dans les champs, même dans les mosquées. Nadir agha, un de mes compagnons favoris, n'avait sauvé sa tête qu'en me chargeant à fond. C'était dans l'ordre des choses, et je ne lui en voulus pas. Le seul de mes familiers à ne pas avoir été inquiété, le cheikh Abdul Huda, vivait confortablement dans sa belle maison de Bechiktas. Car il était dit que les hommes de la foi bénéficiaient de protections spéciales...

Djever agha, universellement considéré comme mon éminence grise, avait refusé de demander sa grâce à Mahmoud Chefket, son ancien employé. Il avait été exécuté en grande cérémonie sur le pont de Galata, en présence de toute la ville. Le bourreau, peut-être impressionné par cet immense public, serra la corde non pas autour du cou du supplicié, mais autour de sa mâchoire, ce qui provoqua une agonie inutilement douloureuse et longue. Djever agha avait été un philanthrope. Avec ses appointements, il avait fait construire une école et une mosquée. Rien n'avait pu le sauver, car il en savait trop, en particulier sur le maître de l'heure.

Les desseins de Mahmoud Chefket me causaient des inquiétudes. Je soupçonnais qu'en m'interdisant les journaux, on voulait m'éviter d'y lire les mesures qui allaient être prises à mon égard.

Contre l'anxiété, j'en revins à ma vieille recette. Je demandai à Fehti un matériel d'ébénisterie. A peine me l'eut-il fourni que je me mis au travail, plongeant aussitôt dans un bienheureux oubli.

Le sort de mes femmes et de mes filles me révoltait. Elles n'avaient même pas le droit de poser le pied sur une marche du perron. Elles pouvaient seulement ouvrir la grande porte et prendre l'air, mais à condition de rester à l'intérieur. Aishé était privée du droit de cueillir des fleurs, permission qui l'eût rendue si heureuse.

Un jour Fehti, son expression trahissant la gêne et l'inquiétude, introduisit un émissaire de Mahmoud Chefket. L'homme, un officier moustachu, vulgaire, me déclara que le gouvernement voulait récupérer mes avoirs détenus par la Deutsche Bank afin de les utiliser pour les besoins de la IIIe armée, et il me présenta les lettres à signer pour les directeurs de l'établissement. Je me rebiffai. Cet argent n'était pas celui de l'État, mais mon bien propre, résultat tant de la gestion de mes propriétés agricoles que de mes placements financiers. Je comptais en constituer la dot de mes filles. Devant mon refus, l'émissaire se retira, furieux.

On menaça alors de m'enfermer avec les femmes et les enfants au sous-sol de la villa. Sans être formulée clairement, cette résolution fut glissée aux aghas, qui s'empressèrent de nous la répéter. Les officiers de garde maltraitèrent mes serviteurs, les insultèrent, les empêchèrent de faire leur travail. De difficile, la vie devint impossible. Muchfika me supplia de nous « libérer » de ce fardeau.

– Mon cher Seigneur, jetez au loin cet argent pour votre salut et le salut de nous tous. Vos enfants forment le même vœu. Nous trouverons toujours un morceau de pain à manger.

Je finis par céder à ses arguments et priai Fehti de m'apporter les documents bancaires afin d'y apposer ma signature.

– Un jour viendra où le Droit et la Justice sépareront le vrai du faux, lui dis-je en m'exécutant.

Les difficultés vinrent de la Deutsche Bank. Ses directeurs refusèrent d'honorer ma signature, craignant qu'elle ne m'ait été extorquée par la force. Ils insistèrent pour venir en personne à Salonique. Je profitai de cette négociation pour tirer quelques avantages de mes geôliers. Mes enfants, à plus ou moins long terme, seraient renvoyés à Constantinyé pour étudier, pour se marier. Mes serviteurs retrouveraient leur liberté de mouvement. Enfin, ma vie serait garantie par un document engageant la responsabilité de l'État...

Le gouvernement consentit à tout, et rendez-vous fut pris avec les directeurs allemands de la banque. Ce jour-là, les officiers de garde affichèrent les attitudes les plus menaçantes et rôdèrent dans le jardin, fixant farouchement nos fenêtres.

Les banquiers arrivèrent, non pas seuls mais accompagnés du consul d'Allemagne, qui exigea de rester en tête à tête avec moi, seule façon de « traiter l'opération ».

Fehti bey et les geôliers stupéfaits se virent forcés d'obtempérer bon gré mal gré. Pendant que je signais les documents, tout en racontant les pressions et les menaces dont j'avais été l'objet, s'éleva dans le jardin un vacarme inquiétant. Les officiers protestaient, criaient, m'insultaient et faisaient des gestes menaçants en direction de la villa sans respect ni pour la discipline, ni pour Fehti leur supérieur qui leur ordonnait de se calmer.

Lorsque les Allemands réapparurent à la porte du salon, le calme revint instantanément au jardin. Le consul sortit sans saluer personne et les banquiers montèrent en voiture sans un seul coup d'œil vers les officiers qui les avaient suivis avec déférence.

Du haut du perron je criai à ces derniers :

– Venez prendre ça.

« Ça », c'étaient les valises apportées par les Allemands, contenant le numéraire, les actions, les titres. Lorsqu'on en dressa l'inventaire, je découvris que le montant en était beaucoup plus important que je ne le croyais. Tant pis ou tant mieux. Ce serait autant pour l'armée. On entassa devant moi des sacs de cent pièces d'or que je priai Fehti de compter et de réceptionner. L'opération terminée, officiers et représentants du gouvernement portèrent les valises précipitamment, furtivement, comme des voleurs, jusqu'à deux landaus amenés à l'avance.

Fehti ne put cacher son étonnement devant mon détachement.

– C'est Dieu qui m'a donné cet argent, Bey, c'est lui qui me l'a repris.

La reconnaissance de la nation s'exprima très vite par la saisie de mes bijoux, sur ordre personnel de Mahmoud Chefket. Pendant des années, j'avais fait chercher de par le monde les pierres les plus parfaites, les montures les plus délicates, pour constituer une collection unique, féerique, ma seule extravagance. Confisquée à la Banque ottomane où elle était déposée, elle serait dispersée aux enchères et le résultat de la vente versé à l'Association pour la flotte ottomane.

Fehti usa d'un ton agressif en m'annonçant cette décision, tant pour repousser d'avance mes objections que pour marquer sa honte de me voir ainsi dépouillé. Je me contentai de lui demander de transmettre un conseil au gouvernement : mieux vaudrait vendre mes joyaux à l'étranger, le prix obtenu serait très supérieur.

La routine réglait l'existence à la villa Alatini. Comme à Yildiz, je me levais très tôt et faisais aussitôt ma prière sur le tapis que je déroulais sur le sol de ma chambre. Je buvais deux cafés, puis je descendais au rez-de-chaussée faire une marche d'une demi-heure autour du salon. De sa propre initiative, Fehti avait écrit au ministère de la Guerre pour demander qu'il me fût au moins permis de sortir au jardin... car il avait deviné que j'étais trop fier pour exprimer cette requête. Il n'avait reçu aucune réponse. Pour me distraire, je changeais l'eau des fleurs que souvent Fehti lui-même m'offrait. J'attaquais avec appétit mon petit déjeuner composé de deux œufs, avant de m'atteler à mes travaux d'ébénisterie.

Je dialoguais fréquemment avec Fehti, auquel des liens de plus en plus étroits m'attachaient. Le geôlier s'était mis à estimer son prisonnier, qui éprouvait une confiance et presque une affection grandissantes envers lui. Fehti avait été un membre actif de l'opposition clandestine. Il me parlait souvent de son ami Mustafa Kemal, autre conspirateur, et ne cessait de vanter son courage, son intelligence, son énergie. Il me faisait découvrir des patriotes sincères et honnêtes, habités par des idéaux élevés, ardents à se battre pour les voir triompher et capables de tout risquer pour les défendre. A l'entendre, c'étaient eux qui triompheraient, même si Mahmoud Chefket – dont il désapprouvait le despotisme brutal – était le vainqueur apparent. Sa naïveté m'aurait presque ému.

– Ni lui, ni vous, Bey... n'êtes responsables de ma destitution. Regardez donc du côté de l'Angleterre. Elle convoitait la Mésopotamie pour son pétrole. Vambery, son agent zélé, après avoir longtemps espéré me rendre docile, la convainquit qu'elle ne l'obtiendrait jamais tant que j'occuperais le trône...

Fehti me confia que depuis ma chute, le gouvernement britannique avait obtenu le monopole de la navigation sur le Tigre et l'Euphrate, ainsi que la concession d'une partie du chemin de fer et Bagdad, prémices d'une mainmise sur toute la province.

– Un jour, Bey, il y a bien des années, je déclarai en mon for intérieur la guerre à l'Angleterre. Je l'ai perdue mais au moins me suis-je battu avec honneur.

Nous nous trouvions seuls dans le grand salon, près de la fenêtre, donnant sur le jardin, à côté de mes outils d'ébénisterie. J'étais assis au fond d'une bergère confortable qui me permettait de temps à autre de poser la tête sur l'appui et de piquer un somme. Après s'être fait à trois reprises prier, Fehti avait pris place sur une chaise de l'autre côté du guéridon en marqueterie de nacre.

– Je ne serais pas étonné, lui lançai-je, que l'Amérique aussi ait participé à mon éviction.

Je lui demandai s'il avait entendu parler de Chester, cet aventurier, représentant occulte du département d'État :

– Depuis votre chute, Effendesim, il répète partout que si Votre Majesté s'était montrée plus conciliante vis-à-vis de l'Amérique et de ses exigences, vous seriez toujours sur le trône.

– Regardez l'empereur d'Allemagne, Fehti bey. Que de démonstrations d'affection n'en ai-je pas reçu. En fait, il ne visait qu'à gouverner notre patrie par personne interposée. Lorsque j'ai refusé de m'engager à ses côtés dans l'éventualité d'un conflit européen, il a vite oublié notre profonde amitié.

D'autres puissances moins évidentes avaient rejoint le camp de mes adversaires. Était-ce un hasard si l'un des quatre députés venus m'annoncer ma déposition, Carasso, était un juif affidé de Herzl? Depuis que celui-ci avait compris qu'il n'obtiendrait jamais de moi la Palestine, il avait rejoint les troupes de l'ombre, pour me déloger.

– D'ailleurs, Carasso ne s'en est pas tenu là, puisqu'il a été le lien entre Union et Progrès et la franc-maçonnerie, à laquelle il appartient... comme vous, Bey.

Toutes ces forces acharnées à détruire en moi le seul obstacle à leurs ambitions avaient travaillé parallèlement, se connaissant sans se connaître, unissant leurs efforts sans les unir. Mon frère règne. D'autres lui succéderont certainement, aussi incapables, aussi inexistants que lui. L'Empire est condamné, à court terme, selon l'horloge de l'Histoire. Du moins ai-je l'amère et splendide conscience d'être en vérité le dernier sultan.

– Mais tout ceci, Fehti bey mon ami, il est impossible de le dire. Le répéteriez-vous qu'on vous prendrait pour un fou, pour un provocateur. Et certainement l'Histoire ne le croira jamais

•

XXX

Peu de temps après cet entretien, Fehti, masquant son émotion derrière une raideur toute militaire, m'annonça la fin de sa mission à la villa Alatini et son renvoi à l'étranger.

– Vous êtes rappelé à cause de votre trop grande bienveillance envers moi.

Il voulut me rassurer, se portant garant de son remplaçant, le major Rassim bey.

– Je suis convaincu que votre départ signifie pour moi de nouveaux changements que je ne me sens pas assez fort pour supporter. Il est possible que Mahmoud Chefket veuille m'expédier dans une prison plus rude, plus commode aussi pour réaliser ses desseins.

Fehti, comprenant à demi-mot, me jura que rien ne serait tenté contre moi.

– Je ne crains pas la mort car j'ai eu largement le loisir de m'y préparer. Mais je ne voudrais pas disparaître avant d'avoir justifié de mes actes auprès de mes peuples d'abord, du monde ensuite.

– Ne songez-vous pas, Majesté, pendant ces années de tranquillité, à écrire vos Mémoires?

Je me gardai de répondre, ma seule chance de laisser un témoignage étant que nul n'en connût le projet. Je donnai à Fehti un dernier conseil à répéter aux puissants du jour : « A tout prix, gardez l'armée en dehors de la politique. »

Une émotion mutuelle nous étreignait. Bien que

j'essaie de l'en empêcher, il prit ma main et la baisa trois fois. Je l'embrassai sur le front.

– Que Dieu vous aide. Faites bon voyage.

Aussitôt après son départ, je commençai à dicter mes souvenirs au secrétaire qu'on avait bien voulu me laisser, Ali Musin bey. Au début, ma mémoire refusait de s'ouvrir sur des sujets trop pénibles; peu à peu j'acquis un rythme de travail et avec lui un désir de plus en plus vif de m'exprimer. J'en arrivais presque à oublier mon incarcération.

La monotonie de notre existence n'était pas exempte d'incidents. Un matin, alors que j'étais sorti sur mon balcon pour prendre un peu d'air avant le déjeuner, un coup de feu partit et une balle passa à quelques centimètres de ma tête. Je vis, caché au milieu des lauriers du jardin, un des officiers de la garde, Salim le Kurde. Il regardait avec horreur sa cible toujours vivante. On l'arrêta. On l'interrogea sur ses motifs.

– Pour nous libérer tous, répondit-il.

Voilà comment il s'acquittait de sa dette envers moi. En effet, je connaissais bien Salim le Kurde. Ce fils d'une famille très pauvre rêvait de devenir officier mais personne dans son entourage n'avait les moyens de l'aider à y parvenir. Instruit de son cas, je l'avais fait inscrire au lycée militaire de Kouleli et lui avais en outre fait remettre un don en numéraire.

Le mois du Ramadan arriva, le premier que nous passions en prison. Un jour mon secrétaire Ali Musin bey ne se trouva pas à son poste, c'est-à-dire à son écritoire prêt à prendre mes Mémoires en dictée. M'étant renseigné, j'appris qu'il était un peu souffrant. Le lendemain, le surlendemain, même réponse. Je conçus quelques soupçons et mon jeune fils Adbur Rahim, qui recevait les confidences des officiers de la garde, m'apprit que mon secrétaire avait été arrêté. Je demandai confirmation aux aghas, mais comme le dit Aishé, un couteau n'aurait pu ouvrir leurs bouches cousues. Mon inquiétude ne cessa de croître jusqu'à ce que des kalfas me révélassent qu'Ali Musin était emprisonné dans le sous-sol de la villa. Notre nouveau geôlier, Rassim bey, justifia cette mesure cruelle.

– Effendi, vous lui faisiez noter certains de vos souvenirs. Cela est rigoureusement interdit. Il a été emprisonné pour ce motif.

Je levai les bras au ciel, mesurant la différence entre Fehti bey et son successeur.

– Pour l'amour du ciel, je vous en prie. Ne le laissez pas ainsi pendant le mois béni du Ramadan. Je ne le ferai plus écrire. Je ne pouvais imaginer que c'était un délit.

On sortit le secrétaire de sa geôle, où il avait passé onze jours à jeûner et à lire le Coran. J'en fus réduit à rédiger tout seul – et en cachette – la suite de mes Mémoires.

Je ne pus refréner un commentaire d'Aishé :

– Si j'avais connu Rassim bey autrefois je vous aurais conseillé de le nommer au poste qu'il occupe actuellement. On ne peut trouver plus compétent que lui pour ce travail.

Je m'inquiétais pour elle, pour mes autres enfants. Bien que je lui eusse procuré sa mandoline et sa boîte de peinture, elle s'ennuyait, elle dépérissait. Un jour je l'entendis qui chantonnait mélancoliquement des arias de mon opéra préféré, « Madame Camélia », puis sans raison apparente, elle éclata en sanglots.

En janvier 1910 arriva l'autorisation, tant attendue et tant redoutée à la fois, pour Aishé et ses sœurs de quitter leur prison et de revenir à Constantinyé. Malgré la promesse du gouvernement, il avait fallu un rapport du médecin de la ville sur la détérioration de leur santé pour le décider. Aishé d'abord ne voulut rien entendre. Elle avait honte de trahir le serment qu'elle avait fait de rester toujours à nos côtés.

Le soir de son départ, j'étais si accablé que je dus la recevoir assis sur mon lit. Je l'exhortai une fois de plus à la résignation.

– Notre dynastie, ma sultane, est marquée par le malheur. Tous ses membres ont subi des épreuves, mais il faut se soumettre au destin. Vous avez souffert le martyre pendant neuf mois avec moi. Je ne veux pas que vous vous sacrifiiez plus que cela.

J'abrégeai les adieux pour ne pas céder à l'émotion.

Une kalfa entra, surexcitée. Elle avait vu deux femmes voilées de noir pénétrer dans le logement des officiers, et elle supplia Aishé de ne garder sur elle aucun papier compromettant. On dut presque habiller ma fille de force. Elle portait pour la première fois le chador [1], s'étant contentée jusqu'ici du feredjeh [2].

– Allez, ma lionne. Allez de l'avant. Rassim bey attend à la porte. C'est l'heure.

Les becs de gaz du jardin étaient tous éteints; Aishé, une fois descendues les marches du perron, se retrouva dans l'obscurité. Je distinguais à peine sa silhouette sous les arbres. Je vis cependant Rassim bey la conduire non vers la grande porte, mais du côté du logement des officiers. Une inquiétude irraisonnée me saisit. J'envoyai un de mes compagnons aux nouvelles. Aishé et ses sœurs avaient été soumises à la fouille et déshabillées par deux femmes, dont l'une n'était autre que la propre épouse de Rassim bey. Alors que ses sœurs pleuraient à chaudes larmes d'humiliation et de dégoût, Aishé, elle, n'avait pas mâché ses mots...

J'avais voulu assurer l'avenir de mes filles, mais leur absence me déchira malgré la présence à mes côtés de Muchfika qui ravalait son propre chagrin. Le départ de mes fées signifia que la dernière fenêtre restée ouverte se refermait. La villa Alatini réduite au silence me parut plus que jamais un tombeau, mon tombeau.

Rassim bey nous remit les premières lettres d'Aishé. En débarquant sur le quai de la gare de Constantinyé, le sentiment de liberté l'avait transportée. Elle s'était installée chez des amis et avait demandé audience au sultan Rechad. Elle avait trouvé Dolma Batche presque vide, plein de désordre, de laisser-aller. Plusieurs kalfas, qui se succédaient de souverain en souverain, vinrent baiser le pan de son vêtement, mais aucune ne mentionna mon nom, car les bouches étaient scellées.

Mon frère, devenu presque podagre, lui adressa quelques banalités, et l'audience ne dura qu'un bref moment. Cette indifférence me blessa. Il parraina

1. Voile noir couvrant la tête et le corps.
2. Léger voile couvrant seulement le bas du visage.

cependant le mariage, arrangé avec notre assentiment, de notre fille avec Ahmed Nami bey, grand notable de Beirut.

Un jour de juin 1911, Rassim bey apporta des journaux pour la première fois depuis ma déposition. Les grands titres annonçaient la venue de Rechad.

Lorsque la flotte qui lui faisait cortège arriva en vue de Salonique, les officiers de garde pavoisèrent la villa et me demandèrent de leur permettre de voir le spectacle du haut de ma terrasse. Je me joignis à eux, armé de mes jumelles, et je leur indiquai le croiseur qui portait le pavillon impérial. Bientôt le premier secrétaire du sultan se présenta à la villa. Par respect pour le souverain, je vins l'accueillir sur le seuil et je refusai ensuite de m'asseoir devant lui. Ces égards exaspérèrent Muchfika, qui considérait mon frère peu ou prou comme un usurpateur.

L'entrée en ville du sultan fut misérable. Au lieu d'un cortège flamboyant, les habitants de Salonique virent passer un petit bourgeois en redingote usagée dans un antique landau traîné par une paire d'alezans squelettiques. Quant aux Albanais, qui croyaient que le calife avait des ailes, ils ne pouvaient imaginer que ce gros homme au menton rasé fût le chef spirituel de trois cents millions de musulmans.

Je m'interrogeai sur les raisons de cette visite. Si les hommes au pouvoir avaient fait venir ici mon frère, c'était dans un but précis. D'importants événements se dérouleraient-ils?

Au début de l'automne 1912, je notai chez nos geôliers une forte nervosité. Les gens de service interrogés ne savaient rien, ne disaient rien. Puis, voilà que sur le terrain vague attenant à la villa vinrent camper des soldats par régiments entiers. Les observant à la jumelle de mon balcon, je remarquai qu'ils étaient sur le pied de guerre. Plusieurs fois j'interrogeai Rassim :

– Où vont ces soldats? Que se passe-t-il?

– Effendi, ils sont en manœuvres.

La réponse fut loin de me satisfaire.

Au fil des jours, les campements militaires se multiplièrent autour de la villa. Nos geôliers nous donnèrent ordre de fermer nos volets. Je tâchais en vain de recueillir des indices, d'interpréter des mouvements, d'attraper des confidences. « Quoi qu'on nous cache, tout cela n'est pas bon signe. »

Les sentinelles furent doublées, puis triplées. Un jour, mon vacher trouva dans une boîte à ordures un morceau de journal. Lui-même ne sachant pas lire, il le donna aux compagnons. À peine ceux-ci eurent-ils jeté un coup d'œil dessus qu'ils le déchirèrent en mille morceaux, après avoir regardé furtivement vers la fenêtre derrière laquelle je les observais. Lorsque je les questionnai, ils m'abreuvèrent de mensonges. Un soir alors que j'étais déjà couché, j'entendis un coup de feu tiré non loin de la villa et un cri terrible. Par ma fenêtre, je vis un officier de la garde jaillir de son logement et courir vers le portail. Une voix le rappela :

– Reviens, n'y va pas !

Le lendemain, Rassim bey me soutint qu'un inconnu s'était suicidé. Mais les aghas, toujours bien informés, nous glissèrent qu'un soldat avait été tué par la balle d'un terroriste macédonien.

Quarante-huit heures après cet incident, une des dames du palais frappa à notre porte en pleine nuit. Muchfika alla ouvrir.

Rassim bey voulait me voir d'urgence. Je m'habillai rapidement et passai au petit salon, où m'attendait mon geôlier, l'air contrit, la mine chafouine.

– Dieu fasse que ce soit une bonne nouvelle. Pourquoi venez-vous à cette heure ?

– Je vous dérange, Effendi, mais je viens sur ordre... Nous sommes en guerre.

– Avec qui sommes-nous en guerre ?

– Nous nous battons contre quatre pays.

Mon incrédulité dépassait ma stupéfaction.

– La guerre contre quatre pays ? Je ne vous crois pas. Cela veut dire que les Balkans se sont unis contre nous, n'est-ce pas ?

Il refusa de me répondre, déclarant simplement :

– Salonique risque de tomber. Ils veulent vous conduire à Constantinyé.

– Salonique est la clé de Constantinyé. L'abandonne-t-on aux ennemis? Et nos armées, la IIe, la IIIe, où sont-elles? Qui les commande? D'ailleurs, en ce qui me concerne, peu importe. Je ne suis pas un objet qu'on déplace au gré des événements. Je ne quitte pas Salonique. Je ne vais nulle part.

Rassim argumenta longuement et ne me quitta qu'au petit matin, la mine et l'oreille basses. Ses mensonges me dégoûtaient.

– As-tu vu? lançai-je à Muchfika. Il m'avait parlé de manœuvres. Ne t'avais-je pas dit, moi, que la troupe se préparait à la guerre?

D'autres officiers, le gouverneur de Salonique, tentèrent de me convaincre. Ils avaient reçu des ordres du gouvernement. Je refusai de les écouter. Je demeurais incrédule, soupçonnant une invention, des agissements pour m'obliger à déménager... Pour aller où? Pourquoi?

– Comment ces quatre pays peuvent-ils s'être alliés à l'insu de notre gouvernement? Tant que j'étais sur le trône j'ai toujours empêché ces gens-là de s'entendre. Que Dieu anéantisse ceux qui ont mis le pays dans cette situation! Avez-vous l'intention de livrer Salonique sans la défendre?

Devant les militaires sans voix, confronté avec l'atroce réalité, j'osai formuler ce que tous appréhendaient :

– Notre Empire s'écroule.

Le lendemain matin, un navire entra dans le port, et je reconnus avec étonnement la canonnière de l'ambassade d'Allemagne.

Bientôt arriva à la villa un landau d'où descendit Fehti bey. Je troquai ma vieille veste brune, qu'il me connaissait si bien, contre une redingote, pour donner un caractère plus officiel à notre entrevue; et lorsqu'il fut introduit, je le fixai avec une attention soutenue, sans mot dire, car je soupçonnais les raisons de sa venue.

Il me transmit les salutations de mon frère le sultan, puis me tendit le firman ordonnant mon retour. Pour m'obliger à fuir l'ennemi, on m'avait dépêché le seul homme qui naguère avait réussi à me convaincre. Je me laissai tomber dans mon fauteuil et fermai les yeux. Le silence de la pièce était tel que j'entendais distinctement les respirations des officiers présents.

Je priai Fehti de me lire le firman. Je lui fis reprendre par deux fois le paragraphe pénible qui commençait par : « En raison de la nature des événements militaires... », aveu de notre défaite.

Dans ma douleur, je refusai encore de l'accepter.

– Cela signifierait que la terre bénie de Macédoine nous échappe, nous a même échappé.

Le silence devint plus lourd. Je ne me résignais pas :

– Je veux rester ici pour participer à la défense. Donnez-moi un fusil. Nous nous battrons ensemble jusqu'à la mort.

Gênés, les officiers se glissèrent à l'extérieur par la porte entrebâillée. D'un geste, j'intimai à Fehti de s'asseoir et lui demandai des explications.

– Le Monténégro, il y a quelques semaines, a déclaré la guerre à l'Empire, suivi bientôt par la Bulgarie, la Serbie et la Grèce. Tout de suite le croissant a reculé devant la croix. Nos provinces l'une après l'autre sont tombées aux mains des assaillants. Les Grecs, après une campagne éclair, sont arrivés aux portes de Salonique.

– Soyez sincère. Quelle est votre opinion sur la situation ?

– Majesté, ne nous cachons pas la vérité. Les routes sont coupées. Seule la voie par mer reste ouverte. Les Grecs, à ce que l'on dit, vont être ici dans dix heures. J'ai bénéficié suffisamment de vos faveurs pour savoir que vous préféreriez mourir, plutôt que de tomber prisonnier aux mains de l'ennemi. Votre retour à Constantinyé est nécessaire à la dignité et à l'honneur de l'État.

Je me levai en soupirant :

– Je souhaiterais vous avoir à mes côtés pendant le voyage.

Ainsi fis-je comprendre à Fehti bey qu'une fois de plus je me rendais à son intégrité. La nouvelle transmise, tout le monde se dépêcha de faire ses bagages. Muchfika, instruite par l'expérience, empila elle-même dans une malle vêtements et objets dont nous aurions besoin.

Tous voulaient s'embarquer avec moi, Rassim bey le premier, si strict jusqu'alors, maintenant étonnamment désireux de ma compagnie. Je fus plus touché par un hommage inattendu. Des gens du peuple en pleurs se massèrent par centaines sur le passage de ma voiture et crièrent :

– Vous nous abandonnez. Où allez-vous?

Le commandant de la *Lorelei* me reçut avec les honneurs militaires. Il me chuchota qu'il avait ordre du Kaiser de m'emmener où je voudrais. Le consul d'Allemagne me répéta confidentiellement la même offre. Je n'avais pas refusé l'aide du Russe lors de ma déposition, pour accepter aujourd'hui de fuir grâce à l'Allemand.

Le commandant me demanda de donner l'ordre du départ. Pour toute réponse, je lui indiquai du doigt la direction de Constantinyé.

Pendant le voyage, je fis souvent venir Fehti sur le pont supérieur qui m'était exclusivement réservé. Assis sur deux fauteuils en rotin, nous humions la brise, nous regardions défiler le paysage. Gris le ciel, grise la mer plate. Parfois une île surgissait fugitivement : Thasos, Samothrace, Imbros, Tenedos. Fehti me mettait progressivement au courant de ce qu'avait subi l'Empire depuis ma déposition – devoir pénible, chargé de tristesse et de honte, car le régime dont il peignait les échecs et les excès, il l'avait servi.

J'appris ainsi les scandales, les exactions, les injustices, les révoltes des minorités – la venue de mon frère à Salonique n'ayant eu d'autre but que de rétablir le calme dans une province déchirée de toutes parts –, la guerre de Tripolitaine. La guerre dans ce désert? L'Italie, qui rêvait de se forger un empire colonial, avait attaqué en notre point le plus faible et avait gagné.

Mais où donc était passé l'argent que j'avais cédé à la

IIIe armée, les sommes tirées de la vente de mes bijoux? Les remparts que j'avais élevés avaient été renversés. Les stratégies que j'avais inventées avaient été neutralisées.

Après une houleuse traversée de la mer de Marmara, qui rendit malades tous les passagers, la tempête se calma à l'entrée du Bosphore.

– Je suis sûr que Votre Majesté sera parfaitement tranquille à Beylerbey, m'annonça Fehti. Toutes les mesures ont été prises...

– Beylerbey, pas question, protestai-je. Je veux habiter Tchiringam. C'est là où je suis né et où a vécu mon frère Murad.

– On ne vous a donc pas prévenu, Majesté. Le palais de Tchiringam a brûlé il y a deux ans...

– Comment! Et les archives, les documents de l'État, les objets d'art?

– A l'époque, on a parlé d'un attentat des terroristes macédoniens...

Nous mîmes pied à terre le 1er novembre 1912. Lorsque la chaloupe vint se ranger le long du quai de marbre de Beylerbey, je pris la main de Fehti car je ressentis le besoin de son appui. Je me dirigeai tout droit vers la chancellerie.

– Interdit! me hurla une sentinelle.

Je dus pénétrer dans le palais par la porte du harem réservée à la sultane mère. Tout de suite, l'humidité des lieux me saisit à la gorge.

– Nous y laisserons certainement la vie, murmurai-je.

– Pourquoi dites-vous cela? me demanda apeuré Nuri agha, mon compagnon, le dernier fidèle.

Je pensais à ma mère, morte dans le kiosque de bois qui s'élevait naguère en ces lieux. Je ne voulais pas voir par mes fenêtres les collines verdoyantes de Yildiz où j'avais été si heureux. Je choisis une chambre à l'arrière de l'édifice, donnant sur un mur très élevé et aveugle. Je destinai à Muchfika l'habitation voisine avec vue sur les jardins du harem. Il n'y avait aucune salle de bains, ni même de table pour écrire.

Le palais avait été équipé pour soutenir un siège.

Sur le quai, entre des cabanes en bois qui abritaient les gardes, circulaient des sentinelles, baïonnette au canon. Fehti bey interrogea Rassim bey sur ces mesures qu'il jugeait insultantes. Mon geôlier s'en excusa. On craignait une intervention étrangère en ma faveur. Pour cette raison, la chancellerie m'avait été interdite, comme si le fait de l'occuper aurait pu aider au succès du complot. Ces explications douteuses ravivèrent mes vieux soupçons jamais endormis.

– Fehti bey, mon fils, en tant qu'officier d'état-major, êtes-vous convaincu que Salonique soit vraiment exposée à une occupation ennemie ? Ou bien y a-t-il une autre raison à mon retour ici ? Sur votre honneur, répondez-moi clairement et franchement.

– Majesté, je suis dans la douleur de devoir vous dire que Salonique est en mortel danger et que sauf miracle elle est perdue. En ce qui concerne Votre majesté, elle est ici sous la protection de l'armée impériale.

Malgré ces explications qui se voulaient rassurantes, j'eus l'impression, lorsqu'il prit congé, de perdre ma seule garantie.

XXXI

Nous nous installâmes de notre mieux. Je fis dresser autour de nos lits de grands paravents pour couper le froid, et dans le vestibule des doubles portes en verre pour empêcher le vent du nord d'ajouter à l'humidité. Je dénichai, sous un escalier de service voisin de ma chambre, un réduit où j'aménageai une salle de bains décorée de carreaux que j'avais dessinés. Mon chat Pamouk, d'une endurance voisine de l'immortalité, continuait à habiter avec moi. Mon vacher, resté avec le bétail à Salonique, nous rejoignit. On m'apporta ma vieille table à écrire de Yildiz et je repris la rédaction de mes Mémoires.

Lors de la fête du Sacrifice, le 21 novembre, Muchfika et moi vîmes entrer dans notre salon Nuri agha avec un petit enfant dans les bras. Stupéfaits, nous lui demandâmes d'où il le sortait. C'était notre petit-fils Omer, le premier-né d'Aishé. Je le fis asseoir sur mes genoux; il souriait et m'appela « gentil Grand-Papa » en embrassant ma barbe. Je ne pus me contenir et j'éclatai en sanglots. Aishé et ses sœurs me trouvèrent ainsi, enlaçant l'enfant que je ne me résolvais pas à lâcher. Elles avaient enfin obtenu la permission de me rendre visite.

La conversation resta dans les strictes limites de la banalité, car des oreilles nous écoutaient. Les mots, d'ailleurs, avaient peu d'importance, tant était grand le bonheur de nous retrouver.

Hélas! le temps des effusions était limité. Nuri agha reprit l'enfant, car même une entrevue avec mes filles et mon petit-fils était minutée.

Lorsque sonna l'heure du départ, je leur recommandai d'aller de ce pas à Dolma Batche, présenter à leur oncle le sultan leurs remerciements pour l'autorisation qu'il leur avait accordée. Elles durent patienter une demi-heure sur le quai du palais avant qu'un eunuque nonchalant s'approchât d'elles, et d'un air insolent leur communiquât que le padicha était trop occupé pour les recevoir. Je ne pouvais en vouloir à mon frère, car il n'était même pas maître de ses audiences distribuées à leur gré par des membres influents du régime. Rechad se pliait à toutes leurs décisions, de peur de subir le même sort que moi.

Salonique tomba. L'Empire fut contraint de solliciter un armistice. Les vainqueurs exigèrent plus qu'ils n'auraient jamais osé avec moi : les îles de la mer Égée, la Crète, la Macédoine, l'Albanie, la Thrace et même Andrinople, la cité sacrée, le phare de l'Empire.

Le 24 janvier 1913, se présenta à Beylerbey Enver bey, ce rebelle de la première heure devenu un des maîtres du jour. Je vis entrer un petit homme sémillant, tiré à quatre épingles, la moustache fine et cirée, la prunelle ardente, le sourire conquérant, une sorte de Casanova de garnison. Son assurance aurait bien pu masquer le fait qu'il en manquait. Il me salua respectueusement. Il était venu solliciter mon approbation pour avoir « sauvé la Patrie ». Par quel miracle y était-il parvenu? En se rengorgeant, il me raconta son exploit.

La veille, il avait pris deux cents de ses plus fidèles partisans et les avait habillés en hodjas. Pénétrant dans la Sublime-Porte, ils s'étaient glissés jusqu'au vestibule précédant la salle de réunion où le gouvernement délibérait sur les honteuses conditions de paix imposées par l'Europe. Ces hodjas agressifs firent un tel remue-ménage que le ministre de la Guerre Nazim pacha quitta un instant le Conseil pour aller voir ce qui se passait. Cigarette à la bouche, moitié riant, il interpella les intrus.

– Que signifie ce bruit?

Pour toute réponse, Enver l'abattit froidement de deux balles de revolver. Puis, à la tête de quelques-uns des hodjas, il fit irruption dans la salle du Conseil, grimpa sur une chaise, pointa son revolver sur la tête du grand vizir Kiamil pacha revenu au pouvoir et le força à démissionner, lui et ses collègues.

Au lieu des félicitations qu'Enver attendait naïvement, je lui manifestai mon irritation. Avait-il pensé, lorsqu'il jouait les assassins, à la déplorable impression que son coup de force créerait en Occident, au moment où nous avions besoin de l'appui des puissances pour résister aux exigences des vainqueurs balkaniques? Nous étions dans un méchant roman de cape et d'épée. Notre histoire, chargée de ténébreux paragraphes, n'avait jamais atteint la grotesque indignité dont elle venait d'être entachée.

Il se retira ni moins déférent, ni moins fiérot. Mon trône avait-il été à ce point vermoulu qu'il avait suffi de freluquets de son espèce pour le renverser?

Mahmoud Chefket, qui depuis si longtemps tirait les ficelles du pouvoir, devint grand vizir. Il rompit l'armistice et reprit l'offensive, pour notre plus grande déconfiture. Les ennemis gagnèrent sur tous les fronts. Andrinople tomba. Les patriotes hurlèrent.

Le 28 juin 1913, nos gardes manifestèrent une agitation inhabituelle. Les sentinelles furent doublées et les baïonnettes remises aux canons, comme au jour de mon arrivée à Beylerbey.

Depuis quelque temps, une certaine permissivité s'était établie entre geôliers et prisonniers, particulièrement nos serviteurs qui avaient obtenu le droit non codifié de faire quelques pas dans le jardin. Ce soir-là, pourtant, Nuri agha se vit brutalement arrêté par un sous-officier.

– On ne passe pas.

Il reçut même un coup de crosse dans le ventre. Ce craintif, du coup, se rebiffa, insulta le militaire jusqu'à le mettre hors de lui.

– Bientôt, très bientôt, on sera débarrassé de toi, de vous tous, et en premier de ton maître.

L'intelligent eunuque ne perdit pas la tête. Il voulut en apprendre davantage et provoqua le sous-officier. Peut-être celui-ci avait-il abusé du raki. Il révéla ce qu'il savait.

Le matin même, Mahmoud Chefket pacha quittait le seraskierat lorsque son automobile avait été bloquée sur la place de la mosquée Bayazid par un cortège funèbre. A peine le chauffeur avait-il pressé le frein que des assassins apostés assaillirent la voiture et tirèrent plusieurs coups de revolver contre le grand vizir avant de s'enfuir dans une automobile qui les attendait. Mahmoud Chefket, frappé de cinq balles, expira vingt minutes plus tard. Le bruit se répandit aussitôt que c'étaient mes partisans qui avaient voulu se débarrasser de lui pour me remettre sur le trône, et qu'ils allaient tenter de me délivrer cette nuit. Le ministre de l'Intérieur avait donné des instructions précises à Rassim bey : au moindre mouvement je devais être abattu.

Je vis là le prétexte longtemps cherché de m'éliminer. Ce soi-disant complot ressemblait trop à la contre-révolution qui m'avait détrôné.

Nous passâmes, Muchfika et moi, une nuit épouvantable, l'oreille tendue, attendant mes « libérateurs » – ou plutôt mes assassins. Un bruit de course effrénée sous nos fenêtres nous jeta hors du lit. Par les interstices des volets, nous vîmes un cheval échappé de l'écurie qui galopait, ivre de liberté, dans les jardins, piétinant les plates-bandes, cassant les branches.

L'aube nous trouva transis, figés comme des gisants; puis le jour se leva, un jour glorieux, rose et or de début d'été. J'étais toujours vivant. Les mesures de la veille furent rapportées, et progressivement nous revînmes à un régime bon enfant.

Les assassins de Mahmoud Chefket furent arrêtés et rapidement jugés. La cour martiale prononça vingt-quatre condamnations à mort, dont celle d'un gendre impérial. Un de mes frères, Kemal Eddin, alors qu'il se mourait m'avait confié sa fille et m'avait remis la photographie de ce jeune Sali pacha qu'il lui avait choisi pour mari. Ce fut pour exaucer le vœu du défunt que j'avais marié les jeunes gens. Depuis, je les avais toujours considérés avec une particulière affection, et le sort de mon neveu rendit ces souvenirs singulièrement amers.

Les condamnés furent exécutés devant un immense concours de peuple sur les lieux du crime, la place de la mosquée Bayazid. Le cadavre de mon neveu se balançait au milieu des autres pendus.

– Que la barbe de Sultan Rechad soit souillée de sang, cracha Muchfika.

– Il n'est pas responsable, ma cadine, il n'est que le maître nominal de l'Empire.

– Tous les membres de la famille impériale l'ont supplié de ne pas contresigner la condamnation. Il aurait pu s'abstenir.

– Lui-même a imploré les dirigeants d'épargner notre neveu, mais Talat pacha, l'ancien postier, est resté inflexible.

Il ne me fut même pas permis d'envoyer mes condoléances à la veuve de la victime.

Je n'avais pas revu mon Aishé depuis plus d'un an. Une réflexion de mon autre fille Seniha, vouant mes geôliers au diable, avait été entendue et les visites aussitôt interdites. Pour nos retrouvailles, je lui préparai une surprise. J'avais retrouvé son perroquet favori qu'elle avait dû abandonner à Yildiz. Rassim bey m'avait aidé à récupérer le volatile. Dernièrement, notre geôlier s'améliorait. Tatillon il l'était toujours, mais il s'essayait à nous accorder de petites faveurs.

Il me permit de recevoir Fehti bey beaucoup plus longuement que le délai prescrit. Mon ami, car tel je le considérais, avait été nommé ambassadeur en Bulgarie. Il emmenait comme attaché militaire son compagnon Mustafa Kemal. Je compris qu'il ne voulait pas rester plus longtemps à Constantinyé, souffrant d'assister sans pouvoir agir à la déchéance de notre patrie.

Je fis part à Fehti de mes inquiétudes pour l'avenir. La rapacité des puissances, dont nous avions si souvent fait les frais, se retournerait contre elles, car elles finiraient immanquablement par s'entre-dévorer. Sans aucun doute, une guerre européenne allait éclater d'un jour à l'autre. Le Kaiser Guillaume II ne s'était pas trompé en la prophétisant quinze ans plus tôt. Il fallait à tout prix que l'Empire demeurât neutre. Nous jeter dans un camp ou dans l'autre serait une erreur mortelle. Or l'Allemagne allait user de tout son poids pour nous entraîner dans son sillage.

Fehti me rassura. Il connaissait bien les dirigeants, ces Talat, ces Djemal. Sauf Enver, ils se montraient tous adversaires déclarés de l'Allemagne. Il me demanda en me quittant si j'avais des messages à transmettre.

– Faites bien savoir que je suis rassasié du sultanat.

En août 1914, la guerre éclata et l'Empire effectivement demeura neutre. Pour passer le temps, j'avais pris l'habitude de suivre la circulation sur le Bosphore à l'aide d'une longue-vue installée dans la salle à manger, qui donnait sur la mer. Un jour, je vis passer deux croiseurs battant pavillon ottoman dont la ligne me parut cependant différente de celle de nos vaisseaux. Les marins qui s'affairaient sur le pont portaient notre uniforme; mais grands, blonds, la peau claire, ils ne ressemblaient en rien à nos nationaux. La longue-vue me permit de déchiffrer, sous le masque léger d'un badigeon hâtivement étalé, deux noms bien allemands, le *Göben* et le *Breslau*. Que des navires de guerre fussent accueillis dans les eaux territoriales d'un pays neutre constituait un *casus belli* caractérisé. Le parti allemand l'emportait. Je m'attendis à une déclaration de guerre immédiate de la part des alliés. A mon étonnement, rien ne vint.

Un mois plus tard, un phénomène étrange me frappa. Plus un bateau ne passait dans mon champ d'observation. Le Bosphore vide – jamais cela ne s'était vu. Sous le feu de mes questions, Rassim bey finit par m'avouer de mauvaise grâce qu' « ils avaient ordonné la fermeture des Détroits ». Je me récriai que c'était là une violation flagrante des traités internationaux les plus anciens, les plus précis, les plus stricts.

– Mais comprenez-vous que fermer les Détroits, cela signifie la guerre?

De nouveau, j'avais tort, car les alliés ne réagirent pas.

Plusieurs semaines s'écoulèrent.

Un matin je rédigeais mes Mémoires, lorsque le muezzin de la mosquée voisine du palais entonna sa complainte. Je regardai ma montre, étonné, car ce n'était point l'heure de la prière. Je tendis l'oreille. Il appelait à la guerre sainte, à la Jihad. Le calife ordonnait aux fidèles de venir se ranger sous la bannière verte de l'islam pour combattre les infidèles. De minaret en minaret, les muezzins de la capitale répétaient la même incitation.

Cette fois, Rassim bey parla sans se faire prier. Une semaine plus tôt, trois vedettes turques avaient traversé la mer Noire, et, entrant dans le port d'Odessa, y avaient ouvert le feu contre des navires de guerre russes et français; puis, tournant leurs canons contre la ville, ils y avaient causé de notables dégâts. Quelques jours plus tard, la Russie nous déclarait la guerre, immédiatement suivie par la France et l'Angleterre. En réponse, nos dirigeants avaient eu la lumineuse idée de déclencher la guerre sainte... Rassim exultait.

– La Jihad, ô Bey, est une force qui n'existe que dans l'imagination. Personne ne s'engagera sous la bannière verte.

Le geôlier ne m'écouta pas, il ne doutait pas de notre victoire.

– J'ai peur de l'avenir, Bey. Entrer en guerre contre trois puissances à la fois est une folie. Incalculables en seront les conséquences.

Depuis le début de la guerre, Rassim bey ne me laissait plus lire les journaux que lorsqu'ils publiaient de bonnes nouvelles. Je n'avais pas besoin d'informations précises pour sentir que la patrie souffrait. Je devinais les défaites, les calamités. Je restai pourtant saisi, ce jour de 1915, en entendant le message qu'un chambellan me délivra de la part de sultan Rechad.

– Que mon frère se tienne prêt. La famille impériale va être évacuée. Mon frère sera transféré à Brousse. Moi-même, j'irai à Konya.

Du chambellan, j'appris que les Alliés avaient débarqué aux Dardanelles sur la presqu'île de Gallipoli et avançaient vers la capitale.

Je hurlai que mon frère était un lâche, que personne ne devait quitter la capitale. Tremblant, le chambellan me répondit que l'exode avait déjà commencé. Femmes et enfants partaient pour l'intérieur du pays. Les banques expédiaient leur or en Asie Mineure. Les archives de la Sublime-Porte étaient mises à l'abri. Dans les gares, des trains réquisitionnés attendaient sous pression pour emmener jusqu'au fin fond de l'Anatolie les ambassadeurs, le gouvernement... le sultan et la famille impériale. On attendait d'une minute à l'autre l'arrivée triomphale des Alliés.

Le chambellan baissa la tête pour m'avouer la suite. Talat pacha avait donné ordre de mettre le feu à la ville pour éviter qu'elle ne tombât aux mains de l'ennemi. De toute ma chair, de tout mon sang, je me révoltais contre ce vandalisme.

A mon tour, je chargeai le chambellan d'un message pour le sultan.

– Dites-le bien à mon frère. Je ne sortirai pas de Constantinyé. Je mourrai dans ses cendres.

Les semaines, les mois passèrent, sans évacuation ni attaque. L'été vint, brûlant, oppressant. Rassim bey, pour une fois épanoui, m'apporta l'excellente nouvelle que l'ennemi avait été rejeté à la mer après avoir subi le plus sanglant des échecs. Il prononça le nom de Mustafa Kemal, l'ami de Fehti. Selon Rassim, c'était lui le véritable auteur de cet exploit inespéré.

Un jour mes gardiens, astiquant leurs armes, vérifiant leur tenue, se mirent sur leur trente et un. Lorsqu'un militaire en grand uniforme débarqua d'une chaloupe, ils lui présentèrent les armes. Enver pacha, l'homme lige de l'Allemagne devenu ministre de la Guerre à trente-deux ans, revenait me voir. Il ôta son sabre par respect et déploya la plus grande courtoisie, enrobée de tout le charme dont il était capable. Nous échangeâmes compliments et félicitations, puisqu'il avait épousé ma nièce Nadije sultane, sa vanité n'ayant plus de limites. Avec les plus grands égards, je lui demandai des nouvelles de la guerre.

– Nous avons quelques petits problèmes. Rien de grave. Nous gagnerons, soyez-en assuré.

Je hochai paternellement la tête avant de lui répliquer :

– Les Russes, Pacha, occupent presque toute l'Anatolie. Au sud, les Anglais remontent le cours de l'Euphrate, prennent Bagdad, s'avancent vers Mossoul. La ligne de chemin de fer reliant Damas aux villes saintes, dont la réalisation avait été mon vœu le plus cher, est tombée en leurs mains. Le Hedjaz a proclamé son indépendance.

J'étais plus informé qu'il ne le croyait. Enver se décomposa. En fait, la situation était à ce point tragique qu'il était venu me demander conseil. Cette revanche venait trop tard.

– C'est au capitaine qui dirige le bateau, Pacha, de prévoir dangers et tempêtes. Ceux qui sont au-dehors, comme moi, ne peuvent rien savoir, rien comprendre, rien faire. Je suis retiré du monde et je n'ai aucun commentaire à formuler.

Observant par la fenêtre son départ, je remarquai à l'écart, dans le jardin, un officier que je ne connaissais pas, grand, maigre, pâle, blond. Son aspect me frappa au point que je m'enquis de son identité. C'était Mustafa Kemal, probablement venu faire un tour à l'instigation de son ami Fehti bey.

Ne se doutant pas qu'il était regardé, il s'approcha de mon jeune fils Abid et lui offrit deux faons qu'il avait amenés, à la grande joie de l'enfant. Ce geste me toucha outre mesure.

– Il ne ressemble pas aux autres. Il n'est que de le voir pour deviner un homme exceptionnel, confiai-je à Nuri agha.

Muchfika avait une couturière arménienne qui un jour, en plein essayage, éclata en sanglots. La sollicitude de ma cadine l'invita à s'épancher.

Les Russes menaçant les provinces habitées par les Arméniens, le gouvernement avait décidé de déporter ces derniers, de peur qu'ils ne fissent cause commune avec l'envahisseur. La famille de la couturière avait été obligée, comme les autres, d'abandonner son foyer. Lentement, ville après ville, village après village, les populations étaient emmenées et les caravanes s'ébranlaient vers le sud, vers la Mésopotamie, dans un nuage de poussière.

A peine les Arméniens se furent-ils mis en marche que les persécutions commencèrent. Les femmes furent séparées de leurs enfants, les maris de leurs femmes. Les vieux, coupés de leurs familles, se trouvèrent rapidement au bord de l'épuisement. Les gardes les jetèrent hors des chariots. Aussi les caravanes laissèrent-elles derrière elles un sillage de corps sans sépulture, de mourants au dernier stade du typhus, de la dysenterie, du choléra. Des bandes de vautours tournoyaient en l'air, et des chacals la nuit se disputaient les cadavres. Lorsque les gardes étaient en nombre insuffisant, des tribus kurdes et arabes fondaient de leurs montagnes, se précipitaient sur les femmes, les violaient, les tuaient, égorgeaient les hommes.

Les survivants n'avaient plus que des haillons sur eux, mais même ces haillons leur étaient arrachés par les indigènes; et ils devaient continuer à avancer pendant des semaines, entièrement nus, dans la fournaise du désert. Plusieurs centaines tombèrent en chemin, leurs langues transformées en morceaux de charbon. Lorsqu'ils atteignaient les points d'eau, les gardes leur en barraient l'accès, refusant de leur donner la moindre goutte sans contrepartie.

J'avais écouté jusqu'au bout le récit pathétique de la couturière, n'ayant même plus la force de l'arrêter. Le passé se confondait avec le présent. Je revivais le cauchemar. Était-ce la peine d'avoir été injustement accusé par le monde entier de massacrer les Arméniens, pour voir ceux-là mêmes qui m'avaient renversé au nom de la liberté commettre de sang-froid un crime autrement considérable? J'appris en effet qu'on prononçait les chiffres de six cent mille à un million de morts.

Cette monstruosité m'est apparue comme le coup de grâce. Je préférerais mourir plutôt que de continuer à voir l'Empire agoniser.

Et je sais que je n'aurai plus longtemps à attendre. En cette fin d'automne 1917, j'ai ressenti du côté gauche une douleur irradiante. Mon médecin, le brave Ati bey, a diagnostiqué une pneumonie. Malgré les mensonges que la gentillesse de mon entourage m'a prodigués, j'ai tout de suite compris la gravité de mon état. J'ai perdu l'appétit, le sommeil; je me suis détaché des événements. Malgré l'amour de Muchfika, je n'aspire plus qu'à la solitude... éternelle.

POSTFACE

Abdul Hamid II mourut d'une crise cardiaque le dimanche 10 février 1918. Les officiers, ses geôliers montèrent la garde autour de son corps avec les princes impériaux ses fils. Rassim bey resta au pied du lit, et jusqu'au matin récita le Coran.

Le lendemain, Enver pacha se présenta à Beylerbey à la tête d'une commission d'enquête. Il pénétra dans la chambre du défunt et fractura l'armoire à la tête du lit. Il cherchait les Mémoires du sultan. Il ouvrit tous les placards, fouilla jusque dans les poches des vêtements. Muchfika, dénoncée par les aghas, fut sommée de livrer les écrits qu'elle détenait. Même sous la menace, elle refusa. Le maître de l'heure dut céder devant l'épouse discrète, fidèle et forte.

Beaucoup d'officiels, les représentants de sultan Rechad, du gouvernement, mais surtout les humbles en foule innombrable suivirent le cercueil d'Abdul Hamid jusqu'au turbeh de Mahmoud II où il allait être déposé. Jamais de mémoire humaine on n'avait vu autant d'affluence dans les rues de Constantinyé. L'homme le plus haï de l'univers entra dans sa dernière demeure accompagné des gémissements de ses anciens sujets :

– Père, tu nous quittes ! Où t'en vas-tu ?

Le « Sultan Rouge », « Abdul le damné », le « Grand Saigneur » était enfin devenu « Baba Hamid », le bon grand-papa.

Le flambeau tombé des mains d'Abdul Hamıd fut ramassé par Mustafa Kemal. Mobilisant des forces qu'on croyait épuisées, il vainquit, chassa l'envahisseur. Nombre de ses initiatives auraient semblé des hérésies à Abdul Hamid, car il abandonna les provinces non turques de l'Empire, il abolit le sultanat, il proclama la laïcité de l'État, il dévoila les femmes. Cependant, cet homme si différent du « Dernier Sultan » fut digne de lui, car avec des ruines et des cendres il construisit une nation forte, la Turquie moderne, et devint Ataturc, le père des Turcs.

BIBLIOGRAPHIE

Il existe plusieurs excellentes biographies d'Abdul Hamid par des Occidentaux, malheureusement toutes erronées puisque trempées aux sources de la propagande qui fabriquèrent le « Sultan Rouge ».

De nombreuses publications, au nombre desquelles il faut citer Edwin Pears et Armenius Vambery, furent consacrées de son vivant à son règne. Dans leur immense majorité, elles sont tissées de calomnies.

Les ouvrages en turc inspirés par ceux qui renversèrent « le hibou de Yildiz » ne valent pas mieux. Cependant une école se fit jour parmi les historiens turcs pour rétablir la vérité. Il est indispensable pour connaître le véritable Abdul Hamid de se familiariser aves les Mémoires de sa fille Aishé Sultane et celles de Fethi Okyar son « geôlier » à Salonique.

Certaines histoires de la fin de l'Empire ottoman font cependant preuve d'une profonde objectivité. Entre autres :

The Diplomacy of Imperialism 1890-1902, de William Langer, *History of the Ottoman Empire and Modern Turkey*, de Stanford Shaw et Ezet Kural.

REMERCIEMENTS

Je tiens en premier lieu à remercier mon ami Omer Köç qui me donna l'idée de me pencher sur Abdul Hamid et qui par tant de moyens a facilité mes recherches. Je n'aurais jamais pu connaître Abdul Hamid sans l'aide et l'extraordinaire érudition de son petit-fils le prince Omer Nami. Un autre de ses petits-fils, Son Altesse Impériale le prince Osmn Effendi, me régala d'anecdotes sur son grand-père. Mes chercheurs : Dominique Patry et Charles Fuller; ma secrétaire : Carol McKenna, collaborèrent avec leur efficacité et leur dévouement coutumier. Les critiques détaillées de mes lecteurs se révélèrent indispensables : Olivier Orban, Patrick de Bourgues, Françoise Roth, Catherine Blanchard, et surtout Marina.

Achevé d'imprimer en février 1992
par la SEPC à Saint-Amand-Montrond (Cher)
pour le compte de France Loisirs
123, boulevard de Grenelle, Paris

Imprimé en France

N° d'édition : 20809. — N° d'impression : 442.
Dépôt légal : février 1992.